2024
国家统一法律职业资格考试

历年客观试题精讲

主编 桑 磊
编著 闫尔宝

行政法
[章节版]

历年经典客观题，配套教材大纲，章节自测
十余位法学专家学者倾力奉献，全新解读；深度解析命题思路，点拨答题方法

扫码进题库

中国法制出版社
CHINA LEGAL PUBLISHING HOUSE

图书在版编目（CIP）数据

2024 国家统一法律职业资格考试历年客观试题精讲：
章节版．行政法／桑磊主编．—北京：中国法制出版
社，2024.6

ISBN 978-7-5216-4156-1

Ⅰ．①2⋯ Ⅱ．①桑⋯ Ⅲ．①行政法-中国-资格考
试-题解 Ⅳ．①D920.4

中国国家版本馆 CIP 数据核字（2024）第 032523 号

策划编辑：李连宇

责任编辑：李连宇 黄丹丹 刘海龙 潘环环 　　　　　　　　封面设计：拓 朴

2024 国家统一法律职业资格考试历年客观试题精讲：章节版．行政法

2024 GUOJIA TONGYI FALÜ ZHIYE ZIGE KAOSHI LINIAN KEGUAN SHITI JINGJIANG：ZHANGJIEBAN．XINGZHENGFA

主编／桑　磊

经销／新华书店

印刷／三河市华润印刷有限公司

开本／787 毫米×1092 毫米　16 开 　　　　　　　印张／7　字数／200 千

版次／2024 年 6 月第 1 版 　　　　　　　　　　　2024 年 6 月第 1 次印刷

中国法制出版社出版

书号 ISBN 978-7-5216-4156-1 　　　　　　　　总定价：261.00 元（全八册）

北京市西城区西便门西里甲 16 号西便门办公区

邮政编码：100053 　　　　　　　　　　　　　传真：010-63141600

网址：http：//www.zgfzs.com 　　　　　　　编辑部电话：010-63141811

市场营销部电话：010-63141612 　　　　　　印务部电话：010-63141606

（如有印装质量问题，请与本社印务部联系。）

本书二维码内容由桑磊法考提供，用于服务广大考生，有效期截至 2024 年 12 月 31 日。

目 录

法律文件简称对照表

简称	全称
行政协议规定	最高人民法院关于审理行政协议案件若干问题的规定
行诉法解释	最高人民法院关于适用《中华人民共和国行政诉讼法》的解释
信息公开规定	最高人民法院关于审理政府信息公开行政案件若干问题的规定

第一章 行政法的基本原则

1. 在不使用行政强制措施也能实现行政管理目的的情况下，应当放弃实施行政强制措施。该说法体现了哪一项行政法原则的要求？（2022年回忆版）

A. 比例原则

B. 公平公正原则

C. 考虑相关因素原则

D. 行政效率原则

2. 某县政府发布《关于招商引资的意见》，规定对引资人按实际投资的1%给予奖励。李某介绍某公司与县招商局签订投资协议，以建设经营移交方式出资5000万建设了一个垃圾焚烧厂。李某请求招商局支付奖励，招商局支付10万元后未再支付余款。对此，下列哪些说法是正确的？（2021年回忆版）

A. 某公司如因投资协议的履行产生争议，可提起行政诉讼

B. 拒绝支付余款违反诚实信用原则

C.《关于招商引资的意见》属于具体行政行为

D. 李某所获得的10万不需缴纳个人所得税

3. 某地建设高速公路，市政府对某村集体土地进行了征收，并就土地补偿费、安置补助费以及村民地上附着物和青苗等进行了补偿，这体现了行政法的下列哪项基本原则？（2019年回忆版）

A. 程序正当　　　B. 诚实守信

C. 高效便民　　　D. 权责统一

4. 行政机关公开的信息应当准确，是下列哪一项行政法原则的要求？（2015-2-43）

A. 合理行政　　　B. 高效便民

C. 诚实守信　　　D. 程序正当

5. 程序正当是当代行政法的基本原则，遵守程序是行政行为合法的要求之一。下列哪些做法违背了这一要求？（2014-2-77）

A. 某环保局对当事人的处罚听证，由本案的调查人员担任听证主持人

B. 某县政府自行决定征收基本农田35公顷

C. 某公安局拟给予甲拘留10日的治安处罚，告知其可以申请听证

D. 乙违反治安管理的事实清楚，某公安派出所当场对其作出罚款500元的处罚决定

6. 廖某在某镇沿街路边搭建小棚经营杂货，县建设局下发限期拆除通知后强制拆除，并对廖某作出罚款2万元的处罚。廖某起诉，法院审理认为廖某所建小棚未占用主干道，其违法行为没有严重到既需要拆除又需要实施顶格处罚的程度，判决将罚款改为1000元。法院判决适用了下列哪些原则？（2014-2-78）

A. 行政公开　　　B. 比例原则

C. 合理行政　　　D. 诚实守信

7. 合法行政是行政法的重要原则。下列哪些做法违反了合法行政要求？（2013-2-76）

A. 某规章规定行政机关对行政许可事项进行监督时，不得妨碍被许可人正常的生产经营活动

B. 行政机关要求行政处罚听证申请人承担组织听证的费用

C. 行政机关将行政强制措施权委托给另一行政机关行使

D. 行政机关对行政许可事项进行监督时发现直接关系公共安全、人身健康的重要设备存在安全隐患，责令停止使用和立即改正

8. 权责一致是行政法的基本要求。下列哪些选项符合权责一致的要求？（2013-2-77）

A. 行政机关有权力必有责任

B. 行政机关作出决定时不得考虑不相关因素

C. 行政机关行使权力应当依法接受监督

D. 行政机关依法履行职责，法律、法规应赋予其相应的执法手段

1. [答案] A　　　[难度] 易

[考点] 合理行政原则

[命题和解题思路] 本题考查考生对行政法基本原则尤其是合理行政原则的理解和掌握程度。合理行政原则主要包括公平公正原则、考虑相关因素原则、比例原则。上述子原则各自包含不同的内容，需要考生结合题干对照相关原则内容作出分析判断。在四个选项中，D 选项具有一定迷惑性，需要考生准确认定该原则的内容，然后与合理行政原则的相关内容作出区分。

[选项分析] 合理行政原则体现为以下子原则：第一，公平公正原则。要求行政机关在执行职务时要平等对待行政相对人，不偏私、不歧视。第二，考虑相关因素原则。要求行政机关作出裁量决定时，只能考虑符合立法授权目的的各种因素，不能考虑非相关因素。第三，比例原则。该原则有三方面要求：（1）**合目的性**。行政机关选择的手段须能够实现行政目的。（2）**必要性**。有多种手段能够实现行政目的时，行政机关应选择对相对人造成损害最小的手段。（3）**均衡性**。行政机关选择的手段给相对人造成的损害不能明显超过行政目的所体现的价值，在手段与目的之间保持均衡关系。题干提出的能不适用行政强制措施时，即不必要动用该行政强制措施，体现了比例原则中的必要性要求，因此 A 选项符合题旨要求，为正确选项。

BC 选项虽然属于合理行政原则，但与题干无关，不当选。

D 选项中的行政效率原则的内容是要求行政机关积极履行法定职责、遵守法定时限，与题干内容不符，为错误选项。

2. [答案] AB　　[难度] 难

[考点] 行政协议；诚实信用原则；具体行政行为界定

[命题和解题思路] 本题考查考生对行政协议、行政法基本原则、具体行政行为界定以及个人所得税征收等方面的知识掌握程度。四个选项中，D 选项因涉及具体税款征收问题，考查范围超出一般复习范围，具有一定难度，其他选项则中规中矩。

[选项分析]《行政协议规定》第 1 条规定："行政机关为了实现行政管理或者公共服务目标，与公民、法人或者其他组织协商订立的具有行政法上权利义务内容的协议，属于行政诉讼法第十

二条第一款第十一项规定的行政协议。"第 2 条规定："公民、法人或者其他组织就下列行政协议提起行政诉讼的，人民法院应当依法受理：（一）政府特许经营协议；（二）土地、房屋等征收征用补偿协议；（三）矿业权等国有自然资源使用权出让协议；（四）政府投资的保障性住房的租赁、买卖等协议；（五）符合本规定第一条规定的政府与社会资本合作协议；（六）其他行政协议。"本题中，某公司与县招商局签订投资协议，采用建设经营移交方式投资建设了垃圾焚烧厂，目的在于完成政府的公共服务职能，符合政府与社会资本的合作协议特点。某公司因履行协议产生纠纷，可以依法提起行政诉讼。A 选项说法正确。

按照诚实信用原则，保护相对人信赖利益是其重要组成内容，其要求行政机关作出的承诺负有兑现义务。本题中，既然县政府发文承诺给予招商引资人支付奖金，就应当兑现自己的承诺，向李某全额支付奖励，其只支付部分奖金而拒绝支付尾款的行为，有违信赖保护原则。B 选项说法正确。

县政府发布《招商引资政策意见》针对的是不确定对象，且具有反复实施效力，不符合具体行政行为相对人特定、效力一次性的特点，不属于具体行政行为。C 选项说法错误。

《个人所得税法》第 4 条规定："下列各项个人所得，免征个人所得税：（一）省级人民政府、国务院部委和中国人民解放军军以上单位，以及外国组织、国际组织颁发的科学、教育、技术、文化、卫生、体育、环境保护等方面的奖金；……"根据上述规定，只有省级人民政府、国务院部委和中国人民解放军军以上单位，以及外国组织、国际组织颁发的奖金才免征个人所得税，D 选项说法错误。

3. [答案] D　　[难度] 中

[考点] 权责统一原则

[命题和解题思路] 本题实质考查考生对权责统一原则的理解。权责统一原则的基本要求是实现行政权力和法律责任统一，做到执法有保障、有权必有责、用权受监督、违法受追究、侵权须赔偿。具体包含以下内容：第一，行政效能原则。行政机关要完成管理经济、社会和文化事务的职责，需要立法赋予其必要的管理手段，保证政令

有效。第二，行政责任原则。行政机关违法或者不当行使职权，应当依法承担相应法律责任。本题所列各选项分属于不同的行政法基本原则，需要考生结合事例作出正确选择。

[选项分析] 本题中，市政府为了建设公共交通设施，依法行使了法律赋予的征收农村集体土地的权力，但土地征收行为客观上给农村集体经济组织及其成员带来了一定损失，需要从权责一致的角度出发，依法予以充分补偿。在征收土地的同时给予补偿，符合行政责任原则的要求，所以，本题中市政府的行为体现了权责统一原则的核心内容。选项 D 为正确选项。

选项 A 中的程序正当原则是对行政行为实施程序提出的基本要求；选项 B 中的诚实守信原则基本要求有二：行政信息真实与保护相对人信赖；选项 C 中的高效便民原则一方面要求行政管理高效率，另一方面要求行政机关行使管理权，尽量为相对人提供方便。上述原则均与本题主旨不符，为错误选项。

4. [答案] C　　[难度] 易
[考点] 行政法基本原则

[命题和解题思路] 行政法的基本原则理论性较强，理解起来具有一定难度。命题人通过列举对行政机关提出某项具体要求的形式，询问考生其属于哪一项基本原则的内容，此种命题方式较为常见。正确回答的关键是考生对各项原则的具体内容及其相互区别有较好的把握。本题题干涉及政府信息公开的准确性要求，在内容上与行政法原则中的程序正当、诚实守信有一定关系，至于合理行政、高效便民两个选项凭直觉即可判断其与政府信息公开的准确性要求没有关联。因此，真正需要作出区分的是 C 项与 D 项。

[选项分析] 行政法的基本原则内容较多，本题中涉及四项。合理行政原则是指行政决定应当客观理性，主要适用于行政裁量行为，与行政机关的信息公开活动没有直接关系。高效便民原则强调行政效率和便利当事人，与行政机关准确公开信息也没有直接关系。诚实守信原则要求行政信息真实且保护公民的正当信赖利益，其中，行政信息真实原则要求行政机关公布的信息应当全面、准确、真实，行政机关应当对其真实性承担法律责任。因此，行政机关公开的信息应当准确

属于诚实信用原则的要求。程序正当原则包括行政公开原则、公众参与原则和回避原则，其中虽然强调行政公开原则，但与行政机关公开的信息应当准确之间还是存在差别。综上，本题的正确选项为 C，其他选项错误。

5. [答案] AD　　[难度] 中
[考点] 程序正当原则

[命题和解题思路] 本题考查考生对程序正当原则的理解和适用。行政法的基本原则理论性强，内容抽象，考生在复习的过程中普遍反映较难理解和掌握，通常的做法是死记硬背原则的含义和具体内容。但是，学习掌握行政法的基本原则除记忆其含义和基本要求外，更需要灵活运用。本题中，命题人即从如何应用的角度出发，通过设计具体案例的形式来考查考生对程序正当原则的理解和掌握程度。本题的难度有三：一是在选项中出现了《土地管理法》《治安管理处罚法》相关规定的考查——很多考生就怕出涉及单行立法规定的内容，因为其量大面广、很难记忆；二是程序原则考查同时混合了实体处理权力的内容（如 B 和 D 选项）；三是有提升内容的考查，即 C 项中公安机关主动告知当事人，对其作出行政拘留行为可以申请听证，此种做法是对是错？会给考生增加判断困扰。解答本题可以考虑以下思路：第一，直接排除与正当程序原则无关的内容，如 B 和 D；第二，按照有利于相对人程序权利保护的原则支持 C 选项中公安机关自行选择适用听证程序作出拘留决定的做法。

[选项分析] 回避原则构成程序正当原则的内容之一。该原则要求行政执法人员履行职责，与行政相对人有利害关系时，应当回避。A 选项中，某环保局适用听证程序作出行政处罚，安排本案调查人员担任主持人，不符合上述回避原则要求，也违反《行政处罚法》第 64 条第 4 项的规定——行政处罚听证由行政机关指定的非本案调查人员主持。据此，应选择 A。

依照《土地管理法》第 46 条第 1 款规定，征收永久基本农田的，由国务院批准。B 选项中，某县政府自行决定征收基本农田 35 公顷，属于超越职权的行为，违反了合法行政原则，而非程序正当原则。B 非本题应选项。

《治安管理处罚法》第 98 条规定："公安机关

作出吊销许可证以及处二千元以上罚款的治安管理处罚决定前，应当告知违反治安管理行为人有权要求举行听证；违反治安管理行为人要求听证的，公安机关应当及时依法举行听证。"据此，公安机关作出拘留行为并不要求适用听证程序。C选项中，某公安局自愿选择听证程序对甲作出拘留决定，并不违反立法规定，反而更值得鼓励。因此，C非本题应选项。

《治安管理处罚法》第100条规定："违反治安管理行为事实清楚，证据确凿，处警告或者二百元以下罚款的，可以当场作出治安管理处罚决定。"D选项中，某公安派出所当场对乙作出罚款500元的决定，不符合适用简易程序的条件，程序违法。据此，应选择D。

6. [答案] BC　　　[难度] 易
[考点] 合理行政原则
[命题和解题思路] 命题人在本题中考查考生对合理行政原则和比例原则的理解和适用。解答本题没有好的方法，只要考生根据本案的实际情况——法院是以廖某违法情节较为轻微为主要理由，作出了变更被告罚款数额的判决，对照选项中的四个基本原则的基本内容，即可作出正确选择。比如，行政公开是程序性原则，与本题无关，可以直接排除；诚实信用涉及政府信息公开以及行政行为的稳定问题，与本题无关，也可以排除。比例原则是合理行政原则的一个组成内容，如选择比例原则，也应选择合理行政原则。从本题内容来看，针对相对人的违法情节轻重来给予相应的制裁符合比例原则的要求，进而符合合理行政原则的要求。所以此两个选项都有必要选择。当然，本题将具有涵盖关系的基本原则与其子原则并列作为选项，在命题的科学性上存疑。

[选项分析] 合理行政原则的基本含义是，行政决定应当客观、适度、符合理性。该原则包括三个子原则：公平公正原则、考虑相关因素原则以及比例原则。

本题中，法院认定当事人廖某所建小棚未占用主干道，其违法行为没有严重到既需要拆除又需要实施顶格处罚的程度，判决将罚款改为1000元。其法律依据是1990年《行政诉讼法》第54条第4项——行政处罚显失公正的，可以判决变更（2017年修订的《行政诉讼法》第77条第1款有类似规定）。该判决充分考虑了廖某违法行为的情节和社会危害程度，体现了过罚相当原则，符合合理行政原则要求，更具体地体现了比例原则的要求：廖某的小棚已经拆除，违法行为造成的危害后果已经消除，再实施顶格处罚虽也实现了惩戒目的，符合比例原则的合目的性要求，却给廖某造成了过重的负担，不符合损害最小的比例原则要求。因此法院的判决既适用了合理原则，又具体适用了比例原则。BC为应选项。

行政公开原则要求除涉及国家秘密和依法受到保护的商业秘密、个人隐私外，行政机关实施行政管理应当公开，以实现公民的知情权。诚实信用原则要求行政信息的真实和保护当事人的信赖利益。两项原则与本题法院作出判决时所考虑的因素均无关联，故非为应选项。

7. [答案] BC　　　[难度] 中
[考点] 合法行政原则
[命题和解题思路] 本题考查考生对合法行政原则的理解与适用，具有一定难度，考生既要知晓合法行政原则的基本内容，又能够结合实际正确适用。从题目设计来看，命题人巧妙地将合法行政原则与《行政许可法》《行政强制法》《行政处罚法》的规定结合起来，在回答本题时，需要考生首先结合具体立法的规定对相关选项中的表述是否合法作出判断，进而作为判断是否违反合法行政原则的依据。在这个意义上，熟练掌握《行政许可法》《行政强制法》《行政处罚法》的规定依然是不变要求。

[选项分析] 依照《行政许可法》第63条规定，行政机关实施监督检查，不得妨碍被许可人正常的生产经营活动，不得索取或者收受被许可人的财物，不得谋取其他利益。据此，A项表述符合不违反合法行政原则。

依照《行政处罚法》第63条第2款规定，当事人不承担行政机关组织听证的费用。B项表述违背该条规定，为本题应选项。

依照《行政强制法》第17条第1款规定，行政强制措施由法律、法规规定的行政机关在法定职权范围内实施。行政强制措施权不得委托。C项表述的情况不符合《行政强制法》的规定，为本题应选项。

D 为重点干扰项。依照《行政许可法》第 68 条第 2 款规定，行政机关在监督检查时，发现直接关系公共安全、人身健康、生命财产安全的重要设备、设施存在安全隐患的，应当责令停止建造、安装和使用，并责令设计、建造、安装和使用单位立即改正。本题中，D 项表述的情况符合该条规定，非本题应选项。

8. ［答案］ACD　　　［难度］易

［考点］权责统一原则

［命题和解题思路］命题人在本题中考查了作为行政法基本原则之一的权责统一原则的理解与应用。行政法基本原则的概括较多，不同的基本原则要求不同，适用情况不同。从规范意义上讲，权责统一原则包含两方面内容：**第一，行政效能原则。**行政机关依法履行经济、社会和文化事务管理职责，要由法律、法规赋予其相应的执法手段，保证政令有效。**第二，行政责任原则。**行政机关违法或者不当行使职权，应当依法承担法律责任。这一原则的基本要求是行政权力和法律责任的统一，即执法有保障、有权必有责、用权受监督、违法受追究、侵权须赔偿。本题所列选项

有的体现了权责统一原则的要求，有的则是其他行政法基本原则的要求。考生需在充分理解权责统一原则的基础上作出正确选择。

［选项分析］按照权责统一原则，行政机关既享有法律法规规章授予的行政管理权力，同时也负有依法行使权力、积极行使权力的责任，同时，在违法行使权力的时候，还需要承担相应的法律责任。据此，A 正确。

行政机关作出决定时考虑不相关因素是从执法动机的角度来评价行政权力行使的，其并非权责统一原则的要求，而是合理行政原则的要求。据此，B 错误。

权责统一原则既要求行政权力行使获得立法的充分保障，同时也强调违法行政要承担相应法律责任。而承担法律责任的前提是行政权力的行使要受到方方面面的监督。据此，C 正确。

权责统一原则一方面要求行政机关应当依法履职尽责，消极执法、违法行政要承担相应法律责任，另一方面也有必要为行政机关更好地履职尽责提供充分的职权保障，使行政机关能够运用各种执法手段达到行政管理的目的。据此，D 正确。

第二章　行政组织与公务员

试　题

第一节　中央国家行政机关

1. 下列哪些单位属于国务院的行政机构？（2022 年回忆版）

A. 中国气象局

B. 国家民族事务委员会

C. 审计署

D. 国有资产监督管理委员会

2. 2021 年 2 月，原为国务院议事协调机构的国务院扶贫开发领导小组被改组为国家乡村振兴局，作为国务院直属机构。对此，下列哪些说法是正确的？（2021 年回忆版）

A. 国家乡村振兴局的设立由国务院决定

B. 国家乡村振兴局可以制定规章

C. 国务院扶贫开发领导小组的编制单独设立

D. 国务院扶贫开发领导小组主管特定业务，承担行政管理职能

3. 海关总署是国务院的直属机构、正部级单位。关于该行政机构的设立、编制管理及职权，下列哪些说法是错误的？（2018 年回忆版）

A. 由全国人大或者全国人大常委会决定设立

B. 有权制定规章

C. 可以自行设立司级和处级内设机构

D. 编制的增加由国务院机构编制管理机关最终决定

4. 关于国务院行政机构设置和编制管理的说法，下列哪一选项是正确的？（2017-2-43）

A. 国务院议事协调机构的撤销经由国务院常务会议讨论通过后，由国务院总理提交国务院全体会议讨论决定

B. 国务院行政机构增设司级内设机构，由国务院机构编制管理机关提出方案，报国务院决定

C. 国务院议事协调机构的编制根据工作需要单独确定

D. 国务院行政机构的编制在国务院行政机构设立时确定

5. 国家数据局为国务院组成部门管理的国家局。关于国家数据局，下列哪一说法是正确的？（2013-2-44）

A. 有权制定规章

B. 主管国务院的某项专门业务，具有独立的行政管理职能

C. 该局的设立由国务院编制管理机关提出方案，报国务院决定

D. 该局增设司级内设机构，由国务院编制管理机关审核批准

第二节　地方国家行政机关

1. 为精简机构需要，设区的某市决定将下辖的规划局与土地管理局合并为规划和土地管理局。该机构合并决定应报请批准的机关是：（2019 年回忆版）

A. 国务院

B. 省政府

C. 本市人大

D. 市政府

2. 根据规定，地方的事业单位机构和编制管理办法由省、自治区、直辖市人民政府机构编制管理机关拟定，报国务院机构编制管理机关审核后，由下列哪一机关发布？（2016-2-43）

A. 国务院

B. 省、自治区、直辖市人民政府

C. 国务院机构编制管理机关

D. 省、自治区、直辖市人民政府机构编制管理机关

3. 甲市某县环保局与水利局对职责划分有异议，双方协商无法达成一致意见。关于异议的处理，下列哪一说法是正确的？（2015-2-45）

A. 提请双方各自上一级主管机关协商确定

B. 提请县政府机构编制管理机关决定

C. 提请县政府机构编制管理机关提出协调意见，并由该机构编制管理机关报县政府决定

D. 提请县政府提出处理方案，经甲市政府机构编制管理机关审核后报甲市政府批准

第三节　公务员基本管理制度

1. 区民政局副科长陆某驾驶单位公务用车回乡探亲途中，因超速驾驶被执勤交警拦截，并暂扣了驾驶证，后区交警大队决定对陆某罚款 1000元。区监察委员会据此对陆某作出撤职处理。对此，下列哪些说法是错误的？（2023 年回忆版）

A. 暂扣驾驶证的行为属于行为罚

B. 对陆某撤职的期间是 18 个月

C. 区民政局不再对陆某给予处分

D. 陆某不能对区交警大队的处罚行为提起行政诉讼

2. 司法局科员朱某在年度考核中被评定为基本称职。关于该考核结果，下列哪些说法是正确的？（2023 年回忆版）

A. 司法局可据此辞退朱某

B. 朱某不能享受年终奖金

C. 司法局应将朱某降低一个职级层次任职

D. 可作为朱某参加培训的依据

3. 李某是某区政府公务员，因工作疏忽造成损失，机关对其进行了诫勉。关于公务员的诫勉，下列哪一说法是正确的？（2022 年回忆版）

A. 诫勉的性质是公务员行政处分

B. 诫勉是机关对公务员的监督措施

C. 被诫勉的公务员十二个月内不得涨工资

D. 公务员可以对诫勉行为提出申诉

4. 张某是税务局二级主任科员。关于其职级，下列说法正确的是：（2022 年回忆版）

A. 二级主任科员是张某的职级

B. 如张某符合任职资历要求，可直接晋升一级主任科员

C. 若张某认为自己应晋升一级主任科员而未获得晋升，可以依法提出申诉

D. 对张某不能采用定期考核，而应采用年度考核

5. 某县财政局副局长孙某在 2020 年度考核不称职。对此，下列哪些说法是错误的？（2021 年回忆版）

A. 孙某可以享受 2020 年度的年终奖

B. 考核不称职不属于对孙某的人事处理

C. 应当按照相关规定对孙某给予降职

D. 考核结果决定由财政局局长或者考核委员会确定

📶 **6.** 聘任制公务员按照国家规定实行协议工资制，具体办法由下列哪一部门规定？（2020 年回忆版）

A. 省级公务员主管部门

B. 中央公务员主管部门

C. 省级人力资源和社会保障部门

D. 国务院人力资源和社会保障部门

📶 **7.** 关于公务员的基本管理制度，下列哪些表述是正确的？（2019 年回忆版）

A. 公务员职级在县处级以下设置

B. 派出所民警的定期考核采用年度考核方式

C. 年度考核不称职的降低一个职务层次任职

D. 国家实行公务员职务与职级并行制度

📶 **8.** 某县工商局科员李某因旷工被给予警告处分。关于李某的处分，下列哪一说法是正确的？（2017-2-44）

A. 处分决定可以口头方式通知李某

B. 处分决定自作出之日起生效

C. 受处分期间为 12 个月

D. 李某在受处分期间不得晋升工资档次

📶 **9.** 财政局干部李某在机关外兼职。关于李某兼职，下列哪些说法是正确的？（2016-2-76）

A. 为发挥个人专长可在外兼职

B. 兼职应经有关机关批准

C. 不得领取兼职报酬

D. 兼职情况应向社会公示

📶 **10.** 关于公务员的辞职和辞退，下列哪些说法是正确的？（2015-2-76）

A. 重要公务尚未处理完毕的公务员，不得辞去公职

B. 领导成员对重大事故负有领导责任的，应引咎辞去公职

C. 对患病且在规定的医疗期内的公务员，不得辞退

D. 被辞退的公务员，可根据国家有关规定享受失业保险

📶 **11.** 王某经过考试成为某县财政局新录用的公务员，但因试用期满不合格被取消录用。下列哪一说法是正确的？（2014-2-44）

A. 对王某的试用期限，由某县财政局确定

B. 对王某的取消录用，应当适用辞退公务员的规定

C. 王某不服取消录用向法院提起行政诉讼的，法院应当不予受理

D. 对王某的取消录用，在性质上属于对王某的不予录用

📶 **12.** 孙某为某行政机关的聘任制公务员，双方签订聘任合同。下列哪些说法是正确的？（2013-2-79）

A. 对孙某的聘任须按照公务员考试录用程序进行公开招聘

B. 该机关应按照《公务员法》和聘任合同对孙某进行管理

C. 对孙某的工资可以按照国家规定实行协议工资

D. 如孙某与该机关因履行聘任合同发生争议，可以向人事争议仲裁委员会申请仲裁

详 解

第一节 中央国家行政机关

1. ［答案］BCD ［难度］难

［考点］中央国家行政机关

［命题和解题思路］本题考查中央国家行政机关的组成，即国务院下属机构的设置。《国务院行政机构设置和编制管理条例》对国务院组成机构的职权、设置与编制管理作出了详细规定，但本题未考查上述内容，而是指向了国务院各行政机构的属性，考查考生对上述不同类型行政机构的具体性质的掌握情况，具有一定难度。如果考生对该知识点不甚了解，即会作出错误判断。

［选项分析］依照《国务院行政机构设置和编制管理条例》第 6 条规定，国务院行政机构根据职能分为国务院办公厅、国务院组成部门、国务院直属机构、国务院办事机构、国务院组成部门管理的国家行政机构和国务院议事协调机构。上述机构各自涵盖的机构范围在该条例中并未列举，其原因在于国务院行政机构会随着国家行政管理的不同发展阶段而作出相应调整。因此，上述行政机构的具体范围具有一定的不确定性。此次法考命题建立在新一轮国务院行政机构改革基础上，需要考生对上述行政机构各自涵盖的范围

有初步了解，比如国务院组成部门包括国务院的"部委行署"，国家民族事务委员会、审计署属于国务院组成部门，为国务院直接管理的行政机构；国务院国有资产监督管理委员会是国务院直属特设机构，属于国务院下属行政机构；中国气象局则属于国务院直属事业单位，并不具有行政机构属性。综上，本题正确选项应当为BCD。

2. ［答案］AB　　［难度］中

［考点］国务院机构设置与编制管理

［命题和解题思路］本题考查考生对国务院直属机构设置和编制管理规定的掌握程度。该考点是每年必考内容，只是考查的知识点会随机变化。本题即是考查国务院直属机构的设置与编制管理的内容，既涉及直属机构的设置、职权，也涉及议事协调机构的编制管理和职能确定。因考查知识点较细，考生可能存在记忆上的模糊之处，容易出现判断上的困难。回答此类题目，关键是对《国务院行政机构设置和编制管理条例》有关规定的清晰掌握。

［选项分析］《国务院行政机构设置和编制管理条例》第8条规定："国务院直属机构、国务院办事机构和国务院组成部门管理的国家行政机构的设立、撤销或者合并由国务院机构编制管理机关提出方案，报国务院决定。"据此可知，A选项说法正确。

《立法法》第80条规定："国务院各部、委员会、中国人民银行、审计署和具有行政管理职能的直属机构，可以根据法律和国务院的行政法规、决定、命令，在本部门的权限范围内，制定规章……"结合上述规定可知，作为国务院直属机构的国家乡村振兴局有权制定规章。B选项说法正确。

《国务院行政机构设置和编制管理条例》第20条规定："国务院议事协调机构不单独确定编制，所需要的编制由承担具体工作的国务院行政机构解决。"据此可知，C选项说法错误。

《国务院行政机构设置和编制管理条例》第6条规定："……国务院组成部门管理的国家行政机构由国务院组成部门管理，主管特定业务，行使行政管理职能。国务院议事协调机构承担跨国务院行政机构的重要业务工作的组织协调任务。国务院议事协调机构议定的事项，经国务院同意，

由有关的行政机构按照各自的职责负责办理……"据此可知，D选项说法错误。

3. ［答案］AD　　［难度］中

［考点］国务院行政机构设置与编制管理

［命题和解题思路］本题考查考生对国务院直属机构的设置和编制管理的相关规定，附带涉及部门行政规章制定主体的范围。国务院行政机构设置和编制管理是每年必考内容，只是考查的对象年年会有变化。本题即是考查国务院直属机构的设置与编制管理的内容。在四个选项中，选项A、B相对简单，选项C、D考查知识点较细，考生可能存在记忆上的模糊之处，容易出现判断上的困难。回答此类题目，关键是对行政机关组织法有关规定的清晰掌握。

［选项分析］《国务院行政机构设置和编制管理条例》第7条规定："依照国务院组织法的规定，国务院设立办公厅。国务院组成部门的设立、撤销或者合并由国务院机构编制管理机关提出方案，经国务院常务会议讨论通过后，由国务院总理提请全国人民代表大会决定；在全国人民代表大会闭会期间，提请全国人民代表大会常务委员会决定。"第8条规定："国务院直属机构、国务院办事机构和国务院组成部门管理的国家行政机构的设立、撤销或者合并由国务院机构编制管理机关提出方案，报国务院决定。"对照上述规定可知，只有国务院组成部门的设立才由全国人大或者全国人大常委会决定，选项A表述错误。

《国务院行政机构设置和编制管理条例》第6条规定："国务院行政机构根据职能分为国务院办公厅、国务院组成部门、国务院直属机构、国务院办事机构、国务院组成部门管理的国家行政机构和国务院议事协调机构……国务院直属机构主管国务院的某项专门业务，具有独立的行政管理职能……"《立法法》第80条规定："国务院各部、委员会、中国人民银行、审计署和具有行政管理职能的直属机构，可以根据法律和国务院的行政法规、决定、命令，在本部门的权限范围内，制定规章……"结合上述规定可知，具有行政管理职能的海关总署有权制定规章。选项B表述正确。

《国务院行政机构设置和编制管理条例》第13条规定："国务院办公厅、国务院组成部门、国

务院直属机构、国务院办事机构在职能分解的基础上设立司、处两级内设机构；国务院组成部门管理的国家行政机构根据工作需要可以设立司、处两级内设机构，也可以只设立处级内设机构。"据此可知，选项 C 表述正确。

《国务院行政机构设置和编制管理条例》第 19 条规定："国务院行政机构增加或者减少编制，由国务院机构编制管理机关审核方案，报国务院批准。"据此可知，选项 D 表述错误。

4. [答案] D　　[难度] 中

[考点] 国务院行政机构设置与编制管理

[命题和解题思路] 行政组织法是必考内容，每年会在中央国家行政机关组织法和地方国家行政机关组织法之间进行适当切换。命题人通过本题考查考生对《国务院行政机构设置和编制管理条例》的了解程度，其背后实则是考查考生是否掌握以下知识：第一，国务院议事协调机构与国务院组成部门以及直属机构、办事机构、国务院组成部门管理的国家行政机构的职能差异；第二，国务院行政机构内设司级机构与普通行政机构的区别。依照《国务院行政机构设置和编制管理条例》的规定，国务院议事协调机构与国务院组成部门等其他行政机构存在职能差别，主要承担跨国务院行政机构的重要业务工作的组织协调任务。据此，议事协调机构的设置、撤销及编制管理与承担具体行政领域管理职能的其他国务院行政机构存在差别。同理，作为国务院组成部分的行政机构与其各自内设机构在层级上存在差别，相应地，其设置和编制管理规范也不相同。正确回答本题，考生需要对上述区别有深刻认知，且以该种认知为基础来理解《国务院行政机构设置和编制管理条例》的相关规定。本题中，AC 选项涉及国务院议事协调机构的设置与编制管理，BD 涉及国务院行政机构及其内设机构的设置与编制管理。其中，B 选项具有一定迷惑性，需要与其他选项作出区别。

[选项分析] 《国务院行政机构设置和编制管理条例》第 7 条规定："……国务院组成部门的设立、撤销或者合并由国务院机构编制管理机关提出方案，经国务院常务会议讨论通过后，由国务院总理提请全国人民代表大会决定，在全国人民代表大会闭会期间，提请全国人民代表大会常务

委员会决定。"第 8 条规定："国务院直属机构、国务院办事机构和国务院组成部门管理的国家行政机构的设立、撤销或者合并由国务院机构编制管理机关提出方案，报国务院决定。"第 11 条规定："国务院议事协调机构的设立、撤销或者合并，由国务院机构编制管理机关提出方案，报国务院决定。"对照上述规定可知，国务院议事协调机构与国务院组成部门之间在撤销程序上存在差别，而与直属机构、办事机构、组成部门管理的国家行政机构相同，但其撤销确实无须经过国务院常务会议讨论和国务院全体会议讨论决定，据此，A 选项错误。

B 项为重点干扰项。《国务院行政机构设置和编制管理条例》第 14 条规定："国务院行政机构的司级内设机构的增设、撤销或者合并，经国务院机构编制管理机关审核方案，报国务院批准……"B 项表述与本条规定不符，非正确答案。在试题公布答案之后，考生对本题答案的主要异议是：根据《国务院行政机构设置和编制管理条例》第 14 条，国务院行政机构的司级内设机构的增设、撤销或者合并，经国务院机构编制管理机关审核方案，报国务院批准。B 选项的表述与该规定无实质差别，应当选择 B。但考查该条规定，可以发现一个细微不同，即该条规定的是经国务院机构编制管理机关"审核方案"，而非"提出方案"，此种表述的差别决定了编制提出机关不同。前者是由国务院行政机构提出方案，后者则是由国务院编制管理机关提出方案。因此，B 选项的表述与立法规定不同，不能作为正确答案。

《国务院行政机构设置和编制管理条例》第 20 条规定："国务院议事协调机构不单独确定编制，所需要的编制由承担具体工作的国务院行政机构解决。"据此可知，C 选项表述错误。

《国务院行政机构设置和编制管理条例》第 18 条规定："国务院行政机构的编制在国务院行政机构设立时确定。国务院行政机构的编制方案，应当包括下列事项：（一）机构人员定额和人员结构比例；（二）机构领导职数和司级内设机构领导职数。"据此，D 选项表述正确，为本题正确答案。

5. [答案] C　　[难度] 易

[考点] 国务院的机构设置与职权分配

[命题和解题思路] 有关行政机关的组成与职权的相关知识是每年考试重点内容之一，只不过每年命题人考查的知识点稍有差别。本题考查的是作为国务院组成部门管理的国家局的行政职权和组织设置规则。解答本题的关键是弄清国务院组成部门管理的国家局与国务院直属机构之间在职权、设置程序和主管业务方面的细微差别。命题人对各选项的设计紧扣法条，需要考生对《国务院行政机构设置和编制管理条例》的相关规定有明确清晰的掌握，且有意识地对国务院组成部门管理的国家局与国务院直属机构的不同规定作出区分性总结记忆。本题中，AB 选项涉及的是行政职权，可归为一组，互为干扰项；CD 选项涉及机构设置问题，可归为另一组，互为干扰项。如果能够确定其中一组中的正确选项，即可完成本题解答。

[选项分析] 在我国，有权制定部门行政规章的主体具有特定的范围。依照《立法法》第 80 条的规定，享有部门规章制定权的主体是国务院各部、委员会、中国人民银行、审计署和具有行政管理职能的直属机构，不包括国务院组成部门管理的国家局。A 为错误选项。

根据《国务院行政机构设置和编制管理条例》第 6 条第 1 款规定，国务院行政机构根据职能分为国务院办公厅、国务院组成部门、国务院直属机构、国务院办事机构、国务院组成部门管理的国家行政机关和国务院议事协调机构。其中，在行政职权分配上最容易混淆的是国务院直属机构和国务院组成部门管理的国家行政机关。《国务院行政机构设置和编制管理条例》对这两种行政机构的职权规定存在措辞上的差别，极易引起混淆。依照《国务院行政机构设置和编制管理条例》第 6 条第 4 款规定，国务院直属机构主管国务院的某项专门业务，具有独立行政管理职能。第 6 款规定，国务院组成部门管理的国家行政机关主管特定业务，行使行政管理职能。对照上述差别规定可知，B 项表述错误。

依照《国务院行政机构设置和编制管理条例》第 8 条规定，国务院组成部门管理的国家行政机构的设立、撤销或者合并由国务院机构编制管理机关提出方案，报国务院决定。C 为正确选项。

依照《国务院行政机构设置和编制管理条例》第 14 条第 1 款规定，国务院机构编制管理机关只负责审核国务院行政机构的司级内设机构的增设方案，方案的批准权则归属于国务院。D 项表述错误。

第二节 地方国家行政机关

1. [答案] B [难度] 中

[考点] 地方政府机构设置管理

[命题和解题思路] 本题考查考生对地方人民政府行政机构设置程序的掌握情况。在《地方各级人民政府机构设置和编制管理条例》之中，对地方各级人民政府的机构设立、撤销、合并等程序作出了较为明确的规定。正确回答本题，需要考生对《地方各级人民政府机构设置和编制管理条例》的相关规定进行较好掌握。

[选项分析]《地方各级人民政府机构设置编制管理条例》第 9 条规定："地方各级人民政府行政机构的设立、撤销、合并或者变更规格、名称，由本级人民政府提出方案，经上一级人民政府机构编制管理机关审核后，报上一级人民政府批准；其中，县级以上地方各级人民政府行政机构的设立、撤销或者合并，还应当依法报本级人民代表大会常务委员会备案。"根据上述规定可知，本题中，应由选项 B 即省人民政府批准。选项 A、C、D 均为错误选项。

2. [答案] B [难度] 易

[考点] 地方政府机构设置与编制管理

[命题和解题思路] 命题人通过本题考查了地方事业单位机构和编制管理办法的拟定、审核与发布机关的相关规定。该类规定出现于《地方各级人民政府机构设置和编制管理条例》的附则之中，一般不会引起考生的注意。解答本题的关键是考生对《地方各级人民政府机构设置和编制管理条例》的附则规定有准确的认知。如果考生没有注意到相关规定，也可结合法学原理作出判断：规则的拟定、审核均为承办程序，可由编制管理机关完成，但最终发布的主体应属于人民政府。

[选项分析]《地方各级人民政府机构设置和编制管理条例》第 29 条规定："地方的事业单位机构和编制管理办法，由省、自治区、直辖市人民政府机构编制管理机关拟定，报国务院机构编

制管理机关审核后，由省、自治区、直辖市人民政府发布。事业编制的全国性标准由国务院机构编制管理机关会同国务院财政部门和其他有关部门制定。"据此，B为正确选项，其他选项均错误。

3. [答案] C　　[难度] 易

[考点] 地方政府机构设置与编制管理

[命题和解题思路] 本题考查考生对县级人民政府相关职能部门之间职责权限划分出现异议时的处理机制。学习行政法的学生虽然一般都知晓两个行政机关之间发生权限争议时，需要交由共同上级行政机关解决这一基本原则，但对于具体的操作程序却没有确切了解。本题中，命题人通过设置四个选项，目的在于考查考生对当前立法有关权限争议解决程序的规定是否确切掌握。回答本题可以有两种思路：第一，如果考生对《地方各级人民政府机构设置和编制管理条例》有关此问题的规定较为熟悉，即可直接选择正确答案；第二，如果考生对现有立法规定记忆模糊，也可比照行政机关权限冲突解决的一般方式——由共同上级行政机关解决，作出接近正确的判断。

[选项分析] 本题中，发生职责划分争议的是甲市某县的两个职能部门——环保局和水利局，对于地方人民政府下属职能部门之间发生的职责划分争议，《地方各级人民政府机构设置和编制管理条例》第10条第2款作出如下规定："行政机构之间对职责划分有异议的，应当主动协商解决。协商一致的，报本级人民政府机构编制管理机关备案；协商不一致的，应当提请本级人民政府机构编制管理机关提出协调意见，由机构编制管理机关报本级人民政府决定。"根据该款规定可知，C选项符合规定，是正确选项，其余选项均错误。

第三节　公务员基本管理制度

1. [答案] ABD　　[难度] 易

[考点] 行政强制措施、公务员处分制度、行政诉讼原告资格

[命题和解题思路] 本题为综合题，主要考查行政强制措施与行政处罚的区别、公务员接受处分的期限、行政处分与政务处分的衔接及公务员的行政诉讼原告资格。本题难度不高，考生只要

认定C选项表述正确的情况下，即可判定其他选项表述错误。

[选项分析]《行政强制法》第2条第2款规定，行政强制措施，是指行政机关在行政管理过程中，为制止违法行为、防止证据损毁、避免危害发生、控制危险扩大等情形，依法对公民的人身自由实施暂时性限制，或者对公民、法人或者其他组织的财物实施暂时性控制的行为。本题中的交警暂扣陆某驾驶证发生在违法行为进行期间，是交警为了及时制止违法行为、避免危害发生采取的临时性强制措施，不属于行政处罚。A选项说法错误，当选。

《公务员法》第64条第2款规定："受处分的期间为：警告，六个月；记过，十二个月；记大过，十八个月；降级、撤职，二十四个月。"据此可知，撤职行为的期间为24个月。B选项说法错误，当选。

《公务员法》第61条规定，公务员因违纪违法应当承担纪律责任的，依照本法给予处分或者由监察机关依法给予政务处分；违纪违法行为情节轻微，经批评教育后改正的，可以免予处分。对同一违纪违法行为，监察机关已经作出政务处分决定的，公务员所在机关不再给予处分。据此可知，C选项说法正确，不当选。

《行政诉讼法》第2条第1款规定，公民、法人或者其他组织认为行政机关和行政机关工作人员的行政行为侵犯其合法权益，有权依照本法向人民法院提起诉讼。据此，只要是行政管理相对人，其认为自己的合法权益受到侵害，就有权向人民法院提起行政诉讼。本题中，陆某受到罚款处罚时，并非在执行公务，其法律地位属于普通行政相对人。因此，其有权针对罚款决定提起行政诉讼。D选项说法错误，当选。

2. [答案] BD　　[难度] 难

[考点] 公务员考核、辞退、工资福利待遇、培训制度

[命题和解题思路] 本题主要考查考生对公务员基本管理制度的理解和掌握程度，内容涉及公务员的考核、辞退、收入以及培训等相关规定。本题的出题方式特殊，是以考核结果辐射到其他相关管理制度，如果考生对公务员管理制度中与考核制度相关的规定内容缺乏总结，即可能作出

错误回答。

[选项分析]《公务员法》第 88 条规定："公务员有下列情形之一的，予以辞退：（一）在年度考核中，连续两年被确定为不称职的；（二）不胜任现职工作，又不接受其他安排的；（三）因所在机关调整、撤销、合并或者缩减编制员额需要调整工作，本人拒绝合理安排的；（四）不履行公务员义务，不遵守法律和公务员纪律，经教育仍无转变，不适合继续在机关工作，又不宜给予开除处分的；（五）旷工或者因公外出、请假期满无正当理由逾期不归连续超过十五天，或者一年内累计超过三十天的。"据此可知，辞退公务员需要满足连续两年被确定为不称职的条件。A 选项说法错误。

《公务员法》第 80 条第 4 款规定，公务员在定期考核中被确定为优秀、称职的，按照国家规定享受年终奖金。据此可知，朱某不符合享受年终奖金的条件。B 选项说法正确。

《公务员法》第 50 条规定，公务员的职务、职级实行能上能下。对不适宜或者不胜任现任职务、职级的，应当进行调整。公务员在年度考核中被确定为不称职的，按照规定程序降低一个职务或者职级层次任职。据此可知，只有在评定为不称职的情况下，才可以降低朱某的职级层次。C 选项说法错误。

《公务员法》第 39 条规定，定期考核的结果作为调整公务员职位、职务、职级、级别、工资以及公务员奖励、培训、辞退的依据。据此可知，D 选项说法正确。

3.[答案] B [难度] 中

[考点] 公务员管理制度

[命题和解题思路] 本题考查考生对公务员诚勉制度的理解和掌握程度，附带比较公务员的处分与诚勉制度的区别。此题出得较偏，乍一看考生会感到无所适从，但结合公务员管理制度的其他知识，考生也可以作出准确的回答。为更好地应对此种问题，考生有必要进一步明确全面复习的重要意义。

[选项分析]《公务员法》第 57 条规定："机关应当对公务员的思想政治、履行职责、作风表现、遵纪守法等情况进行监督，开展勤政廉政教育，建立日常管理监督制度。对公务员监督发现问题的，应当区分不同情况，予以谈话提醒、批

评教育、责令检查、诚勉、组织调整、处分。对公务员涉嫌职务违法和职务犯罪的，应当依法移送监察机关处理。"据此规定可知，诚勉是机关对公务员的监督措施，不同于公务员的处分。A 选项说法错误，B 选项说法正确。

《公务员法》第 64 条第 1 款规定："公务员在受处分期间不得晋升职务、职级和级别，其中受记过、记大过、降级、撤职处分的，不得晋升工资档次。"据此，公务员只在受到处分时其工资收入会受到一定影响，受到诚勉处理则不受影响。C 选项说法错误。

《公务员法》第 95 条第 1 款规定："公务员对涉及本人的下列人事处理不服的，可以自知道该人事处理之日起三十日内向原处理机关申请复核；对复核结果不服的，可以自接到复核决定之日起十五日内，按照规定向同级公务员主管部门或者作出该人事处理的机关的上一级机关提出申诉；也可以不经复核，自知道该人事处理之日起三十日内直接提出申诉：（一）处分；（二）辞退或者取消录用；（三）降职；（四）定期考核定为不称职；（五）免职；（六）申请辞职、提前退休未予批准；（七）不按照规定确定或者扣减工资、福利、保险待遇；（八）法律、法规规定可以申诉的其他情形。"据此可知，对公务员的诚勉不在申诉范围之内。D 选项说法错误。

4.[答案] A [难度] 难

[考点] 公务员管理制度

[命题和解题思路] 本题考查公务员基本管理制度的相关内容，主要涉及职务与职级制度、公务员的晋升制度、权益保护制度以及考核制度。四个选项中，B 选项因考查法条的内容较细，考生不太注意相关内容，极可能遇到判断困难；其他几个选项相对简单一些。正确回答本题，需要考生复习时注意法条的细微规定，只有如此，才能在考试时选出正确答案。

[选项分析]《公务员法》第 19 条规定："公务员职级在厅局级以下设置。综合管理类公务员职级序列分为：一级巡视员、二级巡视员、一级调研员、二级调研员、三级调研员、四级调研员、一级主任科员、二级主任科员、三级主任科员、四级主任科员、一级科员、二级科员。综合管理类以外其他职位类别公务员的职级序列，根据本

法由国家另行规定。"据此可知，二级主任科员是公务员张某的职级，A选项说法正确。

《公务员法》第49条规定："公务员职级应当逐级晋升，根据个人德才表现、工作实绩和任职资历，参考民主推荐或者民主测评结果确定人选，经公示后，按照管理权限审批。"对照上述规定可知，晋升职级并非单纯考虑任职履历和资历，B选项说法错误。

《公务员法》第95条第1款规定："公务员对涉及本人的下列人事处理不服的，可以自知道该人事处理之日起三十日内向原处理机关申请复核；对复核结果不服的，可以自接到复核决定之日起十五日内，按照规定向同级公务员主管部门或者作出该人事处理的机关的上一级机关提出申诉；也可以不经复核，自知道该人事处理之日起三十日内直接提出申诉：（一）处分；（二）辞退或者取消录用；（三）降职；（四）定期考核定为不称职；（五）免职；（六）申请辞职、提前退休未予批准；（七）不按照规定确定或者扣减工资、福利、保险待遇；（八）法律、法规规定可以申诉的其他情形。"据此可知，提出申诉的事项都是直接侵犯公务员个人权益的事项，是否应当晋升职务并非公务员当然享有的权利，张某无权因为未晋升而提出申诉。C选项说法错误。

《公务员法》第37条规定："非领导成员公务员的定期考核采取年度考核的方式。先由个人按照职位职责和有关要求进行总结，主管领导在听取群众意见后，提出考核等次建议，由本机关负责人或者授权的考核委员会确定考核等次。领导成员的考核由主管机关按照有关规定办理。"据此可知，非领导成员公务员的定期考核采用年度考核方式，D选项混淆了两个概念，表述错误。

5. ［答案］ABD　　［难度］中
［考点］公务员管理制度
［命题和解题思路］本题考查考生对公务员管理制度的掌握程度，重点考查公务员考核制度以及其与相关制度的关联。四个选项考查的知识点都比较细，考生如果对公务员考核制度的相关规定内容掌握不牢固，复习不仔细，即可能作出错误选项。回答此类题目，还是需要考生全面细致地对公务员具体管理制度的相关规定加以复习，以便做到准确答题，万无一失。

［选项分析］《公务员法》第80条规定："公务员工资包括基本工资、津贴、补贴和奖金。公务员按照国家规定享受地区附加津贴、艰苦边远地区津贴、岗位津贴等津贴。公务员按照国家规定享受住房、医疗等补贴、补助。公务员在定期考核中被确定为优秀、称职的，按照国家规定享受年终奖金。公务员工资应当按时足额发放。"根据上述规定可知，A选项说法错误。

《公务员法》第95条规定："公务员对涉及本人的下列人事处理不服的，可以自知道该人事处理之日起三十日内向原处理机关申请复核；对复核结果不服的，可以自接到复核决定之日起十五日内，按照规定向同级公务员主管部门或者作出该人事处理的机关的上一级机关提出申诉；也可以不经复核，自知道该人事处理之日起三十日内直接提出申诉：（一）处分；（二）辞退或者取消录用；（三）降职；（四）定期考核定为不称职；（五）免职；（六）申请辞职、提前退休未予批准；（七）不按照规定确定或者扣减工资、福利、保险待遇；（八）法律、法规规定可以申诉的其他情形。对省级以下机关作出的申诉处理决定不服的，可以向作出处理决定的上一级机关提出再申诉。受理公务员申诉的机关应当组成公务员申诉公正委员会，负责受理和审理公务员的申诉案件。公务员对监察机关作出的涉及本人的处理决定不服向监察机关申请复审、复核的，按照有关规定办理。"根据上述规定可知，不称职考核结果的确定属于人事处理行为，B选项说法错误。

《公务员法》第50条规定："公务员的职务、职级实行能上能下。对不适宜或者不胜任现任职务、职级的，应当进行调整。公务员在年度考核中被确定为不称职的，按照规定程序降低一个职务或者职级层次任职。"据此可知，C选项说法正确。

《公务员法》第37条规定："非领导成员公务员的定期考核采取年度考核的方式。先由个人按照职位职责和有关要求进行总结，主管领导在听取群众意见后，提出考核等次建议，由本机关负责人或者授权的考核委员会确定考核等次。领导成员的考核由主管机关按照有关规定办理。"据此，作为副局长的孙某属于领导成员，其考核由主管机关按相关规定办理，D选项说法错误。

6. [答案] B　　　[难度] 中

[考点] 公务员基本管理制度

[命题和解题思路] 本题考查考生对聘任制公务员管理制度相关内容的掌握程度。聘任制公务员的管理不同于一般考任制公务员，因该类公务员与国家之间的公职关系是基于公法契约建立，因此，对于该类公务员的管理主要按照国家立法规定和公务员聘任合同约定进行。《公务员法》对于聘任制公务员的岗位设置、聘任方式、聘任合同、具体管理以及聘任制合同履行中的争议处理等问题作出了规定。本题考查的是聘任合同中有关协议工资内容的规定，基本上考查的法条规定。正确回答本题，需要考生注意立法的详细规定。

[选项分析]《公务员法》第103条规定："聘任合同应当具备合同期限，职位及其职责要求，工资、福利、保险待遇，违约责任等条款。聘任合同期限为一年至五年。聘任合同可以约定试用期，试用期为一个月至十二个月。聘任制公务员实行协议工资制，具体办法由中央公务员主管部门规定。"依照本条规定，聘任制公务员的协议工资制度的具体内容，依法由中央公务员主管部门规定。据此，B 选项当选，其他选项均为错误选项。

7. [答案] BD　　　[难度] 中

[考点] 公务员基本管理制度

[命题和解题思路] 本题考查考生对公务员相关管理制度的理解与掌握程度，内容涉及公务员的职务与职级制度、考核制度。修订后的《公务员法》对公务员的职务与职级制度作出了一些新的规定，这些内容成为法考关注的重点。本题四个选项的设计即主要针对职务与职级的相关规定展开。考生如果对相关规定内容不甚理解，乃至记忆不清，即可能做出错误的选择。作答此类问题，既要掌握法律规定，又要理解其规定的实质。

[选项分析]《公务员法》第19条规定："公务员职级在厅局级以下设置。综合管理类公务员职级序列分为：一级巡视员、二级巡视员、一级调研员、二级调研员、三级调研员、四级调研员、一级主任科员、二级主任科员、三级主任科员、四级主任科员、一级科员、二级科员。综合

管理类以外其他职位类别公务员的职级序列，根据本法由国家另行规定。"据此，选项 A 表述错误。

《公务员法》第36条规定："公务员的考核分为平时考核、专项考核和定期考核等方式。定期考核以平时考核、专项考核为基础。"第37条规定："非领导成员公务员的定期考核采取年度考核的方式。先由个人按照职位职责和有关要求进行总结，主管领导在听取群众意见后，提出考核等次建议，由本机关负责人或者授权的考核委员会确定考核等次。领导成员的考核由主管机关按照有关规定办理。"根据上述规定可知，选项 B 表述正确。

《公务员法》第50条规定："公务员的职务、职级实行能上能下。对不适宜或者不胜任现任职务、职级的，应当进行调整。公务员在年度考核中被确定为不称职的，按照规定程序降低一个职务或者职级层次任职。"据此可知，选项 C 表述不全面，不当选。

《公务员法》第17条规定："国家实行公务员职务与职级并行制度，根据公务员职位类别和职责设置公务员领导职务、职级序列。"据此，选项 D 表述正确。

8. [答案] B　　　[难度] 易

[考点] 公务员管理制度

[命题和解题思路] 命题人在本题中考查了两个内容，一是公务员受警告处分的形式与法律后果，二是作为一种特殊行政行为的警告的生效问题。四个选项中，ACD 选项与第一个考查内容相关，B 选项与第二个考查内容相关。就第一个考查内容而言，其知识点集中于警告处分的形式、警告处分的期间以及警告处分对公务员的不利影响。就第二个考查内容而言，其知识点实质上是行政行为的生效时间，虽然《公务员法》可能对行政处分的生效时间作出规定，但其背后依然是行政行为的生效原理。解答本题的关键一是正确掌握《公务员法》的相关规定，二是理解行政行为的生效原理。

[选项分析] 关于对公务员的行政警告处分采用何种形式通知本人问题，《公务员法》有明确规定，该法第63条第3款规定："处分决定机关认为对公务员应当给予处分的，应当在规定的期限

内，按照管理权限和规定的程序作出处分决定。处分决定应当以书面形式通知公务员本人。"据此，本案中，县工商局对科员李某的警告处分应当采用书面形式。A 选项错误。

关于警告处分的生效时间问题，可以适用行政行为生效的一般原理。在理论上，行政行为除非存在附期限、附条件的情况，一经作出即刻发生法律效力。本题中，工商局对科员李某的警告处分并无附款内容，因此，从作出之日起即发生法律效力。此外，根据《公务员法》第 95 条、96条的规定，公务员对涉及本人的行政处分不服，可以依法申请复核，或者提出申诉，复核、申诉期间不停止人事处理的执行。上述规定也说明，对公务员的行政处分自作出之日即生效并具有执行力。综上，B 选项正确。

《公务员法》第 64 条规定："公务员在受处分期间不得晋升职务、职级和级别，其中受记过、记大过、降级、撤职处分的，不得晋升工资档次。受处分的期间为：警告，六个月；记过，十二个月；记大过，十八个月；降级、撤职，二十四个月。受撤职处分的，按照规定降低级别。"依照上述规定，警告处分的期间应为 6 个月，而非 12 个月，C 选项错误；公务员受警告处分的，处分期间不得晋升职务、职级和级别，但其工资档次晋升则不受影响，D 选项错误。

9.　[答案] BC　　　[难度] 易

[考点] 对公务员的基本管理制度

[命题和解题思路] 命题人在本题中考查了考生对公务员兼职规定的理解和适用。公务员兼职在《公务员法》中有专门规定，如果对其规定内容理解不清晰，很可能作出错误判断。比如，A 选项中的为发挥个人专长而在外兼职的表述，即具有一定的迷惑性；D 选项中的兼职情况是否需要向社会公示，也具有一定的干扰性。考生如果对立法规定掌握不准确，即会遇到判断上的困难，进而作出错误选择。因此，准确回答本题的关键是正确记忆和理解立法有关公务员兼职的规定内容。

[选项分析]《公务员法》第 44 条规定："公务员因工作需要在机关外兼职，应当经有关机关批准，并不得领取兼职报酬。"根据该条规定，BC 表述正确。A 的表述不符合《公务员法》关于公务员兼职规定的基本精神，故错误。选项 D 有

关"兼职情况应向社会公示"的要求并未规定在《公务员法》中，也属于错误表述。

10.　[答案] CD　　　[难度] 中

[考点] 公务员基本管理制度

[命题和解题思路] 本题涉及公务员的辞职和辞退制度的理解与适用。命题人希望在一道试题中同时考查两种制度，但客观上造成了考查知识点的分散。从题目设计看，AB 选项考查的是公务员辞职制度，CD 考查的是公务员的辞退制度。CD选项是对《公务员法》规定的直接摘录，不难判断；而 AB 选项与立法规定之间存在差异，需要考生认真分析题干表述，并注意辞去公职与辞去领导职务的区别。

[选项分析]《公务员法》第 86 条规定："公务员有下列情形之一的，不得辞去公职：（一）未满国家规定的最低服务年限的；（二）在涉及国家秘密等特殊职位任职或者离开上述职位不满国家规定的脱密期限的；（三）重要公务尚未处理完毕，且须由本人继续处理的；（四）正在接受审计、纪律审查、监察调查，或者涉嫌犯罪，司法程序尚未终结的；（五）法律、行政法规规定的其他不得辞去公职的情形。"据此，A 的表述与第 86条第 3 项规定不符，错误。

《公务员法》第 87 条规定："担任领导职务的公务员，因工作变动依照法律规定需要辞去现任职务的，应当履行辞职手续。担任领导职务的公务员，因个人或者其他原因，可以自愿提出辞去领导职务。领导成员因工作严重失误、失职造成重大损失或者恶劣社会影响的，或者对重大事故负有领导责任的，应当引咎辞去领导职务。领导成员因其他原因不再适合担任现任领导职务的，或者应当引咎辞职本人不提出辞职的，应当责令其辞去领导职务。"据此，领导成员对重大事故负有领导责任的，应当引咎辞去领导职务，而非引咎辞去公职。B 表述错误。

《公务员法》第 89 条规定："对有下列情形之一的公务员，不得辞退：（一）因公致残，被确认丧失或者部分丧失工作能力的；（二）患病或者负伤，在规定的医疗期内的；（三）女性公务员在孕期、产假、哺乳期内的；（四）法律、行政法规规定的其他不得辞退的情形。"据此，C 表述正确。

《公务员法》第90条第2款规定："被辞退的公务员，可以领取辞退费或者根据国家有关规定享受失业保险。"据此，D表述正确。

易混淆点解析

辞去公职、辞去领导职务和引咎辞职三个概念虽然都与辞职有关，但其提出的原因、对辞职人员身份的影响却存在差异。为便于理解和记忆，特制作下列表格，以示区别：

	行为实质
辞去公职	公务员主动提出与所在国家机关解除国家公职关系。辞职后，公务员的身份丧失
辞去领导职务	担任领导职务的公务员因个人或者其他原因，自愿辞去领导职务。辞职后，不丧失公务员身份
引咎辞职	担任领导职务的公务员因工作严重失误、失职造成重大损失或者恶劣社会影响，或者对重大事故负有领导责任的，须引咎辞去领导职务。辞职后，不丧失公务员身份

11. [答案] C   [难度] 易

[考点] 公务员基本管理制度；行政诉讼受案范围

[命题和解题思路] 命题人在本题中借助一个案例来考查考生对新录用公务员试用期满取消录用制度的了解，兼及取消录用的诉讼救济的考查。按照《公务员法》的规定，新录用的公务员都要有一个试用期，试用期满合格之后才能正式任职，当然，试用期满也有不合格的情况，对此，《公务员法》规定了取消录用的处理方法。从命题人的选项设定来看，可以说是一道综合性题目。既有对取消录用的性质理解的考查，如B选项和D选项，也有对新录用公务员试用期限立法规定的考查，同时还有对取消录用能否进行司法救济的考查。其考查的内容不限于《公务员法》有关取消录用的相关规定，同时涉及行政诉讼受案范围。正确解答本题，一方面需要考生熟悉取消录用的立法规定，掌握取消录用与其他类似公务员管理

行为的区别，同时还要对行政诉讼受案范围有深刻的把握。

[选项分析] 《公务员法》第34条规定："新录用的公务员试用期为一年。试用期满合格的，予以任职；不合格的，取消录用。"据此，新录用公务员的试用期限由立法规定，A错误。

按照《公务员法》的相关规定，取消录用是录用程序的延伸，适用于新录用的公务员。辞退适用于已任职的在职公务员，在符合法定条件的情况下，由所在机关依法主动解除其公职关系。辞退与对新录用公务员的取消录用是两种完全不同的管理制度。B错误。

根据《行政诉讼法》第13条第3项规定，行政机关对行政机关工作人员的奖惩、任免等决定，不属于行政诉讼受案范围。王某对取消录用决定不能提起行政诉讼。C正确。

==对报考公务员的人不予录用与对新录用公务员的取消录用出现在公务员录用的不同环节，适用于不同的情况。==不予录用发生在前，直接确定报考人员不符合公务员法规定的录用标准或条件；取消录用发生在录用程序之后，在试用期间考查之后作出决定，认为新录用公务员不能满足任职岗位的要求。D错误。

12. [答案] BCD   [难度] 中

[考点] 公务员管理制度

[命题和解题思路] 命题人在本题中考查了公务员聘任制度的相关内容，各选项之间没有交叉重合，不具有直接干扰关系，考生只需依照《公务员法》的具体规定对各选项一一作出判断。四个选项之中，能够形成干扰的是A选项，该项表述为"须进行公开招聘"，乍一看，考生可能认为该表述正确，但由此忽视了聘任制公务员还有"直接选聘"的情况。为此，正确回答本题，需要考生回归细节问题，对《公务员法》的具体规定要认真掌握。

[选项分析] 依照《公务员法》第101条的规定，机关聘任公务员可以参照公务员考试录用的程序进行公开招聘，也可以从符合条件的人员中直接选聘。据此，机关聘任公务员可以采用两种不同的方式，一是可以参照公务员的考试录用程序进行公开招聘，二是从符合条件的人员中直接选聘。A项的表述（"须按照公务员考试录用程序

进行公开招聘"）与前述法律规定不完全一致：一是排除了直接选聘公务员的方式，二是"须按照公务员考试录用程序"的表述过于绝对——立法表述为"可以参照"。据此，A 错误。

依照《公务员法》第 104 条规定，机关依照本法和聘任合同对所聘公务员进行管理。据此，聘任制公务员的管理有双重依据，一是国家《公务员法》，二是机关与公务员签订的聘任合同，二者都是合法有效的管理依据。B 项正确。

依照《公务员法》第 103 条第 3 款的规定，聘任制公务员按照国家规定实行协议工资制，具体办法由中央公务员主管部门规定。据此，C 项正确。

聘任制公务员与国家机关之间发生法律关系的基础是公务员聘任合同，其相互之间发生的争议主要围绕着聘任合同的履行展开。对于在履行聘任合同过程中出现的纠纷，依照《公务员法》第 105 条规定，聘任制公务员与所在机关之间因履行聘任合同发生争议的，可以自争议发生之日起 60 日内申请仲裁。省级以上公务员主管部门根据需要设立人事争议仲裁委员会，受理仲裁申请。人事争议仲裁委员会由公务员主管部门的代表、聘用机关的代表、聘任制公务员的代表以及法律

专家组成。当事人对仲裁裁决不服的，可以自接到仲裁裁决书之日起 15 日内向人民法院提起诉讼。仲裁裁决生效后，一方当事人不履行的，另一方当事人可以申请人民法院执行。根据上述规定，D 项正确。

易混淆点解析

依照《公务员法》第 100 条规定，聘任制公务员对应于机关内部专业性较强的职位和辅助性职位，其工作内容或者具有较高的专业知识水平，或者具有较高的专业技术水平，其产生途径不同于在普通职位从事常规管理工作的公务员。依照《公务员法》的规定，聘任制公务员的产生途径有二，一是公开招聘（参照公务员录用程序），二是直接选聘。尤其是后一种方式，更加体现了聘任制公务员产生途径的灵活性。此外，聘任制公务员即使按照公务员录用程序公开招聘，也与普通的公务员录用制度有所区别，在操作上有相对灵活性，因此，《公务员法》第 101 条只是规定"可以参照"公务员考试录用的程序进行公开招聘，而非"必须按照"公务员考试录用的程序进行公开招聘。

第三章　抽象行政行为

试　题

第一节　行政法规的制定程序

1. 为促进上海自由贸易试验区临港新片区的发展，有关机关决定在该地区暂时调整实施行政法规《海运条例》的有关规定。此处的"有关机关"是指：（2021 年回忆版）

　A. 上海市人民政府

　B. 上海市人民代表大会

　C. 国务院

　D. 全国人大常委会

2. 《外国人来华登山管理办法》于 1991 年 7 月 13 日由国务院批准，1991 年 8 月 29 日由国家体育运动委员会发布实施。该办法是下列哪一性质的文件？（2020 年回忆版）

　A. 部委制定的其他规范性文件

　B. 行政法规

　C. 国务院发布的决定和命令

　D. 部门规章

3. 2019 年 6 月，国务院出台了《关于实施健康中国行动的意见》。关于该意见，下列哪一说法是正确的？（2019 年回忆版）

　A. 是制定规章的依据

　B. 是行政法规

　C. 是行政规范性文件

　D. 是法院审理案件的依据

4. 关于行政法规的立项，下列哪一说法是正确的？（2017-2-45）

　A. 省政府认为需要制定行政法规的，可于每年年初编制国务院年度立法工作计划前向国务院报请立项

　B. 国务院法制机构根据有关部门报送的立项

申请汇总研究，确定国务院年度立法工作计划

C. 列入国务院年度立法工作计划的行政法规项目应适应改革、发展、稳定的需要

D. 国务院年度立法工作计划一旦确定不得调整

📶 **5.** 行政法规条文本身需进一步明确界限或作出补充规定的，应对行政法规进行解释。关于行政法规的解释，下列说法正确的是：（2016-2-100）

A. 解释权属于国务院

B. 解释行政法规的程序，适用行政法规制定程序

C. 解释可由国务院授权国务院有关部门公布

D. 行政法规的解释与行政法规具有同等效力

第二节　行政规章的制定程序

📶 **1.** 关于规章的起草和审查，下列哪些说法是正确的？（2017-2-77）

A. 起草规章可邀请专家参加，但不能委托专家起草

B. 起草单位就规章起草举行听证会，应制作笔录，如实记录发言人的主要观点和理由

C. 起草规章应广泛听取有关机关、组织和公民的意见

D. 如制定规章的基本条件不成熟，法制机构应将规章送审稿退回起草单位

📶 **2.** 某省会城市的市政府拟制定限制电动自行车通行的规章。关于此规章的制定，下列哪些说法是正确的？（2016-2-77）

A. 应先列入市政府年度规章制定工作计划中，未列入不得制定

B. 起草该规章应广泛听取有关机关、组织和公民的意见

C. 此规章送审稿的说明应对制定规章的必要性、规定的主要措施和有关方面的意见等情况作出说明

D. 市政府法制机构认为制定此规章基本条件尚不成熟，可将规章送审稿退回起草单位

📶 **3.** 2015 年《立法法》修正后，关于地方政府规章，下列说法正确的是：（2015-2-97）

A. 某省政府所在地的市针对城乡建设与管理、环境保护、历史文化保护等以外的事项已制定的规章，自动失效

B. 应制定地方性法规但条件尚不成熟的，因

行政管理迫切需要，可先制定地方政府规章

C. 没有地方性法规的依据，地方政府规章不得设定减损公民、法人和其他组织权利或者增加其义务的规范

D. 地方政府规章签署公布后，应及时在中国政府法制信息网上刊载

📶 **4.** 有关规章的决定和公布，下列说法正确的是：（2014-2-97）

A. 审议规章草案时必须由起草单位作说明

B. 地方政府规章必须经政府全体会议决定

C. 部门联合规章必须由联合制定的部门首长共同署名公布，使用主办机关的命令序号

D. 规章公布后必须及时在全国范围内发行的有关报纸上刊登

详　解

第一节　行政法规的制定程序

1. ［答案］C　　［难度］易

［考点］行政法规制定程序条例

［命题和解题思路］本题考查考生对《行政法规制定程序条例》有关国务院决定暂时停止适用行政法规部分规定的掌握程度。本题说难也难，说容易也容易。说难，主要是基于此种规定内容，一般考生都不会特别注意，复习时有所忽略，因此导致选择困难。说容易，是因为只要考生注意到《行政法规制定程序条例》中对国务院此种权力的规定，即可直接作出正确选择。回答此类题目的关键，仍然是对《行政法规制定程序条例》进行全面复习掌握。

［选项分析］《行政法规制定程序条例》第 35 条规定："国务院可以根据全面深化改革、经济社会发展需要，就行政管理等领域的特定事项，决定在一定期限内在部分地方暂时调整或者暂时停止适用行政法规的部分规定。"据此，应选择 C 选项，ABD 选项不应选。

2. ［答案］B　　［难度］难

［考点］行政诉讼法律适用

［命题和解题思路］本题考查考生对行政诉讼法律适用知识的掌握程度。本题偏难，实质考查的是最高人民法院发布的《关于审理行政案件适用法律规范问题的座谈会纪要》中有关行政法规

认定范围的相关内容。从以往考试情况来看，很少有涉及该纪要中的此方面内容，考生对此司法文件的相关规定如果没有全面复习，极可能无法正确回答。基于此，需要考生既要重点复习常规考点，又要加强对法考考试大纲中所列知识点的全面复习。

[选项分析]《行政诉讼法》第63条规定："人民法院审理行政案件，以法律和行政法规、地方性法规为依据。地方性法规适用于本行政区域内发生的行政案件。人民法院审理民族自治地方的行政案件，并以该民族自治地方的自治条例和单行条例为依据。人民法院审理行政案件，参照规章。"该条明确了人民法院审理行政案件的审理依据。在此基础上，最高人民法院2004年发布《关于审理行政案件适用法律规范问题的座谈会纪要》，结合司法实践，进一步对人民法院行政案件的审判依据作出了详细规定，其中涉及本题中有关行政法规具体范围的认定内容。

从司法实践情况看，《行政诉讼法》所规定的行政法规，不仅限于《立法法》出台之后，按照最新《行政法规制定程序条例》规定的程序，由国务院制定发布的具有法律效力的规范性文件，还包括《行政法规制定程序条例》修订之前，按照当时有效的旧的条例规定制定发布的行政法规，以及其他在行政管理实践中认定为具有行政法规效力的规范性文件。为此，前述会议纪要规定，考虑新中国成立后我国立法程序的沿革情况，现行有效的行政法规有以下三种类型：一是国务院制定并公布的行政法规；二是立法法施行以前，按照当时有效的行政法规制定程序，经国务院批准、由国务院部门公布的行政法规。但在立法法施行以后，经国务院批准、由国务院部门公布的规范性文件，不再属于行政法规；三是在清理行政法规时由国务院确认的其他行政法规。本题中，1991年7月13日由国务院批准，1991年8月29日由国家体育运动委员会发布实施的《外国人来华登山管理办法》，属于前述会议纪要中所规定的第二种情况，其法律性质属于行政法规。B选项为正确选项，其他选项均不当选。

3. [答案] C [难度] 中
[考点] 行政法规
[命题和解题思路] 本题考查考生对行政法规

的理解。行政法规是国务院依法定程序制定和发布的具有法律效力的规范性文件，其在我国行政法律规范体系中占有十分重要的地位，可以成为人民法院审理行政案件的依据，也可以成为下级行政机关的执法依据。国务院是行政法规的制定主体，不过，国务院制定发布的规范性文件并不限于行政法规，还包括决定、命令和行政措施等等。在实践中，如何区分行政法规和国务院制定的其他规范性文件，如何认定其他规范性文件的效力，是一个十分复杂的问题。需要考生结合理论和立法规定综合作出判断。

[选项分析]《行政法规制定程序条例》第1条规定："为了规范行政法规制定程序，保证行政法规质量，根据宪法、立法法和国务院组织法的有关规定，制定本条例。"第2条规定："行政法规的立项、起草、审查、决定、公布、解释，适用本条例。"第5条规定："行政法规的名称一般称'条例'，也可以称'规定'、'办法'等。国务院根据全国人民代表大会及其常务委员会的授权决定制定的行政法规，称'暂行条例'或者'暂行规定'。国务院各部门和地方人民政府制定的规章不得称'条例'。"根据上述规定可知，行政法规属于国务院依照法定程序制定的具有法定名称和法律效力的规范性文件。本题中，国务院出台的《关于实施健康中国行动的意见》在名称上即不符合《行政法规制定程序条例》的规定，不属于国务院制定的行政法规。只能属于行政规范性文件的范畴。选项B表述错误，选项C表述正确。

关于国务院发布的《关于实施健康中国行动的意见》能否成为规章的制定依据问题，可以对照《立法法》有关规定。《立法法》第80条第1款规定："国务院各部、委员会、中国人民银行、审计署和具有行政管理职能的直属机构，可以根据法律和国务院的行政法规、决定、命令，在本部门的权限范围内，制定规章。"第82条第1款规定："省、自治区、直辖市和设区的市、自治州的人民政府，可以根据法律、行政法规和本省、自治区、直辖市的地方性法规，制定规章。"结合上述规定可知，部门规章的制定依据是法律、国务院的行政法规、决定和命令，而地方政府规章的制定依据只能是法律、行政法规和地方性法规。选项A的表述与法律规定不符，是错误表述。

《行政诉讼法》第63条规定："人民法院审理行政案件，以法律和行政法规、地方性法规为依据。地方性法规适用于本行政区域内发生的行政案件。人民法院审理民族自治地方的行政案件，并以该民族自治地方的自治条例和单行条例为依据。人民法院审理行政案件，参照规章。"依照上述规定，国务院的上述《意见》不是人民法院审理行政案件的依据，选项D表述错误。

4. [答案] C　　[难度] 易

[考点] 行政法规的制定程序

[命题和解题思路] 本题考查行政法规的制定程序。行政立法是一种重要的抽象行政行为，其制定主体、制定权限、制定程序乃至法律监督都是考试涉及的内容。从历年命题情况来看，行政法规制定程序规范的考查最为多见。2017年考试依然在这个内容上做文章。就本题而言，命题人将考查的重点定在了行政法规的立项程序，内容涉及报请立项主体、年度立法工作计划确定主体、年度立法工作计划项目确定的要求、年度立法工作计划的调整等。虽然命题涉及的内容相对集中，但考查考生对国务院《行政法规制定程序条例》的立法规定了解程度的命题初衷并没有变化。因此，解答本题的关键依然是熟练掌握条例的规定。

[选项分析] 《行政法规制定程序条例》第8条规定："国务院有关部门认为需要制定行政法规的，应当于国务院编制年度立法工作计划前，向国务院报请立项。国务院有关部门报送的行政法规立项申请，应当说明立法项目所要解决的主要问题、依据的党的路线方针政策和决策部署，以及拟确立的主要制度。国务院法制机构应当向社会公开征集行政法规制定项目建议。"行政立法项目的报请主体不包括省级人民政府，据此，A选项错误。

《行政法规制定程序条例》第9条规定："国务院法制机构应当根据国家总体工作部署，对行政法规立项申请和公开征集的行政法规制定项目建议进行评估论证，突出重点，统筹兼顾，拟订国务院年度立法工作计划，报党中央、国务院批准后向社会公布。列入国务院年度立法工作计划的行政法规项目应当符合下列要求：（一）贯彻落实党的路线方针政策和决策部署，适应改革、发

展、稳定的需要；（二）有关的改革实践经验基本成熟；（三）所要解决的问题属于国务院职权范围并需要国务院制定行政法规的事项。"据此，国务院年度立法工作计划最终由国务院审批，非由国务院法制机构确定，B选项错误。C选项正确。

《行政法规制定程序条例》第10条规定："对列入国务院年度立法工作计划的行政法规项目，承担起草任务的部门应当抓紧工作，按照要求上报国务院；上报国务院前，应当与国务院法制机构沟通。国务院法制机构应当及时跟踪了解国务院各部门落实国务院年度立法工作计划的情况，加强组织协调和督促指导。国务院年度立法工作计划在执行中可以根据实际情况予以调整。"据此可知，D选项错误。

5. [答案] ACD　　[难度] 易

[考点] 行政法规制定程序

[命题和解题思路] 命题人在本题中考查了《行政法规制定程序条例》有关行政法规解释的相关规定，内容涉及解释主体、解释程序、解释发布主体、解释效力等。其中，解释程序和解释公布主体的判断具有一定难度。考生如果对其未给予过多关注，容易作出错误判断。

[选项分析] 《行政法规制定程序条例》第31条规定："行政法规有下列情形之一的，由国务院解释：（一）行政法规的规定需要进一步明确具体含义的；（二）行政法规制定后出现新的情况，需要明确适用行政法规依据的。国务院法制机构研究拟订行政法规解释草案，报国务院同意后，由国务院公布或者由国务院授权国务院有关部门公布。行政法规的解释与行政法规具有同等效力。"根据上述规定可知，本题中，ACD选项表述正确，B选项表述错误。

第二节　行政规章的制定程序

1. [答案] BC　　[难度] 中

[考点] 规章制定程序

[命题和解题思路] 本题考查规章的制定程序，具体涉及规章的起草和审查程序。此类题目属于抽象行政行为的组成内容，抽象行政行为包括行政立法（行政法规和行政规章）和行政规范性文件。从历年考试考查的重点来看，多数情况下考查的是行政立法的相关内容。既涉及实体，

如制定机关、制定权限，也涉及程序内容，如立项、起草、审查、通过等。本题中，命题人考查的是行政规章的起草和审查环节的立法规定。乍一看，似乎难度不大，但由于相关表述具有一定的模糊性，比如A选项中的起草规章不能委托专家起草，D选项中的制定规章基本条件不成熟时，法制机构将规章送审稿退回起草单位的表述等，如果考生对立法规定的内容掌握不细致，即可能认为其表述正确，因此作出错误选择。因此，准确记忆《规章制定程序条例》的相关规定，是正确回答本题的关键。

[选项分析] 关于规章起草主体的范围，《规章制定程序条例》第14条规定："部门规章由国务院部门组织起草，地方政府规章由省、自治区、直辖市和设区的市、自治州的人民政府组织起草。国务院部门可以确定规章由其一个或者几个内设机构或者其他机构具体负责起草工作，也可以确定由其法制机构起草或者组织起草。省、自治区、直辖市和设区的市、自治州的人民政府可以确定规章由其一个部门或者几个部门具体负责起草工作，也可以确定由其法制机构起草或者组织起草。"第15条第3款规定："起草专业性较强的规章，可以吸收相关领域的专家参与起草工作，或者委托有关专家、教学科研单位、社会组织起草。"依照上述规定，规章起草过程中，除可以邀请专家、组织参加外，还可以委托专家、组织进行起草，A的表述错误。

关于规章起草过程中的民主参与问题，《规章制定程序条例》第15条、第16条作出了规定。第15条规定，起草规章，应当深入调查研究，总结实践经验，广泛听取有关机关、组织和公民的意见。听取意见可以采取书面征求意见、座谈会、论证会、听证会等多种形式。起草规章，除依法需要保密的外，应当将规章草案及其说明等向社会公布，征求意见。向社会公布征求意见的期限一般不少于30日。起草专业性较强的规章，可以吸收相关领域的专家参与起草工作，或者委托有关专家、教学科研单位、社会组织起草。第16条规定，起草规章，涉及社会公众普遍关注的热点难点问题和经济社会发展遇到的突出矛盾，减损公民、法人和其他组织权利或者增加其义务，对社会公众有重要影响等重大利益调整事项的，起草单位应当进行论证咨询，广泛听取有关方面的

意见。起草的规章涉及重大利益调整或者存在重大意见分歧，对公民、法人或者其他组织的权利义务有较大影响，人民群众普遍关注，需要进行听证的，起草单位应当举行听证会听取意见。听证会依照下列程序组织：（1）听证会公开举行，起草单位应当在举行听证会的30日前公布听证会的时间、地点和内容；（2）参加听证会的有关机关、组织和公民对起草的规章，有权提问和发表意见；（3）听证会应当制作笔录，如实记录发言人的主要观点和理由；（4）起草单位应当认真研究听证会反映的各种意见，起草的规章在报送审查时，应当说明对听证会意见的处理情况及其理由。根据上述规定可知，BC选项表述符合法律规定。

D选项为重点干扰项。关于规章送审稿审查后的处理问题，《规章制定程序条例》第20条规定："规章送审稿有下列情形之一的，法制机构可以缓办或者退回起草单位：（一）制定规章的基本条件尚不成熟或者发生重大变化的；（二）有关机构或者部门对规章送审稿规定的主要制度存在较大争议，起草单位未与有关机构或者部门充分协商的；（三）未按照本条例有关规定公开征求意见的；（四）上报送审稿不符合本条例第十八条规定的。"由此可知，当法制机构认为制定规章的基本条件不成熟时，可以将规章送审稿退回起草单位，也可以缓办。D选项表述不全面，属于错误选项。

对于D选项，有的考生认为，依照《规章制定程序条例》第20条的规定，制定规章的基本条件不成熟的，法制机构将规章送审稿退回起草单位并不存在表述错误问题，虽然缓办也是一种处理方式。不过，需要注意的是，本题中的表述方式是"法制机构应将规章送审稿退回起草单位"，其内涵在于只要制定规章的基本条件不成熟，法制机构即无选择地将送审稿退回起草单位，这与立法规定的内容存在差异。命题人在题目中使用"应"的表述方式，也是在于强调起草单位处理方式的唯一性。因此，考生在答题时，需要对选项中的表述进行字斟句酌地反复推敲。

2. [答案] BCD　　[难度] 易
[考点] 地方政府规章的制定程序
[命题和解题思路] 在本题中，命题人通过设定实务中发生的一种情况——限制电动自行车通

行来考查考生对地方政府规章制定程序规定的掌握是否准确。从选项内容看，其考的范围涵盖了地方政府规章的立项、起草、审查等环节。其中，BCD 选项的判断不难，选项 A 则具有一定难度，其涉及地方政府规章制定计划执行中的调整问题，如果考生对此方面的规定没有充分注意，即会遇到判断上的困难。

[选项分析] A 选项为重点干扰项。《规章制定程序条例》第 13 条规定："国务院部门，省、自治区、直辖市和设区的市、自治州的人民政府，应当加强对执行年度规章制定工作计划的领导。对列入年度规章制定工作计划的项目，承担起草工作的单位应当抓紧工作，按照要求上报本部门或者本级人民政府决定。法制机构应当及时跟踪了解本部门、本级人民政府年度规章制定工作计划执行情况，加强组织协调和督促指导。年度规章制定工作计划在执行中，可以根据实际情况予以调整，对拟增加的规章项目应当进行补充论证。"据此，规章制定计划并非完全不可以调整，本题中 A 的表述过于绝对，错误。

《规章制定程序条例》第 15 条第 1 款规定："起草规章，应当深入调查研究，总结实践经验，广泛听取有关机关、组织和公民的意见。听取意见可以采取书面征求意见、座谈会、论证会、听证会等多种形式。" B 表述符合该条规定，为正确选项。

《规章制定程序条例》第 18 条第 3 款规定："规章送审稿的说明应当对制定规章的必要性、规定的主要措施、有关方面的意见及其协调处理情况等作出说明。"据此，C 正确。

《规章制定程序条例》第 20 条规定："规章送审稿有下列情形之一的，法制机构可以缓办或者退回起草单位：（一）制定规章的基本条件尚不成熟或者发生重大变化的；（二）有关机构或者部门对规章送审稿规定的主要制度存在较大争议，起草单位未与有关机构或者部门充分协商的；（三）未按照本条例有关规定公开征求意见的；（四）上报送审稿不符合本条例第十八条规定的。"据此，D 表述正确。

3. [答案] BD　　[难度] 易
[考点] 地方政府规章的制定权限、制定程序
[命题和解题思路] 命题人通过本题考查《立法法》有关地方政府规章的相关规定。其中，ABD 选项相对容易判断，C 选项具有一定模糊性，其表述既可能被理解为正确，也可能被理解为错误。关键是分析问题的角度不同。如果不考虑地方政府规章设定侵害内容的所有法律依据，直接依据现有表述来判断，其可能没有错误；如果考虑该表述未列明全部上位法依据，则会认定为错误。遇到如此选项，只能选择以上分析角度之一，故本题的对错判断具有不确定性。

[选项分析]《立法法》第 82 条前 3 款规定："省、自治区、直辖市和设区的市、自治州的人民政府，可以根据法律、行政法规和本省、自治区、直辖市的地方性法规，制定规章。地方政府规章可以就下列事项作出规定：（一）为执行法律、行政法规、地方性法规的规定需要制定规章的事项；（二）属于本行政区域的具体行政管理事项。设区的市、自治州的人民政府根据本条第一款、第二款制定地方政府规章，限于城乡建设与管理、环境保护、历史文化保护等方面的事项。已经制定的地方政府规章，涉及上述事项范围以外的，继续有效。"其中，第一款规定的是地方政府规章制定主体的范围；第二款规定的是地方政府规章的行政立法权限；第三款规定的是设区的市、自治州人民政府制定的地方政府规章可以规定的事项，同时明确了《立法法》修订之前已经制定的地方政府规章，即使超出上述事项范围，仍然有效。据此，A 表述错误。

《立法法》第 82 条第 5 款规定："应当制定地方性法规但条件尚不成熟的，因行政管理迫切需要，可以先制定地方政府规章。规章实施满两年需要继续实施规章所规定的行政措施的，应当提请本级人民代表大会或者其常务委员会制定地方性法规。"据此，B 表述正确。

《立法法》第 82 条第 6 款规定："没有法律、行政法规、地方性法规的依据，地方政府规章不得设定减损公民、法人和其他组织权利或者增加其义务的规范。"据此，C 项有关地方政府规章设定侵害内容的依据的范围表述并不全面，表述错误。

《立法法》第 86 条第 2 款规定："地方政府规章签署公布后，及时在本级人民政府公报和中国政府法制信息网以及在本行政区域范围内发行的报纸上刊载。"据此，D 表述正确。

4. [答案] C　　　[难度] 易

[考点] 规章制定程序

[命题和解题思路] 本题考查考生对《规章制定程序条例》相关规定的理解与适用，需要考生根据行政立法的相关理论并对照《规章制定程序条例》的规定作出正确判断。本题的命题特点是：第一，每个选项都使用了"须"这一表述方式，意在增加题目的迷惑性，即同样都为"须如何如何"，但其中有的选项必然还有其他处理方式，并非毫无选择，如规章草案的审议除由起草单位作出说明以外，还可以由法制机构作出说明等。第二，命题紧扣法条，需要考生对《规章制定程序条例》中有关规章制定程序的细节性规定有很清晰的认识，否则，稍有模糊之处，即可能作出错误判断。因此，解答本题的关键依然是"细节决定成败"。

[选项分析] 关于规章的决定与公布，《规章制定程序条例》作出了明确规定，对照相关规定，可以对相关选项作出判断。

《规章制定程序条例》第28条规定："审议规章草案时，由法制机构作说明，也可以由起草单位作说明。"据此，审议规章草案并非必须由起草单位作说明，而是或者由法制机构说明，或者由起草单位说明，A错误。

《规章制定程序条例》第27条规定："部门规章应当经部务会议或者委员会会议决定。地方政府规章应当经政府常务会议或者全体会议决定。"据此，地方政府规章的决定方式有两种，而非只能经过政府全体会议决定，B错误。

《规章制定程序条例》第30条第2款规定："部门联合规章由联合制定的部门首长共同署名公布，使用主办机关的命令序号。"据此，C正确。

《规章制定程序条例》第31条规定："部门规章签署公布后，及时在国务院公报或者部门公报和中国政府法制信息网以及在全国范围内发行的报纸上刊载。地方政府规章签署公布后，及时在本级人民政府公报和中国政府法制信息网以及在本行政区域范围内发行的报纸上刊载。在国务院公报或者部门公报和地方人民政府公报上刊登的规章文本为标准文本。"根据上述规定，规章公布后刊登的载体须根据规章的种类确定，即部门规章刊登在全国范围内发行的报纸上，地方政府规章只需刊登在本行政区域内发行的报纸上。据此，D错误。

第四章　具体行政行为概述

试　题

第一节　具体行政行为的概念与种类

1. 下列哪些行为属于具体行政行为？（2021年回忆版）

A. 市场监管局发文要求电商平台合法经营、规范经营

B. 防汛指挥部发布大雨蓝色预警，请市民出行注意安全

C. 中国证监会对某公司负责人采取终身禁入证券市场措施

D. 证监局向某证券公司出具警示函，指出其执业中存在的问题并责令采取整改措施

2. 县政府在A小区门前公告栏中张贴《关于A小区旧城改造房屋征收补偿安置工作的公告》，内容为：为实现旧城改造，需对小区房屋实施征收；所有小区居民应当在180日内搬迁完毕；所有居民以户为单位按照顺序与县房屋征收办公室签订房屋征收补偿协议。关于该公告的性质，下列哪一说法是正确的？（2019年回忆版）

A. 行政协议　　　　　B. 单方行政行为

C. 行政指导　　　　　D. 行政规范性文件

3. 行政机关所实施的下列行为中，哪一项属于具体行政行为？（2017-2-46）

A. 公安交管局在辖区内城市快速路入口处悬挂"危险路段，谨慎驾驶"的横幅

B. 县公安局依照《刑事诉讼法》对李某进行拘留

C. 区政府对王某作出房屋征收决定

D. 因民间纠纷引起的打架斗殴双方经公安派出所调解达成的协议

4. 为落实淘汰落后产能政策，某区政府发布通告：凡在本通告附件所列名单中的企业两年内关闭。提前关闭或者积极配合的给予一定补贴，逾期不履行的强制关闭。关于通告的性质，下列哪一选项是正确的？（2016-2-44）

　　A. 行政规范性文件

　　B. 具体行政行为

　　C. 行政给付

　　D. 行政强制

5. 某县公安局开展整治非法改装机动车的专项行动，向社会发布通知：禁止改装机动车，发现非法改装机动车的，除依法暂扣行驶证、驾驶证 6 个月外，机动车所有人须到指定场所学习交通法规 5 日并出具自行恢复原貌的书面保证，不自行恢复的予以强制恢复。某县公安局依此通知查处 10 辆机动车，要求其所有人到指定场所学习交通法规 5 日并出具自行恢复原貌的书面保证。下列哪一说法是正确的？（2014-2-45）

　　A. 通知为具体行政行为

　　B. 要求 10 名机动车所有人学习交通法规 5 日的行为为行政指导

　　C. 通知所指的暂扣行驶证、驾驶证 6 个月为行政处罚

　　D. 通知所指的强制恢复为行政强制措施

第二节　具体行政行为的成立与效力

1. 关于无效具体行政行为，下列哪些说法是正确的？（2023 年回忆版）

　　A. 具体行政行为一经确认无效即应当对当事人进行国家赔偿

　　B. 确认无效的具体行政行为对作为当事人一方的行政机关无拘束力

　　C. 我国法律对无效行政行为缺乏规定

　　D. 滥用职权的具体行政行为在被撤销前具有法律效力

2. 关于具体行政行为，下列哪些说法是正确的？（2019 年回忆版）

　　A. 确定力是指具体行政行为一经生效，行政机关和相对人必须遵守

　　B. 2014 年修改的行政诉讼法中并未出现具体行政行为这一用语

　　C. 具体行政行为是指对特定人或者特定事项

的一次性处理

　　D. 授益性行政行为与裁量性行政行为相对应

3. 有关具体行政行为的效力和合法性，下列说法正确的是：（2014-2-99）

　　A. 具体行政行为一经成立即生效

　　B. 具体行政行为违法是导致其效力终止的唯一原因

　　C. 行政机关的职权主要源自行政组织法和授权法的规定

　　D. 滥用职权是具体行政行为构成违法的独立理由

详　解

第一节　具体行政行为的概念与种类

1. ［答案］CD　　［难度］中

　　［考点］具体行政行为的界定

　　［命题和解题思路］本题考查考生对具体行政行为含义的理解。具体行政行为的界定与判断，是行政法学基础理论的重要内容，需要考生给予充足的重视。本题主要涉及具体行政行为法律效果属性的考查，需要考生注意"法效性"的理解和运用。本题总体难度适中。正确回答本题，需要考生正确理解具体行政行为相关要素的含义。

　　［选项分析］具体行政行为的构成需要具备六个要素：主体要素；职权要素；单方面性；具体性；法效性；外部性。

　　市场监管局发文要求电商平台合法规范经营，其针对的是不特定的多数人，不符合"具体性"要求，且没有直接为某个相对人设定法定义务，也不具备"法效性"要素，所以不属于具体行政行为。A 选项不当选。

　　防汛指挥部发布的预警信息，属于信息提供行为，对象不确定，且没有直接法律效果，不属于具体行政行为。B 选项不当选。

　　证监会对某公司负责人采取的终身禁入措施，符合前述六个要素，属于典型的具体行政行为。C 选项当选。

　　证监局虽然发出的是"警示函"，但其内容"责令采取整改措施"直接为当事人设定了作为义务，符合"法效性"特征，属于具体行政行为。D 选项当选。

2. ［答案］B　　　［难度］中

［考点］具体行政行为的界定

［命题和解题思路］本题考查考生对具体行政行为的理解。具体行政行为是行政法学基础概念，是对实践中多种具有相同属性行政执法行为的理论概括。该行为的界定与判断，直接影响相对人申请行政复议和提起行政诉讼的权利能否得到实现，需要考生通过反复练习加深理解。本题中，关于县政府发布公告的性质问题，需要结合该公告针对的对象、公告的内容是否影响到相对人的权益等综合加以判断。正确回答本题，需要调动考生对具体行政行为与抽象行政行为、具体行政行为与行政事实行为的区别等多方面的知识来加以判断。

［选项分析］本题中，县政府发布的公告是其根据旧城改造的需要，主动依职权作出的管理行为，公告内容中虽然具有要求住户与县政府的房屋征收部门签订房屋征收补偿协议的内容，但由于该项内容尚未正式启动，其公告的主体内容依然是为小区住户设定了搬迁的义务。该行为具有明显的单方处置相对人权益的属性，因此，属于单方行政行为，而非行政协议。据此分析可知，选项 A 表述错误，选项 B 表述正确。

从县政府发布的公告内容可以看出，该公告具有必须执行的属性，也就是说，小区居民对自己是否搬离小区，并没有任何决定的余地，在此意义上，该公告具有明显的处分小区居民财产权利的表意内容，属于典型的行政处理决定，即法律行为，而不属于可以接受也可以拒绝的行政指导行为。选项 C 的说法错误。

虽然在形式上，县政府发布的公告并未直接指明受到该公告影响的小区居民的姓名，但是，由于该公告针对的对象范围是确定的（所有小区居民），且没有继续增加的可能，同时，该小区居民房屋被征收搬迁之后，公告的效力即可失去，由此，公告行为同样不具有抽象行政行为那样反复适用的特征。根据上述分析，可以认为，公告本身不属于行政规范性文件，而应属于具体行政行为。选项 D 表述错误。

3. ［答案］C　　　［难度］中

［考点］具体行政行为的定义和构成

［命题和解题思路］本题考查考生对具体行政

行为的界定和构成的掌握程度。具体行政行为是行政法学基本概念，专指行政主体针对具体事件作出的能够影响相对人权利义务的单方法律行为，其构成要素包括：（1）由行政主体作出；（2）属于行政管理行为；（3）属于具体事件的处理行为；（4）属于法律行为；（5）属于单方行政行为。在实践中，经常需要判断在特定情况下，行政机关作出的行政行为是否属于具体行政行为的问题。因此，具体行政行为的界定及其构成要件既具有高度的理论性，又具有强烈的实践性。从某种意义上说，能否准确判断具体行政行为的存在，是确定一个考生是否真正掌握行政行为理论的标志。本题中，命题人设定了四种不同的行政行为形式，要求考生在其中找到具体行政行为，意在考查其是否具备了一名学习行政法的学生应当具备的基本素养。在解答本题时，需要结合具体行政行为的构成要素，对相关行政行为是否满足主体性、公权力性、具体性、单方面性、法律行为性等属性一一作出判断。

［选项分析］选项 A 中，公安交管局在辖区内城市快速路入口处悬挂"危险路段，谨慎驾驶"的横幅，这一行政行为虽然满足了主体性、公权力性、单方面性等法律属性，但其针对的对象并不特定，且没有为特定对象设定行政法上的权利义务——"危险路段，谨慎驾驶"旨在提醒告诫，并不在于设定行为义务，因此，不符合具体行政行为的构成要件，不属于具体行政行为。

选项 B 中，县公安局依照《刑事诉讼法》对李某进行拘留的行为，虽然具备了主体性（公安局形式上属于国家行政机关）、具体性、单方性、法律行为性，但其行为的依据是《刑事诉讼法》，而非行政管理法律、法规，其适用的程序是刑事诉讼程序，而非行政执法程序，因此，不具备行政管理行为属性，同样不属于具体行政行为。

选项 C 中，区政府对王某作出房屋征收决定的行为，主体是国家行政机关，对象明确具体，行为具备单方性，且直接影响王某的财产权利，已经具备了具体行政行为的构成要素，属于典型的具体行政行为，为本题应选选项。

选项 D 为重点干扰项。公安派出所对因民间纠纷引起的打架斗殴双方进行调解进而达成调解协议的行为，属于行政调解行为，该行为虽由国家行政机关单方作出，具有行使行政权力的特点，针对特定对象实施，也促成了争议双方对其权利义务作出了处置，但需要注意的是，是否达成调解协议的决定权并非掌握在行政机关手中，而是争议双方自主决定的结果。因此，行政调解行为本身并未真正处分争议双方的权利义务，不具备具体行政行为法律行为的构成要素，不属于具体行政行为。

易混淆点解析

就本题而言，需要区分具体行政行为、刑事侦查行为和行政指导行为。

在我国，公安机关具有双重身份，既属于国家行政机关，行使行政管理职能，又属于刑事侦查机关，行使刑事侦查职能。我国严格区分行政管理行为和刑事侦查行为，两者在适用法律、实施程序和监督程序等方面均存在差异，因此，某种行为虽然由公安机关实施，也对公民的人身权和财产权进行限制或剥夺，但在法律属性上，仍需要区分其是具体行政行为还是刑事侦查行为。对此，《行诉法解释》第1条第2款第1项明确规定，公安、国家安全等机关依照刑事诉讼法的明确授权实施的行为，不属于行政诉讼受案范围。据此，两种行为的区别标准主要是行为实施的程序以及行为的目的，即适用的程序是行政程序还是刑事程序，是为了实现行政管理还是为了侦查刑事犯罪。

行政指导是一种新型行政行为，其既可以针对不特定多数人实施，也可以针对特定对象实施。如果是针对不特定多数人实施，则其与具体行政行为较容易区分；如果是针对特定对象实施，则需要与具体行政行为作出区别。二者区别的根本标准在于行为是否处分了被管理对象的权利义务。行政指导带有诱导性，不具有直接强制性，行政机关的指导行为只有获得相对人的接受才能达到管理的目的，因此其在属性上归类于事实行为，而非法律行为，不具有具体行政行为的法律行为属性。本题中，选项A是针对不特定多数人实施的指导行为，选项D是针对特定对象实施的指导行为，但两种行为都没有直接处分相对人的权利义务，不属于具体行政行为。

---

4. ［答案］B　　［难度］易
［考点］具体行政行为的定义

［命题和解题思路］本题考查具体行政行为的认定。题干设计的情况在现实中具有一定的普遍性，在理论上也曾存在较大的争议，因此成为重点考查的内容。从命题人对选项的设计来看，其实质上是要考查考生对两个问题的认识：一是政府发布的通告属于具体行政行为还是抽象行政行为，这是AB选项需要确定的问题。二是政府通告承载的内容反映出该通告是哪一种具体行政行为，这是CD选项需要确定的问题。对于前者，需要考生结合具体行政行为和抽象行政行为的区别标准作出判断。对于后者，需要考生根据行政命令、行政给付和行政强制之间的区别作出判断。

［选项分析］某区政府发布的通告符合具体行政行为的特征：第一，对象具体（通告附件中所列的企业）；第二，效力的一次性（要求相关企业2年内关闭）；第三，可作为强制执行依据（逾期不履行的强制关闭）。据此，A选项错误，B选项正确。

通告的实质是责令相关企业在2年内关闭，其性质是为相关企业设定一种作为义务，属于行政命令行为。通告中"提前关闭或积极配合的给予一定补贴"的承诺内容，是在相关企业执行通告前提下的优惠，属于行政给付，但与通告的实质内容——责令关闭属于两种不同性质的行政行为。同样，通告中"逾期不履行的强制关闭"的内容，是在相关企业不执行通告之后采取的强制执行措施，与通告的实质内容——责令关闭仍是两种不同性质的行政行为。据此，CD选项错误。

5. ［答案］C　　［难度］易
［考点］行政行为的性质与类别

［命题和解题思路］本题是一道综合性题目，命题人希望借助案例来考查考生对行政行为分类以及各种具体行政行为性质的区别。行政行为是行政法学理论的重点，既有理论性又有很强的实践性。对不同行政行为类型和法律属性的区别是从事行政法律实务工作的必备技能，由此，对此类知识的考查成为每年考试的重点。本题的命题即有此方面的考虑。从案情设计来看，案情介绍既有静态的行政机关发布通知内容的说明，也有动态的行政机关通知的具体执行情况的介绍，其提出的问题既针对通知本身，又针对通知的执行行为。其中，选项ACD属于前者，选项B属于后者。命题人考查的知识点是具体行政行为与抽象

行政行为的区分，以及行政处罚、行政强制措施、行政指导三种具体行政行为的界定与特点。正确回答本题，需要充调动考生对具体行政行为与抽象行政行为的区分标准，以及行政处罚、行政强制措施、行政指导各自特征的相关知识。

[选项分析] 某县公安局发出的通知符合抽象行政行为的典型特征：（1）对象不确定，没有明确指向的具体对象；（2）效力的反复使用；（3）不能直接作为强制执行的依据，对非法改装机动车的个体，需要由执法机关先行作出处罚决定，才可能进入后续的强制执行程序。据此，该通知属于抽象行政行为。A选项错误。

某县公安局要求10名机动车所有人学习交通法规5日的行为对象明确具体，直接为违法行为人设定了作为义务，属于典型的法律行为，不属于行政指导，B选项错误。

根据《行政处罚法》第9条的规定，暂扣或者吊销许可证是行政处罚的一种类型，本题中，某县公安局暂扣行驶证、驾驶证6个月的行为属于行政处罚。C选项正确。

依照《行政强制法》第2条的规定，行政强制执行，是指行政机关或者行政机关申请人民法院，对不履行行政决定的公民、法人或者其他组织，依法强制履行义务的行为。本题中，县公安局的通知所指的强制恢复符合行政强制执行的特点。即当公安局发现相对人有非法改装机动车的违法行为时，先依据通知作出决定，要求其自行恢复原貌，在该决定没有得到履行时，再采取强制恢复措施。因此，强制恢复符合行政强制执行的实施特点：行政决定—不履行决定—依法强制执行。D选项错误。

第二节 具体行政行为的成立与效力

1. [答案] BD　　[难度] 难

[考点] 具体行政行为的无效

[命题和解题思路] 本题为理论题，主要考查考生对无效行政行为基本原理的掌握情况，内容涉及无效行政行为的效力、立法规定、法律后果等。本题理论性强，对考生相关知识掌握能力要求较高。正确回答本题，考生需要熟悉行政行为效力的基本原理。

[选项分析] 无效的具体行政行为自始无效、绝对无效、当然无效，这是对无效具体行政行为

效力内容的评价。但无效具体行政行为是否引起国家赔偿责任，需要根据该行为是否造成相对人人身权、财产权的实际损失确定。由于具体行政行为包含多种类型，有的具体行政行为包含需要履行的内容，如罚款、没收财物等，一旦确认无效即须承担赔偿责任。但有的具体行政行为并无履行内容，比如对权属的行政确认等，该行为无效并不引起国家赔偿责任。A选项说法错误。

具体行政行为的拘束力既约束相对人，又约束行政机关。因此，在具体行政行为无效的情况下，其不但对相对人无拘束力，对行政机关也无拘束力。B选项说法正确。

《行政诉讼法》第75条规定，行政行为有实施主体不具有行政主体资格或者没有依据等重大且明显违法情形，原告申请确认行政行为无效的，人民法院判决确认无效。据此可知，无效行政行为已经得到立法的确认。C选项说法错误。

《行政诉讼法》第70条规定："行政行为有下列情形之一的，人民法院判决撤销或者部分撤销，并可以判决被告重新作出行政行为：……（五）滥用职权的；……"具体行政行为一经生效即具有拘束力，在其被依法撤销之前，当事人应受其拘束。D选项说法正确。

2. [答案] BC　　[难度] 中

[考点] 具体行政行为的界定、效力、分类

[命题和解题思路] 本题考查考生对具体行政行为含义、效力和分类等基本理论的理解。具体行政行为是行政法学的基本概念，是解答法考试题的基础。如何理解该概念，不但具有理论意义，还具有实践意义。本题四个选项分别考查界定、效力、分类等内容，属于对相关知识的全面考查。再次证明了法考试题综合性的发展趋势。本题的难度适中，考生如果对具体行政行为的基础理论有较好把握，应当没有回答上的困难。

[选项分析] 行政法学理论认为，具体行政行为是指国家行政机关依法就特定事项对特定的行政相对人权利义务作出处理的单方行政行为。据此定义可知，选项C表述正确。

具体行政行为具有公定力、确定力、拘束力和执行力等效力内容。其中，确定力是指具体行政行为一经生效，其内容非依法不得争议和变更。

确定力分为形式确定力与实质确定力两项内容。形式确定力是指具体行政行为对相对人的一种法律效力，即在行政复议或行政诉讼期限届满之后，相对人不能再要求改变其行为内容。实质确定力是指具体行政行为自向相对人告知之时起，行政机关不得任意改变行为内容，否则须承担相应法律责任。据此可知，选项 A 的表述错误。

在理论上，根据具体行政行为的内容对当事人权益的影响，可以将其分为授益性行政行为与负担性行政行为，根据作出行为时行政机关的表意内容受到立法规范的程度不同，可以将其分为羁束性行政行为与裁量性行政行为。据此可知，选项 D 混淆了上述分类，为错误表述。

根据全国人大常委会 2014 年 11 月公布的修改《行政诉讼法》的决定，1990 年实施的行政诉讼法使用的"具体行政行为"统一改为"行政行为"，由此，在新法之中不再使用"具体行政行为"这一法律用语。选项 B 表述正确。

3. [答案] CD　　[难度] 易

[考点] 具体行政行为的效力和一般合法要件

[命题和解题思路] 命题人通过本题考查了考生对具体行政行为的效力和合法要件的理解。本题中，D 选项判断相对简单，无论是从基础理论还是从行政诉讼法有关撤销判决适用情形的规定，都可以得出该说法正确的结论。C 选项的判断也没有太大问题。B 选项考查行政行为效力终止的情形，考生也较容易作出判断。A 选项稍有难度，考生也许凭直觉即认为该说法没有问题。但命题

人实际考查的是具体行政行为的生效时间，如果联想到具体行政行为有附停止条件或者附始期的情况，即可以断定 A 选项的说法错误。

[选项分析] 具体行政行为的生效时间需要分情况讨论，一般情况下，具体行政行为自成立开始发生效力，但也有一些特殊情况，如附延缓条件和附始期的具体行政行为，其行为成立时间与行为生效时间并不一致，需等待特定条件的成就或者某特定时点的到来才能生效。因此，A 表述过于绝对，错误。

导致具体行政行为效力终止的原因有多种，违法被撤销是常见的效力终止原因，除此之外，诸如具体行政行为依法被废止、具体行政行为的对象消灭、附解除条件的具体行政行为条件成就、附终期的具体行政行为期限届满等，都可以引起具体行政行为的效力终止，因此，B 表述错误。

行政机关的职权来源主要有二：一为行政机关组织法，划定了其基本职权范围；二为单行的授权法，如《治安管理处罚法》《环境保护法》等，同样授予相关行政机关具体执法时有何行政职权。据此，C 表述正确。

导致具体行政行为违法的原因较多，行政法学理论有概括，《行政诉讼法》也有明确规定。就以《行政诉讼法》列举的具体行政行为违法被撤销的情形来看，具体行政行为违法可以基于以下理由之一：主要证据不足；适用法律、法规错误；违反法定程序；超越职权；滥用职权；明显不当。据此，D 表述正确。

第五章　行政许可

试　题

第一节　行政许可的种类

📶 *1.* 某石油销售公司未经批准，将加油站改造重建，市住建局根据自行制定的《城市临时建设许可办法》规定，限其 15 日内改正，并按工程价款的 6% 对其处以 1 万元罚款。石油销售公司不服，向法院提起诉讼。关于本案，下列说法错误的是：（2020 年回忆版）

A. 石油销售公司如申请临时许可，应对申请材料的真实性负责

B. 城市临时建设许可属于关系公共利益的特定行业准入许可

C. 如有正当理由，石油销售公司可在法庭调查时申请对《城市临时建设许可办法》进行合法性审查

D. 如石油销售公司逾期不缴纳罚款，住建局可按每日罚款 3% 加收罚款，但追加处罚不得超过 1 万元

2. 《执业医师法》规定，执业医师需依法取得卫生行政主管部门发放的执业医师资格，并经注册后方能执业。关于执业医师资格，下列哪些说法是正确的？（2016-2-78）

A. 该资格属于直接关系人身健康，需按照技术规范通过检验、检测确定申请人条件的许可

B. 对《执业医师法》规定的取得资格的条件和要求，部门规章不得作出具体规定

C. 卫生行政主管部门组织执业医师资格考试，应公开举行

D. 卫生行政主管部门组织执业医师资格考试，不得组织强制性考前培训

第二节 行政许可的设定权限与形式

1. 关于部门规章的权限，下列哪些说法是正确的？（2021年回忆版）

A. 对行政强制措施相关事项作出具体规定

B. 对行政许可相关事项作出具体规定

C. 对行政处罚地域管辖作出特殊规定

D. 对行政处罚违法所得的计算作出特殊规定

2. 关于省级人民政府行政立法权，下列哪些表述是正确的？（2019年回忆版）

A. 可设定临时性的行政许可

B. 可设定一定数额罚款的行政处罚

C. 可设定扣押财物的行政强制措施

D. 可设定加收滞纳金的行政强制执行

3. 关于行政许可的设定权限，下列哪些说法是不正确的？（2016-2-79）

A. 必要时省政府制定的规章可设定企业的设立登记及其前置性行政许可

B. 地方性法规可设定应由国家统一确定的公民、法人或者其他组织的资格、资质的行政许可

C. 必要时国务院部门可采用发布决定的方式设定临时性行政许可

D. 省政府报国务院批准后可在本区域停止实施行政法规设定的有关经济事务的行政许可

第三节 行政许可的实施程序

1. 甲自行购置了一台新车准备从事网约车营运，向甲市乙区交通运输局申请网约车营运许可。依照甲市制发的《网约车运营管理规定》，车龄3年以上才可申领网约车营运许可，乙区交通运输

局据此拒绝了甲的申请。甲不服向法院提起诉讼，诉讼期间，乙区交通运输局为甲发放了营运许可，但甲对原来的拒绝行为不撤诉。对此，下列哪一说法是正确的？（2023年回忆版）

A. 网约车许可属于特许

B. 甲不可以通过电子邮件申请网约车营运许可

C. 乙区交通运输局作出许可决定的时间不得超过30日

D. 法院应当判决确认乙区交通运输局拒绝发证行为违法

2. 关于行政许可的撤销与注销，下列哪些说法是错误的？（2022年回忆版）

A. 均为行政处罚行为

B. 均为不可诉行为

C. 均为依申请行为

D. 均为可裁量行为

3. 某货车司机因超载、不按信号灯指示变道行驶，分别被公安交管部门处以罚款1800元、扣6分和罚200元、扣6分。其驾照先被暂扣，后被注销。对此，下列说法错误的是：（2020年回忆版）

A. 罚200元、扣6分合法

B. 注销驾照合法

C. 暂扣驾照是行政处罚

D. 《行政许可法》未规定许可撤销程序

4. 天龙房地产开发有限公司拟兴建天龙金湾小区项目，向市规划局申请办理建设工程规划许可证，并提交了相关材料。下列哪一说法是正确的？（2017-2-47）

A. 公司应到市规划局办公场所提出申请

B. 公司应对其申请材料实质内容的真实性负责

C. 公司的申请材料不齐全的，市规划局应作出不受理决定

D. 市规划局为公司提供的申请格式文本可收取工本费

5. 下列哪些情形中，行政机关应依法办理行政许可的注销手续？（2017-2-78）

A. 某企业的产品生产许可证有效期限届满未申请延续的

B. 某企业的旅馆业特种经营许可证被认定为以贿赂手段取得而被撤销的

C. 某房地产开发公司取得的建设工程规划许可证被吊销的

D. 拥有执业医师资格证的王医生死亡的

📶 **6.** 食品药品监督管理局向一药店发放药品经营许可证。后接举报称，该药店存在大量非法出售处方药的行为，该局在调查中发现药店的药品经营许可证系提供虚假材料欺骗所得。关于对许可证的处理，该局下列哪一做法是正确的？（2015-2-47）

A. 撤回

B. 撤销

C. 吊销

D. 待有效期限届满后注销

📶 **7.** 某公司向规划局交纳了一定费用后获得了该局发放的建设用地规划许可证。刘某的房屋紧邻该许可规划用地，刘某认为建筑工程完成后将遮挡其房屋采光，向法院起诉请求撤销该许可决定。下列哪一说法是正确的？（2013-2-47）

A. 规划局发放许可证不得向某公司收取任何费用

B. 因刘某不是该许可的利害关系人，规划局审查和决定发放许可证无须听取其意见

C. 因刘某不是该许可的相对人，不具有原告资格

D. 因建筑工程尚未建设，刘某权益受侵犯不具有现实性，不具有原告资格

详 解

第一节　行政许可的种类

1. ［答案］B　　［难度］难

［考点］行政许可；行政强制执行；规范性文件一并审查制度

［命题和解题思路］本题考查考生对行政许可和行政处罚以及规范性文件一并审查制度的掌握程度。具体涉及：第一，行政许可的申请程序；第二，行政许可的类型划分；第三，规范性文件一并审查的提出时间；第四，行政强制执行尤其是执行罚的规定。四个选项中，B选项具有一定的理论性，需要考生结合行政许可理论以及《行政许可法》的规定做出回答。其他几个选项主要是考查立法规定内容，相对简单。正确回答本题，需要对《行政许可法》《行政处罚法》《行政强制

法》以及最高法院《行诉法解释》等相关规定内容有熟练掌握。

［选项分析］《行政许可法》第31条规定："申请人申请行政许可，应当如实向行政机关提交有关材料和反映真实情况，并对其申请材料实质内容的真实性负责。"据此可知，A选项表述正确，不当选。

《行政许可法》对行政许可的类型虽然没有作出明确规定，但从立法沿革来看，该法第12条有关可以设定许可的事项的规定，实质上是规定该法调整的行政许可的类型。理论上认为，该法主要设定了五种行政许可：第一，针对直接涉及国家安全、公共安全、经济宏观调控、生态环境保护以及直接关系人身健康、生命财产安全等特定活动，需要按照法定条件予以批准的事项，属于普通许可；第二，针对有限自然资源开发利用、公共资源配置以及直接关系公共利益的特定行业的市场准入等，需要赋予特定权利的事项，属于特殊许可（特许）；第三，针对提供公众服务并且直接关系公共利益的职业、行业，需要确定具备特殊信誉、特殊条件或者特殊技能等资格、资质的事项，属于认可类行政许可；第四，针对直接关系公共安全、人身健康、生命财产安全的重要设备、设施、产品、物品，需要按照技术标准、技术规范，通过检验、检测、检疫等方式进行审定的事项，属于核准类行政许可；第五，针对企业或者其他组织的设立等，需要确定主体资格的事项，属于登记类行政许可。本题中，城市临时建设许可并不符合前述特许类行政许可的规定，不属于关系公共利益的特定行业准入许可，B选项表述错误，当选。

《行诉法解释》第146条规定："公民、法人或者其他组织请求人民法院一并审查行政诉讼法第五十三条规定的规范性文件，应当在第一审开庭审理前提出；有正当理由的，也可以在法庭调查中提出。"据此可知，C选项表述正确，不当选。

《行政处罚法》第72条规定："当事人逾期不履行行政处罚决定的，作出行政处罚决定的行政机关可以采取下列措施：（一）到期不缴纳罚款的，每日按罚款数额的百分之三加处罚款，加处罚款的数额不得超出罚款的数额；（二）根据法律规定，将查封、扣押的财物拍卖、依法处理或者

将冻结的存款、汇款划拨抵缴罚款；（三）根据法律规定，采取其他行政强制执行方式；（四）依照《中华人民共和国行政强制法》的规定申请人民法院强制执行。"据此，当事人不履行缴纳罚款义务时，行政处罚机关可以每日按罚款数额的百分之三加处罚款。《行政强制法》第45条规定："加处罚款或者滞纳金的数额不得超出金钱给付义务的数额。"据此可知，即使行政机关有权加处罚款，其也有不得超过本金的上限。综上，D选项表述正确，不当选。

2. [答案] CD　　[难度] 中

[考点] 行政许可的种类、设定；行政许可的决定程序

[命题和解题思路] 命题人以执业医师资格为引子，考查《行政许可法》规定的特殊行政许可及其决定程序。A选项涉及医师资格属于何种性质的许可，适用于何种事项的考查，与其形成干扰的是核准类的行政许可，如产品、物品的合格证发放；选项B考查的是规章是否具有对行政许可的规定权问题；选项C和D涉及执业医师资格这一认可类行政许可的决定程序问题。本题的难度不大，正确区分《行政许可法》中有关认可和核准两种行政许可类型以及掌握规章的许可规定权规定是正确回答本题的关键。

[选项分析] 《行政许可法》第12条规定："下列事项可以设定行政许可……（三）提供公众服务并且直接关系公共利益的职业、行业，需要确定具备特殊信誉、特殊条件或者特殊技能等资格、资质的事项；（四）直接关系公共安全、人身健康、生命财产安全的重要设备、设施、产品、物品，需要按照技术标准、技术规范，通过检验、检测、检疫等方式进行审定的事项；……"根据该条规定，第3项属于认可类行政许可，适用于执业医师资格的申领，而第4项则属于核准类行政许可，适用于重要设备、设施、产品、物品，因此，A表述错误。

《行政许可法》第16条规定："行政法规可以在法律设定的行政许可事项范围内，对实施该行政许可作出具体规定。地方性法规可以在法律、行政法规设定的行政许可事项范围内，对实施该行政许可作出具体规定。规章可以在上位法设定的行政许可事项范围内，对实施该行政许可作出

具体规定。法规、规章对实施上位法设定的行政许可作出的具体规定，不得增设行政许可；对行政许可条件作出的具体规定，不得增设违反上位法的其他条件。"该条是对行政许可具体规定权的规定。也就是说，针对上位法设定的行政许可，作为下位法的行政法规、地方性法规以及规章均可以再对条件和要求作出具体规定。据此，B错误。

《行政许可法》第54条第2款规定："公民特定资格的考试依法由行政机关或者行业组织实施，公开举行。行政机关或者行业组织应当事先公布资格考试的报名条件、报考办法、考试科目以及考试大纲。但是，不得组织强制性的资格考试的考前培训，不得指定教材或者其他助考材料。"据此，CD表述正确。

> **难点解析**
> 认可类行政许可和核准类行政许可在针对的事项和实施的程序方面都有较大的区别，不能混淆，其基本区别如下表：
>
> | | 实质区别 |
> | --- | --- |
> | 认可类许可 | 对人或组织资格资质的判定；通过公开考试或相关条件考核确定 |
> | 核准类许可 | 对物品、设施品质的判定；借助对照技术标准或技术规范判定 |

第二节　行政许可的设定权限与形式

1. [答案] BCD　　[难度] 中

[考点] 部门规章的制定权限

[命题和解题思路] 本题考查考生关于部门规章对上位法有关行政许可、行政处罚、强制措施等规定能否作出具体规定的掌握情况。依照《行政强制法》《行政许可法》《行政处罚法》的规定，上述立法对规章的具体规定权限均作出了规定，但规定内容存在一定差别，需要考生认真区分，分别记忆。本题具有一定难度，但只要考生区分清楚上述三法中下位法具体规定的内容，即能作出准确选择。

[选项分析] 《行政强制法》第10条规定："行政强制措施由法律设定。尚未制定法律，且属于国务院行政管理职权事项的，行政法规可以设

定除本法第九条第一项、第四项和应当由法律规定的行政强制措施以外的其他行政强制措施。尚未制定法律、行政法规，且属于地方性事务的，地方性法规可以设定本法第九条第二项、第三项的行政强制措施。法律、法规以外的其他规范性文件不得设定行政强制措施。"第 11 条规定："法律对行政强制措施的对象、条件、种类作了规定的，行政法规、地方性法规不得作出扩大规定。法律中未设定行政强制措施的，行政法规、地方性法规不得设定行政强制措施。但是，法律规定特定事项由行政法规规定具体管理措施的，行政法规可以设定除本法第九条第一项、第四项和应当由法律规定的行政强制措施以外的其他行政强制措施。"依照上述规定可知，部门规章既无行政强制措施的设定权，也无行政强制措施的具体规定权，A 选项说法错误。

《行政许可法》第 16 条规定："行政法规可以在法律设定的行政许可事项范围内，对实施该行政许可作出具体规定。地方性法规可以在法律、行政法规设定的行政许可事项范围内，对实施该行政许可作出具体规定。规章可以在上位法设定的行政许可事项范围内，对实施该行政许可作出具体规定。法规、规章对实施上位法设定的行政许可作出的具体规定，不得增设行政许可；对行政许可条件作出的具体规定，不得增设违反上位法的其他条件。"根据上述规定可知，部门规章有权对实施上位法设定的行政许可作出具体规定，B 选项说法正确。

《行政处罚法》第 22 条规定："行政处罚由违法行为发生地的行政机关管辖。法律、行政法规、部门规章另有规定的，从其规定。"据此可知，C 选项说法正确。

《行政处罚法》第 28 条规定："行政机关实施行政处罚时，应当责令当事人改正或者限期改正违法行为。当事人有违法所得，除依法应当退赔的外，应当予以没收。违法所得是指实施违法行为所取得的款项。法律、行政法规、部门规章对违法所得的计算另有规定的，从其规定。"据此可知，D 选项说法正确。

2. [答案] AB   [难度] 中
[考点] 具体行政行为的立法设定
[命题和解题思路] 本题考查考生对《行政

许可法》《行政处罚法》《行政强制法》中有关行政许可、行政处罚、行政强制等权力的立法设定的相关内容，其聚焦于省级人民政府的规章能够规定哪些内容，属于一道综合性试题。考生需要对上述三部立法中有关省级人民政府行政立法权的内容有明确清晰的认识，否则将会出现答题错误。

[选项分析] 《行政许可法》第 15 条规定："本法第十二条所列事项，尚未制定法律、行政法规的，地方性法规可以设定行政许可；尚未制定法律、行政法规和地方性法规的，因行政管理的需要，确需立即实施行政许可的，省、自治区、直辖市人民政府规章可以设定临时性的行政许可。临时性的行政许可实施满一年需要继续实施的，应当提请本级人民代表大会及其常务委员会制定地方性法规。地方性法规和省、自治区、直辖市人民政府规章，不得设定应当由国家统一确定的公民、法人或者其他组织的资格、资质的行政许可；不得设定企业或者其他组织的设立登记及其前置性行政许可。其设定的行政许可，不得限制其他地区的个人或者企业到本地区从事生产经营和提供服务，不得限制其他地区的商品进入本地区市场。"根据该条规定，省级人民政府的规章可以设定临时性的行政许可，选项 A 表述正确。

《行政处罚法》第 14 条第 2 款规定："尚未制定法律、法规的，地方政府规章对违反行政管理秩序的行为，可以设定警告、通报批评或者一定数额罚款的行政处罚。罚款的限额由省、自治区、直辖市人民代表大会常务委员会规定。"根据上述规定可知，省政府制定的规章可以设定一定数额的罚款处罚。选项 B 表述正确。

《行政强制法》第 10 条规定："行政强制措施由法律设定。尚未制定法律，且属于国务院行政管理职权事项的，行政法规可以设定除本法第九条第一项、第四项和应当由法律规定的行政强制措施以外的其他行政强制措施。尚未制定法律、行政法规，且属于地方性事务的，地方性法规可以设定本法第九条第二项、第三项的行政强制措施。法律、法规以外的其他规范性文件不得设定行政强制措施。"据此可知，只有法律法规能够设定行政强制措施，选项 C 表述错误。

《行政强制法》第 13 条规定："行政强制执行

由法律设定。法律没有规定行政机关强制执行的，作出行政决定的行政机关应当申请人民法院强制执行。"据此可知，行政强制执行只能由法律设定，选项 D 表述错误。

3. [答案] ABC　　　[难度] 易

[考点] 行政许可的设定权限

[命题和解题思路] 命题人通过本题考查考生对行政许可设定权相关规定的掌握程度。《行政许可法》就行政许可的设定权限作出了较为明确的规定，考生如果对相关规定较好掌握，回答本题不存在困难。四个选项中，可能带来判断困扰的是 D 选项，考生很可能对省级人民政府经国务院批准后可以在其本行政区域内停止实施行政法规设定的有关经济事务的行政许可这一特殊规定未给予充分注意，由此出现判断错误。为此，正确回答本题的关键依然是全面掌握行政许可设定权限的相关规定。

[选项分析] 《行政许可法》第 14 条规定："本法第十二条所列事项，法律可以设定行政许可。尚未制定法律的，行政法规可以设定行政许可。必要时，国务院可以采用发布决定的方式设定行政许可。实施后，除临时性行政许可事项外，国务院应当及时提请全国人民代表大会及其常务委员会制定法律，或者自行制定行政法规。"第 15 条规定："本法第十二条所列事项，尚未制定法律、行政法规的，地方性法规可以设定行政许可；尚未制定法律、行政法规和地方性法规的，因行政管理的需要，确需立即实施行政许可的，省、自治区、直辖市人民政府规章可以设定临时性的行政许可。临时性行政许可实施满一年需要继续实施的，应当提请本级人民代表大会及其常务委员会制定地方性法规。地方性法规和省、自治区、直辖市人民政府规章，不得设定应当由国家统一确定的公民、法人或者其他组织的资格、资质的行政许可；不得设定企业或者其他组织的设立登记及其前置性行政许可。其设定的行政许可，不得限制其他地区的个人或者企业到本地区从事生产经营和提供服务，不得限制其他地区的商品进入本地区市场。"根据上述规定，ABC 选项错误。

《行政许可法》第 21 条规定："省、自治区、直辖市人民政府对行政法规设定的有关经济事务

的行政许可，根据本行政区域经济和社会发展情况，认为通过本法第十三条所列方式能够解决的，报国务院批准后，可以在本行政区域内停止实施该行政许可。"据此，D 的表述正确。

第三节　行政许可的实施程序

1. [答案] D　　　[难度] 中

[考点] 行政许可种类与实施程序、行政诉讼判决方式

[命题和解题思路] 本题中，A、B 选项相对简单，C、D 选项难度适中。考生如果熟悉行政许可的程序规定，应当不难回答。需要注意的是，行政行为的实施期限向来是考查重点，考生需要针对不同行政行为的作出期限进行集中复习。

[选项分析] 《行政许可法》第 12 条规定："下列事项可以设定行政许可：（一）直接涉及国家安全、公共安全、经济宏观调控、生态环境保护以及直接关系人身健康、生命财产安全等特定活动，需要按照法定条件予以批准的事项；……"网约车经营许可符合该条第一项规定的情况，属于普通行政许可。A 选项说法错误。

《行政许可法》第 29 条第 3 款规定，行政许可申请可以通过信函、电报、电传、传真、电子数据交换和电子邮件等方式提出。据此可知，B 选项说法错误。

《行政许可法》第 42 条规定："除可以当场作出行政许可决定的外，行政机关应当自受理行政许可申请之日起二十日内作出行政许可决定。二十日内不能作出决定的，经本行政机关负责人批准，可以延长十日，并应当将延长期限的理由告知申请人。但是，法律、法规另有规定的，依照其规定。依照本法第二十六条的规定，行政许可采取统一办理或者联合办理、集中办理的，办理的时间不得超过四十五日；四十五日内不能办结的，经本级人民政府负责人批准，可以延长十五日，并应当将延长期限的理由告知申请人。"据此可知，C 选项说法错误。

《行诉法解释》第 81 条规定："被告在一审期间改变被诉行政行为的，应当书面告知人民法院。原告或者第三人对改变后的行政行为不服提起诉讼的，人民法院应当就改变后的行政行为进行审理。被告改变原违法行政行为，原告仍要求确认原行政行为违法的，人民法院应当依法作出确认

判决。原告起诉被告不作为，在诉讼中被告作出行政行为，原告不撤诉的，人民法院应当就不作为依法作出确认判决。"据此，在乙区交通运输局为甲发放营运许可后，属于诉讼期间作出了行政行为，在甲不撤诉的情况下，法院应当依法对原不作为行为作出确认违法判决。D 选项说法正确。

2. [答案] ABCD   [难度] 难

[考点] 行政许可的注销与撤销

[命题和解题思路] 本题考查考生对行政许可注销和撤销立法规定以及行为属性的认识和理解。既有法条知识的考查，也有具体行政行为基本原理的考查，具有综合性。正确回答本题，不但需要考生对《行政许可法》有关许可撤销和注销的规定有所了解，更需要考生会分析相关法条体现的许可撤销和注销行为的属性。

[选项分析]《行政许可法》分别就行政许可的撤销与注销情形作出了规定。其第 69 条规定："有下列情形之一的，作出行政许可决定的行政机关或者其上级行政机关，根据利害关系人的请求或者依据职权，可以撤销行政许可：（一）行政机关工作人员滥用职权、玩忽职守作出准予行政许可决定的；（二）超越法定职权作出准予行政许可决定的；（三）违反法定程序作出准予行政许可决定的；（四）对不具备申请资格或者不符合法定条件的申请人准予行政许可的；（五）依法可以撤销行政许可的其他情形。被许可人以欺骗、贿赂等不正当手段取得行政许可的，应当予以撤销。依照前两款的规定撤销行政许可，可能对公共利益造成重大损害的，不予撤销。依照本条第一款的规定撤销行政许可，被许可人的合法权益受到损害的，行政机关应当依法给予赔偿。依照本条第二款的规定撤销行政许可的，被许可人基于行政许可取得的利益不受保护。"第 70 条规定："有下列情形之一的，行政机关应当依法办理有关行政许可的注销手续：（一）行政许可有效期届满未延续的；（二）赋予公民特定资格的行政许可，该公民死亡或者丧失行为能力的；（三）法人或者其他组织依法终止的；（四）行政许可依法被撤销、撤回，或者行政许可证件依法被吊销的；（五）因不可抗力导致行政许可事项无法实施的；（六）法律、法规规定的应当注销行政许可的其他情形。"依照上述规定，可以就本题的四个选

择作出分析：

首先，是否都属于行政处罚？行政处罚是针对相对人违法行为实施制裁的行为，具有外部性，而行政许可的撤销并非都是针对相对人的违法行为，比如越权准予许可的，行政机关应当主动纠正该违法行为，本身不属于处罚。由此可以认为，行政许可的撤销属于行政处罚的判断并不正确。从行政许可注销的情形看，其也并非针对相对人的违法行为，而是在行政许可失去效力或者无法实施的情况下，行政机关办理的确认行为失效的手续，不具有行政处罚的属性。故 A 选项说法错误。

其次，是否都属于不可诉的行为？依照《行政诉讼法》第 12 条第 1 款第 3 项规定，申请行政许可，行政机关拒绝或者在法定期限内不予答复，或者对行政机关作出的有关行政许可的其他决定不服的，属于行政诉讼受案范围。行政许可的其他决定包含了行政许可的撤销与注销，如果相关当事人不服上述行政许可的"其他决定"，有权提起行政诉讼。故 B 选项说法错误。

第三，是否都是依申请行为？依照前述《行政许可法》第 69 条的规定可知，行政许可的撤销既可以由利害关系人申请，也可以由行政许可机关主动作出，其并非全部属于依申请行为；从《行政许可法》第 70 条规定可以看出，一旦出现法定注销情形，行政许可机关即有权直接作出注销决定，其并非依申请行为。综上可知，C 选项说法错误。

第四，是否都属于行政裁量行为？从《行政许可法》的前述规定可知，当出现法定撤销和注销情形时，行政机关必须履行撤销和注销手续，其并无裁量权力，因此 D 选项说法错误。

3. [答案] B   [难度] 难

[考点] 行政处罚；行政许可的注销与撤销

[命题和解题思路] 本题考查考生对《行政处罚法》以及《行政许可法》相关规定内容的理解和掌握程度。具体内容涉及：行政处罚的种类；行政处罚一事不再罚原则的适用；行政许可撤销与注销的区别。四个选项中，B 选项较难判断，A 选项稍有难度，CD 选项相对简单。正确回答本题，需要考生对行政处罚一事不再罚原则以及行政许可注销的实施条件和具体属性有清晰

的认识。

[选项分析] 《行政处罚法》第29条规定："对当事人的同一个违法行为，不得给予两次以上罚款的行政处罚。同一个违法行为违反多个法律规范应当给予罚款处罚的，按照罚款数额高的规定处罚。"此条规定的是行政处罚的一事不再罚原则。依照本原则，当事人的同一违法行为，行政机关不能给予两次处罚。但如何理解"同一违法行为"，实践中一直存在争议。一般认为，当事人实施了违反不同法律规范规定的行为，按照相关法律规范构成不同的行政违法行为，依法即要受到不同的行政处罚。在此情况下，由于不存在"同一违法行为"，行政执法机关可以分别进行处罚。本题A选项中，货车司机分别被处罚了两次，但这两次处罚针对的违法行为却是基于不同的法律规范设定，即"超载"属于一种行政违法行为，"不按信号灯指示变道行驶"也是一种行政违法行为，由此，当事人客观上实施了两个独立的违法行为，公安交管部门分别针对两个违法行为作出两次处罚，并未违反一事不再罚原则。A选项说法正确，不当选。

《行政许可法》第70条针对行政许可注销的情形作出了规定，即：（1）行政许可有效期届满未延续的；（2）赋予公民特定资格的行政许可，该公民死亡或者丧失行为能力的；（3）法人或者其他组织依法终止的；（4）行政许可依法被撤销、撤回，或者行政许可证件依法被吊销的；（5）因不可抗力导致行政许可事项无法实施的；（6）法律、法规规定的应当注销行政许可的其他情形。依照上述规定，注销行为针对的是行政许可效力消灭或者无法实施相应行为的情况。本题中，货车司机的驾照并未被依法吊销，其只是因违法被暂扣，并不符合注销行为的实施条件。B选项说法错误，当选。

依照《行政处罚法》第9条的规定，行政处罚包括以下种类：（1）警告、通报批评；（2）罚款、没收违法所得、没收非法财物；（3）暂扣许可证件、降低资质等级、吊销许可证件；（4）限制开展生产经营活动、责令停产停业、责令关闭、限制从业；（5）行政拘留；（6）法律、行政法规规定的其他行政处罚。本题中，暂扣驾照的行为是对货车司机交通违法行为的制裁，属于行政处罚法规定的行政处罚种类，理论上归类于资格罚。

C选项说法正确，不当选。

《行政许可法》第69条对行政许可的撤销情形作出了规定，即：（1）行政机关工作人员滥用职权、玩忽职守作出准予行政许可决定的；（2）超越法定职权作出准予行政许可决定的；（3）违反法定程序作出准予行政许可决定的；（4）对不具备申请资格或者不符合法定条件的申请人准予行政许可的；（5）依法可以撤销行政许可的其他情形。被许可人以欺骗、贿赂等不正当手段取得行政许可的，应当予以撤销。依照前两款的规定撤销行政许可，可能对公共利益造成重大损害的，不予撤销。依照本条第一款的规定撤销行政许可，被许可人的合法权益受到损害的，行政机关应当依法给予赔偿。依照本条第二款的规定撤销行政许可的，被许可人基于行政许可取得的利益不受保护。从上述规定看，《行政许可法》并未规定撤销许可行为的实施程序，D选项说法正确，不当选。

4. [答案] B　　[难度] 易

[考点] 行政许可的实施程序；行政许可费用

[命题和解题思路] 行政许可是一种典型的依申请行政行为，直接涉及相对人的行为能力和资格取得，因此，《行政许可法》对其实施程序作出了明确详细的规定。本题虽然以规划许可的办理作为题干，但其实质依然考查考生对《行政许可法》有关许可实施程序的规定是否掌握牢固。在本题中，命题人设定的四个选项分别涉及以下内容：许可申请方式；申请材料真实性要求；申请材料不齐全的处理；办理许可申请是否需要缴费。前三项内容涉及行政许可的申请与受理，最后一项内容涉及行政许可收费问题。以上四项内容，在《行政许可法》中具有明确的规定，考生完全可以根据自己对立法规定的掌握情况直接作出判断。因此，正确回答本题的关键依然是对立法规定内容的熟练掌握。

[选项分析] 在提交行政许可申请过程中，出于许可便民原则的考虑，《行政许可法》第29条规定："公民、法人或者其他组织从事特定活动，依法需要取得行政许可的，应当向行政机关提出申请。申请书需要采用格式文本的，行政机关应当向申请人提供行政许可申请书格式文本。申请书格式文本中不得包含与申请行政许可事项没有

直接关系的内容。申请人可以委托代理人提出行政许可申请。但是，依法应当由申请人到行政机关办公场所提出行政许可申请的除外。行政许可申请可以通过信函、电报、电传、传真、电子数据交换和电子邮件等方式提出。"根据该条规定，相对人既可以直接向行政许可机关提出申请，也可以委托代理人提出申请（除非立法特别规定由申请人到行政机关办公场所提出申请），还可以通过信函等方式提出申请。《城市规划法》并未规定建设工程规划许可证需要由申请人亲自到规划主管部门办公场所办理，因此，本题中，公司不必到市规划局办公场所提出申请。A 选项错误。

在行政许可办理过程中，由申请人依法向行政机关提交办理许可证的各种申请材料，由行政机关予以审核，以决定是否作出行政许可行为。对于许可申请材料实质内容的真实性由哪一方主体负责问题，《行政许可法》第 31 条规定："申请人申请行政许可，应当如实向行政机关提交有关材料和反映真实情况，并对其申请材料实质内容的真实性负责。行政机关不得要求申请人提交与其申请的行政许可事项无关的技术资料和其他材料。"据此，申请人对申请材料实质内容的真实性负责。B 项表述正确。

《行政许可法》第 32 条规定："行政机关对申请人提出的行政许可申请，应当根据下列情况分别作出处理：……（四）申请材料不齐全或者不符合法定形式的，应当当场或者在五日内一次告知申请人需要补正的全部内容，逾期不告知的，自收到申请材料之日起即为受理；……"根据上述规定，在行政许可办理过程中，行政机关经审查，发现申请人的申请材料不齐全，并不当然作出不予受理的决定，而是负有告知补正义务，再根据补正情况作出是否受理的决定。C 选项表述错误。

《行政许可法》第 58 条规定："行政机关实施行政许可和对行政许可事项进行监督检查，不得收取任何费用。但是，法律、行政法规另有规定的，依照其规定。行政机关提供行政许可申请书格式文本，不得收费。行政机关实施行政许可所需经费应当列入本行政机关的预算，由本级财政予以保障，按照批准的预算予以核拨。"根据上述规定，行政许可申请书的格式文本，行政机关负有无偿提供义务，不收取任何费用。D 选项表述错误。

5. [答案] ABCD　　　[难度] 中

[考点] 行政许可的注销

[命题和解题思路] 本题考查行政许可注销所适用的情形。《行政许可法》第六章"监督检查"中，对行政许可的撤销和注销适用的情形分别作出了规定。由此形成了两种不同的法律制度：行政许可的撤销制度和注销制度。但是，此两种制度的实质存在严格区分。如果考生对两种法律制度针对的对象不做认真辨别，极有可能发生混淆。历年考试均有对此种区分的考查。本题中，命题人以《行政许可法》有关注销情形的立法规定为基础，设计出若干种不同的情况，让考生判断是否适用注销程序，题目具有一定的难度。解答本题的关键有二：一是在理论上正确理解和区分许可的注销和撤销之间差异；二是熟练掌握立法对注销情形的规定内容。做到此两点，则无论命题人如何变换出题方式，都能作出正确解答。

[选项分析] 对于何种情况下需要办理行政许可注销手续的问题，《行政许可法》第 70 条规定："有下列情形之一的，行政机关应当依法办理有关行政许可的注销手续：（一）行政许可有效期届满未延续的；（二）赋予公民特定资格的行政许可，该公民死亡或者丧失行为能力的；（三）法人或者其他组织依法终止的；（四）行政许可依法被撤销、撤回，或者行政许可证件依法被吊销的；（五）因不可抗力导致行政许可事项无法实施的；（六）法律、法规规定的应当注销行政许可的其他情形。"对照上述规定可知，本题中的四个选项分别对应于立法规定的第 1、4、4、2 项，均为正确选项。

> **易混淆点解析**
>
> 本题中，A 选项和 D 选项所列的情形适用注销制度，没有太大疑问。容易存在争议的是 B 和 C 选项。有的考生认为，行政许可因贿赂而获得事后被撤销的，行政许可自始无效，无须办理注销手续；相对人获得许可证后因违法行为被吊销许可证的，行政许可向后自动失效，也无须办理注销手续。因此，认为 BC 选项并非正确选项。上述认识虽然可以不符合立法规定为由予以否定，但更重要的是正确区分行政许可的注销与撤销、吊销之间的关系。我们认为，行政许可的注

销是指行政登记机关针对各种效力已经消灭的行政许可进行登记，以认定和宣示其往后不再具有许可效力的行政确认行为；行政许可的撤销是指行政许可机关违法作出许可决定或者被许可人以不正当手段取得行政许可的，行政许可机关或者

其上级行政机关依法取消行政许可，使其自始不发生法律效力的行政行为；行政许可的吊销是指行政处罚机关针对相对人违法从事被许可的行为，依法取消其许可，使其往后不再具有效力的行政处罚行为。其详细区别如下图：①

行为	许可注销	许可撤销	许可吊销
主体	法定注销登记机关	许可机关或上级机关	行政处罚机关
性质	行政确认	许可收回	行政处罚
适用条件	《行政许可法》第69条	许可机关违法作出许可或被许可人以不正当手段取得许可	被许可人实施违法行为
效力溯及	向后失效	自始无效	向后失效
赔偿与补偿	／	违法许可因许可机关原因被撤销的，须赔偿相对人损失	／

6. ［答案］B

［难度］中

［考点］行政许可的撤销和注销

［命题和解题思路］命题人通过本题考查了行政许可的撤回、撤销、吊销和注销的区别。题干设计具有一定迷惑性，即食品药品监督管理局先接到了药店非法出售处方药的违法行为举报；后经调查，又发现该药店的药品经营许可证系提供虚假材料欺骗所得。在此情况下，是处理骗取许可证的行为还是处理出售处方药的行为，选择不同，处理方式也不同。从这个意义上，本题的命题质量较高，能够客观地测试出考生对行政许可撤回、撤销、吊销、注销含义的理解程度。正确回答本题的关键在于正确区分行政许可的撤回、注销、撤销和吊销的区别。

［选项分析］《行政许可法》第8条第2款规定："行政许可所依据的法律、法规、规章修改或者废止，或者准予行政许可所依据的客观情况发生重大变化的，为了公共利益的需要，行政机关可以依法变更或者撤回已经生效的行政许可。由此给公民、法人或者其他组织造成财产损失的，行政机关应当依法给予补偿。"据此，许可的撤回是在相对人已获得的行政许可合法的情况下，由于立法的修改或者废止，或者准予行政许可所依据的客观情况发生重大变化时，为了公共利益的需要，由行政机关通过撤回使该许可失效的制度。

与本题中所设计的情况不相符，A不能选择。

《行政许可法》第69条第1、2款规定："有下列情形之一的，作出行政许可决定的行政机关或者其上级行政机关，根据利害关系人的请求或者依据职权，可以撤销行政许可：（一）行政机关工作人员滥用职权、玩忽职守作出准予行政许可决定的；（二）超越法定职权作出准予行政许可决定的；（三）违反法定程序作出准予行政许可决定的；（四）对不具备申请资格或者不符合法定条件的申请人准予行政许可的；（五）依法可以撤销行政许可的其他情形。被许可人以欺骗、贿赂等不正当手段取得行政许可的，应当予以撤销。"据此，行政许可的撤销或者基于行政许可的违法作出，或者基于被许可人的欺骗或者贿赂等不正当行为，通过撤销，使违法的行政许可失去效力。本题中，药店的药品经营许可证是基于欺骗所得，符合撤销的适用条件，故B为正确选项。

行政许可的吊销是针对已获得许可证的相对人从事违法行为时所进行的一种制裁行为，通过吊销许可证实现惩戒其违法行为的目的。《行政处罚法》第9条明确规定，吊销许可证属于行政处罚的一种类型。本题中，虽然有举报称药店存在非法出售处方药的违法行为，但食品药品监督管

① 参见胡建淼：《行政法学》（第四版），法律出版社2016年版，第306-307页。

理局在调查中又发现了该药店根本不具备向其颁发药品经营许可证的资格，在是否存在销售处方药的违法行为尚未确认之前，就不能轻易作出吊销药品经营许可证的决定，而先要处理其经营资格问题。据此，C 错误。

《行政许可法》第 70 条规定："有下列情形之一的，行政机关应当依法办理有关行政许可的注销手续：（一）行政许可有效期届满未延续的；（二）赋予公民特定资格的行政许可，该公民死亡或者丧失行为能力的；（三）法人或者其他组织依法终止的；（四）行政许可依法被撤销、撤回，或者行政许可证件依法被吊销的；（五）因不可抗力导致行政许可事项无法实施的；（六）法律、法规规定的应当注销行政许可的其他情形。"根据上述规定，行政许可的注销并非直接基于行政许可违法或者许可后当事人有违法行为的事实，而往往基于特殊原因，导致行政许可无须继续存在。本题中，药店的经营资格基于欺骗手段获得，应当通过撤销许可剥夺其资格，而非通过注销消除其继续存在的状态。因此，D 错误。

易混淆点解析

行政许可的撤回、撤销、吊销、注销是针对已发放的行政许可，分别根据不同的情况，由有权机关采取的不同处置方式。其行为实施的原因不同，具体操作也有差别。在理解上容易出现困难。为便于认识其各自区别，下面以表格形式作出汇总：

	行为实质
行政许可的撤回	原因：作为许可依据的法律、法规、规章修改或废止；发放许可依据的客观情况发生重大变化，保留许可不利于公共利益实现
	操作：提前收回行政许可，并对被许可人依法补偿
行政许可的撤销	原因：行政机关违法许可；被许可人以不正当手段取得许可
	操作：行政机关或者其上级行政机关依法取消许可

续表

	行为实质
行政许可的吊销	原因：获得许可的相对人实施了违法行为
	操作：作为一种制裁手段，行政机关依法取消已经发放的许可
行政许可的注销	原因：行政许可效力已经消灭
	操作：登记并确认已失效的许可

7. [答案] A　　[难度] 中

[考点] 行政许可费用；许可实施程序；行政许可诉讼

[命题和解题思路] 本题是一道综合题，命题人既考查行政许可实施过程中的法律问题，也考查规划行政许可诉讼案件的原告资格问题。从选项设计看，BCD 三个选项实质是一个问题，即行政许可利害关系人的范围及其原告资格判断。解答本题可以有两种思路：一是对照《行政许可法》和《行政诉讼法》的相关规定一一作出判断，找到正确选项；二是直接采用排除法，由于 BCD 选项实质内容同一，本题又是单选题，从逻辑上即可判定 A 选项为正确选项。

[选项分析]《行政许可法》第 58 条第 1 款规定："行政机关实施行政许可，不得收取任何费用。但是，法律、行政法规另有规定的，依照其规定。"依照该条规定，除非法律、行政法规有特别规定，行政机关办理行政许可原则上不收取任何费用。本题涉及的行政许可是规划许可，而《城乡规划法》并未规定规划行政许可的实施收取费用。因此，A 表述正确。

《行政许可法》第 36 条规定："行政机关对行政许可申请进行审查时，发现行政许可事项直接关系他人重大利益的，应当告知该利害关系人。申请人、利害关系人有权进行陈述和申辩。行政机关应当听取申请人、利害关系人的意见。"本题中，鉴于刘某的房屋采光确实会受到许可行为实施的影响，其作为该许可行为的利害关系人，规划局在审查和决定发放许可证时应当听取其意见。B 表述错误。

依照《行政诉讼法》第 25 条第 1 款的规定，

行政行为的相对人以及其他与行政行为有利害关系的公民、法人或者其他组织，有权提起诉讼。《行诉法解释》第12条规定："有下列情形之一的，属于行政诉讼法第二十五条第一款规定的'与行政行为有利害关系'：（一）被诉的行政行为涉及其相邻权或者公平竞争权的；……"本题中，刘某虽不是规划许可行为的直接相对人，但其相邻权受到了规划许可的不利影响，按照前述规定，其应当具有原告资格。C表述错误。

按照前述《行诉法解释》第12条第1项的规定，只要规划局作出的规划许可涉及刘某的采光权，即应赋予其原告资格。D表述错误。

难点解析

行政许可有时构成一种复效行政行为，而非纯粹的授益行政行为。说其是授益行政行为，主要是从许可申请人角度来定性的，即对于具体的许可申请人而言，行政机关作出的许可决定赋予了其从事相关活动的资格和行为能力，客观上有利于该申请人，对其而言，许可行为当然具有授益性质。但是，从另一方面来看，行政许可决定的作出，也可能影响到其他利害关系人，比如本题中规划局发放建筑规划许可证的行为，将影响到刘某的相邻权。在此情况下，行政许可行为所涉及的法律关系非"双面关系"（行政机关——许可申请人），而是"三面关系"（行政机关——许可申请人、利害关系人），在此三面关系中，许可行为对于利害关系人而言，即是一种侵害行为。在存在利害关系人的情况下，行政许可行为即具有了复效行政行为的属性。对于复效行政行为而言，为充分保护利害关系人的合法权益，要求行政机关在作出许可行为的时候，事先履行告知义务，听取利害关系人的意见，这是正当法律程序原则的基本要求。

具有原告资格的当事人并不限于行政行为的直接相对人。以前学界对行政相对人存在一种较为狭隘的理解，即只有在行政决定文书中指明的对象才是行政相对人，而受到该行政行为影响的利益相关人并非行政相对人。按照该种理解，则针对特定的行政行为，只有其直接指明的对象才被认为具有原告资格，未被直接指明的利益相关人则不具有原告资格。按照《行政诉讼法》第25条和《行诉法解释》的相关规定，除行政行为的直接对象外，利害关系人同样具有原告资格。因此，在判断个案中的当事人是否具有原告资格时，不应再拘泥于直接对象这一狭隘的解释，而应加深对"利害关系"的理解。

第六章　行政处罚

试　题

第一节　行政处罚的实施程序

1. 水利部依照《水法》颁布了《水行政处罚实施办法》。该办法可以规定的内容是：（2023年回忆版）

A. 规定行政处罚的级别管辖

B. 补充设定行政处罚

C. 规定适用简易程序的特殊条件

D. 规定普通程序处罚决定的作出期限

2. 某县生态环境局检查一家养殖场时，发现其利用渗井排放污水，遂当场下发《责令停产整改决定书》。该养殖场不服，提起行政诉讼。对此，下列说法错误的是：（2021年回忆版）

A. 养殖场提起诉讼的期限是15日

B. 《责令停产整改决定书》属于责令改正违法行为

C. 《责令停产整改决定书》不属于行政处罚

D. 若县生态环境局决定关闭该企业，需报有关政府批准

3. 甲市政府发布《关于限制道路通行的通告》，自7月20日至7月25日某路段禁止通行。甲市乙区公安分局交警大队通过监控发现李某违反限行规定，遂作出200元罚款决定。李某向乙区政府申请行政复议，乙区政府复议维持。后李某提起诉讼。关于本案，下列哪些说法是正确的？（2021年回忆版）

A.《关于限制道路通行的通告》是具体行政行为

B. 对李某的处罚可适用简易程序

C. 被告是乙区公安分局交警大队和区政府

D. 对李某的监控记录未经审核不得作为证据使用

4. 关于一个行政机关行使有关行政机关的行政许可权和行政处罚权的安排，下列哪些说法是正确的？（2016-2-80）

A. 涉及行政处罚的，由国务院或者经国务院授权的省、自治区、直辖市政府决定

B. 涉及行政许可的，由经国务院批准的省、自治区、直辖市政府决定

C. 限制人身自由的行政处罚只能由公安机关行使，不得交由其他行政机关行使

D. 由公安机关行使的行政许可，不得交由其他行政机关行使

5. 下列哪些行政行为不属于行政处罚？（2016-2-81）

A. 质监局对甲企业涉嫌冒用他人商品识别代码的产品予以先行登记保存

B. 食品药品监管局责令乙企业召回已上市销售的不符合药品安全标准的药品

C. 环保局对排污超标的丙企业作出责令停产6个月的决定

D. 工商局责令销售不合格产品的丁企业支付消费者3倍赔偿金

6. 对下列哪些拟作出的决定，行政机关应告知当事人有权要求听证？（2015-2-77）

A. 税务局扣押不缴纳税款的某企业价值200万元的商品

B. 交通局吊销某运输公司的道路运输经营许可证

C. 规划局发放的建设用地规划许可证，直接涉及申请人与附近居民之间的重大利益关系

D. 公安局处以张某行政拘留10天的处罚

第二节　治安管理处罚

1. 张某和韩某发生口角进而互殴，区公安分局决定对张某拘留10日，罚款500元；决定对韩某拘留5日，罚款200元。张某不服对其作出的处罚，向区政府申请复议，同时申请暂缓执行拘

留决定。区政府作出复议维持决定。张某遂提起行政诉讼。对此，下列说法错误的是：（2023年回忆版）

A. 区公安分局如决定暂缓执行对张某的拘留决定，也应暂缓执行对韩某的拘留决定

B. 区公安分局对张某作出拘留决定前，应当告知其有权申请听证

C. 区公安分局如不能当场向韩某送达处罚决定，应在7日内依照《民事诉讼法》规定送达

D. 张某提起的诉讼应当由区法院管辖

2. 张某因自己居住的房屋楼上漏水，遂找楼上住户李某洽谈赔偿事宜。因协商不成，张某殴打李某致轻微伤，被公安局处以拘留10日并处500元罚款的处罚，张某不服，遂向法院提起诉讼。对此，下列哪一选项是正确的？（2018年回忆版）

A. 警察经出示工作证件可以检查张某的住所

B. 对张某的询问查证时间不得超过48小时

C. 公安局局长必须亲自出庭

D. 诉讼中，若证人刘某出庭的，交通、住宿等费用由败诉一方承担

3. 某公安派出所以李某放任所饲养的烈性犬恐吓张某为由对李某处以500元罚款。关于该处罚决定，下列哪些说法是正确的？（2017-2-79）

A. 公安派出所可以自己名义作出决定

B. 可当场作出处罚决定

C. 应将处罚决定书副本抄送张某

D. 如李某不服处罚决定向法院起诉，应以该派出所所属的公安局为被告

4. 根据相关法律规定，在行政决定作出前，当事人有权就下列哪些情形要求举行听证？（2017-2-82）

A. 区工商分局决定对个体户王某销售的价值10万元的假冒他人商标的服装予以扣押

B. 县公安局以非法种植罂粟为由对陈某处以3000元罚款

C. 区环保局责令排放污染物严重的某公司停业整顿

D. 胡某因酒后驾车，被公安交管部门吊销驾驶证

5. 李某多次发送淫秽短信、干扰他人正常生活，公安机关经调查拟对李某作出行政拘留 10 日的处罚。关于此处罚决定，下列哪一做法是适当的？（2016-2-45）

    A. 由公安派出所作出

    B. 依当场处罚程序作出

    C. 应及时通知李某的家属

    D. 紧急情况下可以口头方式作出

6. 公安局以田某等人哄抢一货车上的财物为由，对田某处以 15 日行政拘留处罚，田某不服申请复议。下列哪一说法是正确的？（2015-2-48）

    A. 田某的行为构成扰乱公共秩序

    B. 公安局对田某哄抢的财物应予以登记

    C. 公安局对田某传唤后询问查证不得超过 12 小时

    D. 田某申请复议的期限为 6 个月

详 解

第一节 行政处罚的实施程序

1. ［答案］D   ［难度］难

［考点］行政规章设定权、规定权

［命题和解题思路］本题主要考查考生对行政规章的设定权和规定权的掌握程度。本题具有相当难度，原因在于其反向考查行政规章是否有行政处罚设定权以及可以规定哪些内容。考生复习时会忽略上述细节，比如规章是否有处罚级别管辖的规定权、是否可以规定处罚简易程序的规定权等。因此，回答此类题目，考生需要反向复习和总结相关立法中有关规章规定和设定的规范内容。

［选项分析］《行政处罚法》第 22 条规定，行政处罚由违法行为发生地的行政机关管辖。法律、行政法规、部门规章另有规定的，从其规定。该法第 23 条规定，行政处罚由县级以上地方人民政府具有行政处罚权的行政机关管辖。法律、行政法规另有规定的，从其规定。据此可知，水利部制定的部门规章只能规定行政处罚的地域管辖，而非级别管辖。A 选项不当选。

《行政处罚法》第 11 条第 3 款规定，法律对违法行为未作出行政处罚规定，行政法规为实施法律，可以补充设定行政处罚。拟补充设定行政处罚的，应当通过听证会、论证会等形式广泛听取意见，并向制定机关作出书面说明。行政法规报送备案时，应当说明补充设定行政处罚的情况。该法第 12 条第 3 款规定，法律、行政法规对违法行为未作出行政处罚规定，地方性法规为实施法律、行政法规，可以补充设定行政处罚。拟补充设定行政处罚的，应当通过听证会、论证会等形式广泛听取意见，并向制定机关作出书面说明。地方性法规报送备案时，应当说明补充设定行政处罚的情况。该法第 13 条规定，国务院部门规章可以在法律、行政法规规定的给予行政处罚的行为、种类和幅度的范围内作出具体规定。尚未制定法律、行政法规的，国务院部门规章对违反行政管理秩序的行为，可以设定警告、通报批评或者一定数额罚款的行政处罚。罚款的限额由国务院规定。依据上述规定可知，能够补充设定行政处罚的只有行政法规和地方性法规，部门规章无权补充设定行政处罚。B 选项不当选。

《行政处罚法》第 51 条规定："违法事实确凿并有法定依据，对公民处以二百元以下、对法人或者其他组织处以三千元以下罚款或者警告的行政处罚的，可以当场作出行政处罚决定。法律另有规定的，从其规定。"据此可知，只有法律才能对简易程序适用的特殊条件作出规定。C 选项不当选。

《行政处罚法》第 60 条规定："行政机关应当自行政处罚案件立案之日起九十日内作出行政处罚决定。法律、法规、规章另有规定的，从其规定。"据此可知，部门规章可以对行政机关作出行政处罚决定的期限作出规定。D 选项当选。

2. ［答案］ABC   ［难度］难

［考点］行政处罚；起诉期限；责令关闭的实施程序

［命题和解题思路］本题考查考生对具体行政行为的类型区分、《行政诉讼法》规定的起诉期限制度、环保行政处罚的批准程序等规定的掌握程度，具有一定难度。四个选项中，A 选项涉及起诉期限，需要考生注意《行政诉讼法》规定的一般起诉期限与特别法规定的起诉期限之间的关系；B、C 选项涉及行政处罚与行政命令的区别，具有一定难度；D 选项实际考查特别法中有关责令关闭行为的实施程序问题，难度较大，考生如果对特别法中责令关闭实施程序的规定不了解，即无

法作答。正确回答本题，需要考生不但了解《行政诉讼法》的一般规定，还要注意《水污染防治法》等特别立法的专门规定。

[选项分析] 《行政诉讼法》第 46 条规定："公民、法人或者其他组织直接向人民法院提起诉讼的，应当自知道或者应当知道作出行政行为之日起六个月内提出。法律另有规定的除外。因不动产提起诉讼的案件自行政行为作出之日起超过二十年，其他案件自行政行为作出之日起超过五年提起诉讼的，人民法院不予受理。"据此，行政诉讼起诉期限通常为行政相对人知道行政行为之日起 6 个月，但法律另有规定的除外。本题涉及《水污染防治法》的适用，需要考查该法对行政诉讼的起诉期限是否作出专门规定。由于《水污染防治法》并未就当事人不服生态环境保护部门的行政行为的起诉期限作出专门规定，故应当适用《行政诉讼法》规定的 6 个月起诉期限。A 选项说法错误，当选。

《行政处罚法》第 9 条规定："行政处罚的种类：（一）警告、通报批评；（二）罚款、没收违法所得、没收非法财物；（三）暂扣许可证件、降低资质等级、吊销许可证件；（四）**限制开展生产经营活动、责令停产停业、责令关闭、限制从业**；（五）行政拘留；（六）法律、行政法规规定的其他行政处罚。"第 28 条规定："行政机关实施行政处罚时，应当责令当事人改正或者限期改正违法行为。当事人有违法所得，除依法应当退赔的外，应当予以没收。违法所得是指实施违法行为所取得的款项。法律、行政法规、部门规章对违法所得的计算另有规定的，从其规定。"根据上述两条规定可知，责令停产停业属于行政处罚，责令改正违法行为是与行政处罚相并列的行政命令。前者属于限制当事人从事相关活动的行为罚，后者仅仅责令当事人恢复违法行为破坏的秩序，不具有制裁性。本题中，责令停产整改中的"停产"直接导致养殖场运营停止，带有惩戒性质，应属于行政处罚。BC 选项说法错误，均当选。

《水污染防治法》第 83 条规定："违反本法规定，有下列行为之一的，由县级以上人民政府环境保护主管部门责令改正或者责令限制生产、停产整治，并处十万元以上一百万元以下的罚款；情节严重的，报经有批准权的人民政府批准，责令停业、关闭：（一）未依法取得排污许可证排放

水污染物的；（二）超过水污染物排放标准或者超过重点水污染物排放总量控制指标排放水污染物的；（三）利用渗井、渗坑、裂隙、溶洞，私设暗管，篡改、伪造监测数据，或者不正常运行水污染防治设施等逃避监管的方式排放水污染物的；（四）未按照规定进行预处理，向污水集中处理设施排放不符合处理工艺要求的工业废水的。"据此可知，在养殖场违法行为情节严重的情况下，生态环境保护部门在作出责令企业关闭之前，需要报经有批准权的人民政府批准。D 选项说法正确，不当选。

3. [答案] BCD　　[难度] 中

[考点] 具体行政行为的界定；行政处罚实施程序；诉讼参加人；行政处罚证据

[命题和解题思路] 本题四个选项中，选项 A、C 相对简单，B、D 考查知识点较细，考生可能存在记忆上的模糊之处，容易出现判断上的困难。回答此类题目，关键是掌握好具体行政行为一般原理以及行政处罚的实施程序。

[选项分析] 具体行政行为与抽象行政行为的区别在于：第一，行为的对象是否明确具体；第二，行为是否具有反复适用的效力。本题中，甲市政府发布的交通限行通告针对的是不特定对象，且在限行期限内可以反复适用，符合抽象行政行为特征，不属于具体行政行为，A 选项说法错误。

《行政处罚法》第 51 条规定了行政处罚简易程序的适用条件："违法事实确凿并有法定依据，对公民处以二百元以下、对法人或者其他组织处以三千元以下罚款或者警告的行政处罚的，可以当场作出行政处罚决定。法律另有规定的，从其规定。"对照此规定可知，乙区交警大队对李某作出 200 元的罚款决定，可以适用简易程序。B 选项说法正确。

《行政诉讼法》第 26 条规定："公民、法人或者其他组织直接向人民法院提起诉讼的，作出行政行为的行政机关是被告。经复议的案件，复议机关决定维持原行政行为的，作出原行政行为的行政机关和复议机关是共同被告。"本题中，被告应当是乙区公安分局交警大队和区政府，C 选项说法正确。

《行政处罚法》第 41 条规定："行政机关依照

法律、行政法规规定利用电子技术监控设备收集、固定违法事实的，应当经过法制和技术审核，确保电子技术监控设备符合标准、设置合理、标志明显，设置地点应当向社会公布。电子技术监控设备记录违法事实应当真实、清晰、完整、准确。行政机关应当审核记录内容是否符合要求；未经审核或者经审核不符合要求的，不得作为行政处罚的证据。"据此可知，乙区公安分局交警大队对李某的监控记录应当经过审核，未经审核不得作为处罚的证据。D 选项的说法正确。

4. ［答案］ABC　　　［难度］难

［考点］行政许可；行政处罚

［命题和解题思路］本题是一道综合题目，命题人考查了考生对《行政处罚法》和《行政许可法》有关行政处罚权和行政许可权相对集中行使规定的理解与相互区分。虽然《行政处罚法》和《行政许可法》均就行政处罚权和行政许可权的相对集中行使作出了规定，但在决定主体、实施机关方面，两法之间依然存在细微差别。命题人将两种行政权力的集中行使规定并列考查，意在测试考生对相关立法规定掌握的细致化程度，其用心着实良苦。正确解答此类问题，需要考生在复习时进行充分的比较，并对照记忆。

［选项分析］关于行政处罚权的相对集中行使问题，《行政处罚法》第 18 条规定："国家在城市管理、市场监管、生态环境、文化市场、交通运输、应急管理、农业等领域推行建立综合行政执法制度，相对集中行政处罚权。国务院或者省、自治区、直辖市人民政府可以决定一个行政机关行使有关行政机关的行政处罚权。限制人身自由的行政处罚权只能由公安机关和法律规定的其他机关行使。"由本条规定可知，行政处罚权相对集中行使的决定主体有二，国务院以及国务院批准的省级人民政府，且公安机关的行政拘留权力不能转交其他行政机关行使。据此，A、C 表述正确。

关于行政许可权的相对集中行使问题，《行政许可法》第 25 条规定："经国务院批准，省、自治区、直辖市人民政府根据精简、统一、效能的原则，可以决定一个行政机关行使有关行政机关的行政许可权。"由本条规定可知，行政许可权的相对集中行使由省级人民政府经国务院批准决定，

且法律没有规定公安机关的行政许可权力不能交由其他行政机关行使。据此，B 表述正确，D 表述错误。

5. ［答案］ABD　　　［难度］中

［考点］行政处罚

［命题和解题思路］命题人在本题提出的问题是判断哪种行为不属于行政处罚，实质上是考查行政机关在不同情况下作出的责令行为的法律属性问题。实务中，同属于责令行为，但其法律性质如何一直存在争议。命题人出此类题目，可能会冒一定风险——答案的正确性存疑。本题设定了四种不同的责令行为，其法律属性可能涵盖了行政处罚、行政强制措施、行政裁决等。正确解答本题，需要考生结合上述不同种类的行政行为的各自定义和典型特征，作出综合判断。

［选项分析］选项 A 考查先行登记保存行为的属性。根据《行政处罚法》第 56 条规定，行政机关在收集证据时，可以采取抽样取证的方法；在证据可能灭失或者以后难以取得的情况下，经行政机关负责人批准，可以先行登记保存，并应当在 7 日内及时作出处理决定，在此期间，当事人或者有关人员不得销毁或者转移证据。据此，先行登记保存发生在行政执法程序之中，不具有终局性和制裁性，不符合行政处罚的特征。选项 A 中的行为不属于行政处罚。

选项 B 中的责令召回已上市销售的不符合药品安全标准药品的行为，目的在于制止违法行为或防止危害发生或者扩大，在性质上宜归属于行政强制措施，不属于行政处罚。

选项 C 中责令排污超标的丙企业作出停产 6 个月的决定属于《行政处罚法》所列举的行政处罚种类。《行政处罚法》第 9 条规定："行政处罚的种类：（一）警告、通报批评；（二）罚款、没收违法所得、没收非法财物；（三）暂扣许可证件、降低资质等级、吊销许可证件；（四）限制开展生产经营活动、责令停产停业、责令关闭、限制从业；（五）行政拘留；（六）法律、行政法规规定的其他行政处罚。"据此，选项 C 所列行为属于行政处罚。

选项 D 中责令销售不合格产品的企业支付消费者 3 倍赔偿金的行为，实质解决的是侵权企业与消费者之间的民事赔偿争议，在性质上接近于

行政裁决，并非行政处罚。

同样是行政机关作出的责令行为，其法律属性却可能存在差别。在理论上，责令行为可以属于以下几种不同性质的行为，具体区别参见下表：

	行为实质
行政命令	终局性；设定作为或不作为义务，没有直接制裁性
行政处罚	终局性；直接制裁性
行政强制措施	非终局性；制止违法行为发生，防止危害后果扩大
行政裁决	终局性；解决民事权利义务争议

6. ［答案］BC ［难度］中

［考点］听证制度

［命题和解题思路］听证程序属于正式的听取意见程序，其耗时费力，影响行政效率。虽然适用听证程序客观上对保护相对人的合法权益有利，但立法依然会限定其适用领域和适用对象。考生不能仅凭主观愿望而不顾及具体立法的规定。命题人在本题中考查的就是考生对听证程序适用条件的了解和掌握程度。从选项设计看，涉及四个行政管理领域，即税务管理、交通管理、规划管理和治安管理；涉及三种不同的具体行政行为，即行政强制措施、行政处罚和行政许可。正确回答本题，需要考生掌握《行政强制法》《行政处罚法》《行政许可法》有关听证程序适用条件的一般规定，乃至《税收征收管理法》《治安管理处罚法》等特别立法中有关听证程序适用条件的特殊规定。

［选项分析］税务机关扣押违法企业价值较大的商品是否适用听证程序，需要根据《行政强制法》和《税收征收管理法》的相关规定作出判断。《行政强制法》第18条对行政强制措施的一般程序作出了规定，即："行政机关实施行政强制措施应当遵守下列规定：（一）实施前须向行政机关负责人报告并经批准；（二）由两名以上行政执法人员实施；（三）出示执法身份证件；（四）通知当事人到场；（五）当场告知当事人采取行政强制措施的理由、依据以及当事人依法享有的权利、救济途径；（六）听取当事人的陈述和申辩；（七）制

作现场笔录；（八）现场笔录由当事人和行政执法人员签名或者盖章，当事人拒绝的，在笔录中予以注明；（九）当事人不到场的，邀请见证人到场，由见证人和行政执法人员在现场笔录上签名或者盖章；（十）法律、法规规定的其他程序。"据此，行政强制措施的实施通常只需听取当事人的陈述和申辩，并不需要听证。同样，《行政强制法》有关扣押程序的特别规定，也没有规定适用听证程序。《税收征收管理法》第37、38条同样没有规定听证程序，据此，A所述情况无须听证。

交通局吊销某运输公司的道路运输经营许可证，性质上属于吊销相对人许可证的行政处罚行为，依照《行政处罚法》第63条规定，行政机关作出吊销许可证等行政处罚决定之前，应当告知当事人有要求举行听证的权利；当事人要求听证的，行政机关应当组织听证。据此，B所述情况应当适用听证程序。

规划局发放的建设用地规划许可证，直接涉及申请人与附近居民之间的重大利益关系的，依照《行政许可法》第47条第1款规定，行政许可直接涉及申请人与他人之间重大利益关系的，行政机关在作出行政许可决定前，应当告知申请人、利害关系人享有要求听证的权利；申请人、利害关系人在被告知听证权利之日起5日内提出听证申请的，行政机关应当在20日内组织听证。据此，C所述情况应当适用听证程序。

《治安管理处罚法》第98条规定："公安机关作出吊销许可证以及处二千元以上罚款的治安管理处罚决定前，应当告知违反治安管理行为人有权要求举行听证；违反治安管理行为人要求听证的，公安机关应当及时依法举行听证。"据此，D选项所述情况不需要适用听证程序。

行政处罚法并未将限制人身自由的拘留行为直接纳入听证程序适用范围。根据《治安管理处罚法》第98条规定可知，该法并未明确规定治安拘留适用听证程序，据此，对于行政拘留行为，立法并不要求一定要适用听证。但另一方面也要注意，实践中，有些治安管理机关基于个案情况，告知被拘留的人可以申请听证，此种做法并不违反法律规定，且是一种值得鼓励的做法。

第二节　治安管理处罚

1. [答案] ABC　　　[难度] 中

[考点] 治安管理处罚实施程序和执行程序、复议维持案件的管辖

[命题和解题思路] 本题主要考查考生对治安管理行政处罚实施程序和执行程序规定以及复议维持案件管辖法院规则的掌握程度，内容涉及行政拘留决定暂缓执行的条件、拘留决定是否适用听证程序、处罚决定的送达程序以及复议维持情况下的级别管辖法院确定。四个选项中，C选项考查知识点较细，对考生而言具有一定难度，其他三个选项考查的都是常规知识点，难度一般。

[选项分析]《治安管理处罚法》第107条规定："被处罚人不服行政拘留处罚决定，申请行政复议、提起行政诉讼的，可以向公安机关提出暂缓执行行政拘留的申请。公安机关认为暂缓执行行政拘留不致发生社会危险的，由被处罚人或者其近亲属提出符合本法第一百零八条规定条件的担保人，或者按每日行政拘留二百元的标准交纳保证金，行政拘留的处罚决定暂缓执行。"据此可知，暂缓执行拘留决定需要本人申请然后由公安机关决定。本题中，韩某并未提出暂缓执行拘留决定申请，不符合暂缓执行拘留决定的条件。A选项说法错误，当选。

《治安管理处罚法》第98条规定："公安机关作出吊销许可证以及处二千元以上罚款的治安管理处罚决定前，应当告知违反治安管理行为人有权要求举行听证；违反治安管理行为人要求听证的，公安机关应当及时依法举行听证。"《行政处罚法》第63条第1款规定："行政机关拟作出下列行政处罚决定，应当告知当事人有要求听证的权利，当事人要求听证的，行政机关应当组织听证：（一）较大数额罚款；（二）没收较大数额违法所得、没收较大价值非法财物；（三）降低资质等级、吊销许可证件；（四）责令停产停业、责令关闭、限制从业；（五）其他较重的行政处罚；（六）法律、法规、规章规定的其他情形。"据此可知，法律并未明确要求拘留决定的作出适用听证程序。B选项说法错误，当选。

《治安管理处罚法》第97条规定："公安机关应当向被处罚人宣告治安管理处罚决定书，并当场交付被处罚人；无法当场向被处罚人宣告的，

应当在二日内送达被处罚人。决定给予行政拘留处罚的，应当及时通知被处罚人的家属。有被侵害人的，公安机关应当将决定书副本抄送被侵害人。"《行政处罚法》第61条第1款规定："行政处罚决定书应当在宣告后当场交付当事人；当事人不在场的，行政机关应当在七日内依照《中华人民共和国民事诉讼法》的有关规定，将行政处罚决定书送达当事人。"在《治安管理处罚法》与《行政处罚法》规定的送达时间不同的情况下，应当按照特别法优于一般法的原则，优先适用《治安管理处罚法》的2日规定。C选项说法错误，当选。

《行政诉讼法》第26条第2款规定，经复议的案件，复议机关决定维持原行政行为的，作出原行政行为的行政机关和复议机关是共同被告；复议机关改变原行政行为的，复议机关是被告。据此，本题中被告为区公安分局和区政府。《行诉法解释》第134条第3款规定，复议机关作共同被告的案件，以作出原行政行为的行政机关确定案件的级别管辖。据此，本案的管辖法院应当是区公安分局所在地的区法院。D选项说法正确，不当选。

2. [答案] D　　　[难度] 中

[考点] 治安行政处罚实施程序；行政机关负责人出庭应诉制度；行政诉讼程序

[命题和解题思路] 本题考查以下知识点，第一，治安行政处罚实施程序；第二，行政机关负责人出庭应诉制度；第三，证人出庭作证的费用负担。四个选项中，选项A具有一定的迷惑性，考生对相关立法规定掌握不牢固，容易作出错误选择。其他三个选项的判断相对比较简单。

[选项分析]《治安管理处罚法》第87条规定："公安机关对与违反治安管理行为有关的场所、物品、人身可以进行检查。检查时，人民警察不得少于2人，并应当出示工作证件和县级以上人民政府公安机关开具的检查证明文件。对确有必要立即进行检查的，人民警察经出示工作证件，可以当场检查，但检查公民住所应当出示县级以上人民政府公安机关开具的检查证明文件。检查妇女的身体，应当由女性工作人员进行。"据此规定可知，选项A表述错误。

《治安管理处罚法》第83条规定："对违反治

安管理行为人，公安机关传唤后应当及时询问查证，询问查证的时间不得超过 8 小时；情况复杂、依照本法规定可能适用行政拘留处罚的，询问查证的时间不得超过 24 小时。公安机关应当及时将传唤的原因和处所通知被传唤人家属。"据此可知，选项 B 表述错误。

《行政诉讼法》第 3 条第 3 款规定："被诉行政机关负责人应当出庭应诉。不能出庭的，应当委托行政机关相应的工作人员出庭。"《行诉法解释》第 128 条规定："行政诉讼法第三条第三款规定的行政机关负责人，包括行政机关的正职、副职负责人以及其他参与分管的负责人。行政机关负责人出庭应诉的，可以另行委托一至二名诉讼代理人。行政机关负责人不能出庭的，应当委托行政机关相应的工作人员出庭，不得仅委托律师出庭。"第 129 条规定："涉及重大公共利益、社会高度关注或者可能引发群体性事件等案件以及人民法院书面建议行政机关负责人出庭的案件，被诉行政机关负责人应当出庭。被诉行政机关负责人出庭应诉的，应当在当事人及其诉讼代理人基本情况、案件由来部分予以列明。行政机关负责人有正当理由不能出庭应诉的，应当向人民法院提交情况说明，并加盖行政机关印章或者由该机关主要负责人签字认可。行政机关拒绝说明理由的，不发生阻止案件审理的效果，人民法院可以向监察机关、上一级行政机关提出司法建议。"根据上述规定可知，行政机关负责人——非限于行政机关的行政首长，还包括其他负责人——原则上应当出庭应诉，但有正当理由的，也可以委托其相应工作人员出庭。选项 C 表述错误。

关于行政案件审理期间，证人出庭作证的费用负担问题，《行诉法解释》第 40 条规定："……证人因履行出庭作证义务而支出的交通、住宿、就餐等必要费用以及误工损失，由败诉一方当事人承担。"据此，选项 D 表述正确。

3. ［答案］AC　　　［难度］易
［考点］治安管理处罚；行政诉讼被告
［命题和解题思路］本题考查的是治安管理处罚决定的实施主体、实施程序以及诉讼监督。命题人通过设计案例的方式，旨在考查考生对公安派出所的行政执法主体资格的理解，以及治安行政处罚的实施程序规范的掌握程度。四个选项中，

AD 选项涉及公安派出所的行政主体资格，即派出所是否有权以自己的名义作出处罚决定，并能够以自己的名义参与诉讼；BC 选项则涉及治安管理处罚（500 元罚款）的操作程序，是否适用简易程序，处罚决定书副本是否送交受害人。解答上述问题，需要考生调动两方面的知识：一是《治安管理处罚法》有关公安派出所执法权力的规定以及治安管理处罚实施程序的规定；二是行政主体的基本理论，以及行政主体确认与行政诉讼被告确定的关系。

［选项分析］《治安管理处罚法》第 91 条规定："治安管理处罚由县级以上人民政府公安机关决定；其中警告、五百元以下的罚款可以由公安派出所决定。"据此，公安派出所经立法授权，有权作出警告和 500 元以下的罚款。本题中，公安派出所有权以自己的名义对李某罚款 500 元，A 选项正确。

《治安管理处罚法》第 100 条规定："违反治安管理行为事实清楚，证据确凿，处警告或者二百元以下罚款的，可以当场作出治安管理处罚决定。"据此，本题中，公安派出所对李某处以 500 元罚款，不能适用简易程序，当场作出治安管理处罚决定。B 选项错误。

《治安管理处罚法》第 97 条规定："公安机关应当向被处罚人宣告治安管理处罚决定书，并当场交付被处罚人；无法当场向被处罚人宣告的，应当在二日内送达被处罚人。决定给予行政拘留处罚的，应当及时通知被处罚人的家属。有被侵害人的，公安机关应当将决定书副本抄送被侵害人。"据此，本题中，公安派出所对李某作出处罚决定后，应当将处罚决定书副本抄送被侵害人张某，C 选项正确。

D 选项为重点干扰项。《治安管理处罚法》第 102 条规定："被处罚人对治安管理处罚决定不服的，可以依法申请行政复议或者提起行政诉讼。"据此，本题中的李某不服处罚决定，有权向法院提起行政诉讼。不过，对于公安派出所的行政处罚决定不服，应当以谁作为被告的问题，该法并未作出明确规定。行政法学理论认为，当行政机关的派出机构获得立法授权的情况下，其即具有以自己的名义作出行政行为的资格，并因此对其作出的行政行为承担法律责任。当其行为被诉至法院后，其应当以被告的身份参加诉讼。基于此

种认识，《行政诉讼法》第2条规定："公民、法人或者其他组织认为行政机关和行政机关工作人员的行政行为侵犯其合法权益，有权依照本法向人民法院提起诉讼。前款所称行政行为，包括法律、法规、规章授权的组织作出的行政行为。"该条第2款的规定，实际上承认了法律法规规章授权组织的被告主体资格。《行诉法解释》第20条第2款也规定："法律、法规或者规章授权行使行政职权的行政机关内设机构、派出机构或者其他组织，超出法定授权范围实施行政行为，当事人不服提起诉讼的，应当以实施该行为的机构或者组织为被告。"该条同样说明，立法授权的派出机构能够成为行政诉讼的被告。据此，D选项正确。

4. ［答案］BCD　　　［难度］中

［考点］听证程序的适用情形

［命题和解题思路］本题是一道综合性题目，命题人考查了《行政处罚法》《行政强制法》以及《治安管理处罚法》有关听证程序适用条件的规定。本题中难度较大的是B选项，因为通常情况下，考生往往对《行政处罚法》《行政强制法》有关听证程序适用条件的规定复习较为充分，而多不注意各具体行政管理领域立法中有关听证程序适用条件的特殊规定。实际上，在历年试题中，或多或少都会出现涉及具体行政管理领域特别立法规定的内容，如本题中的《治安管理处罚法》中听证程序适用条件的规定。解答此类问题，要求考生对属于复习范围的单行法中的特别规定进行很好的总结，才能从容应对命题人此类出其不意的题目。

［选项分析］《行政强制法》第18条规定："行政机关实施行政强制措施应当遵守下列规定：（一）实施前须向行政机关负责人报告并经批准；（二）由两名以上行政执法人员实施；（三）出示执法身份证件；（四）通知当事人到场；（五）当场告知当事人采取行政强制措施的理由、依据以及当事人依法享有的权利、救济途径；（六）听取当事人的陈述和申辩；（七）制作现场笔录；（八）现场笔录由当事人和行政执法人员签名或者盖章，当事人拒绝的，在笔录中予以注明；（九）当事人不到场的，邀请见证人到场，由见证人和行政执法人员在现场笔录上签名或者盖章；

（十）法律、法规规定的其他程序。"第24条规定："行政机关决定实施查封、扣押的，应当履行本法第十八条规定的程序，制作并当场交付查封、扣押决定书和清单……查封、扣押清单一式二份，由当事人和行政机关分别保存。"由上述规定可知，《行政强制法》并未规定行政机关采取扣押措施适用听证程序，A项错误。

《治安管理处罚法》第98条规定："公安机关作出吊销许可证以及处二千元以上罚款的治安管理处罚决定前，应当告知违反治安管理行为人有权要求举行听证；违反治安管理行为人要求听证的，公安机关应当及时依法举行听证。"据此，B为正确选项。

《行政处罚法》第63条规定："行政机关拟作出下列行政处罚决定，应当告知当事人有要求听证的权利，当事人要求听证的，行政机关应当组织听证：（一）较大数额罚款；（二）没收较大数额违法所得、没收较大价值非法财物；（三）降低资质等级、吊销许可证件；（四）责令停产停业、责令关闭、限制从业；（五）其他较重的行政处罚；（六）法律、法规、规章规定的其他情形。当事人不承担行政机关组织听证的费用。"据此，本题中，CD选项所列情形均应适用听证程序，为正确选项。

难点解析

本题的难点在于《治安管理处罚法》有关听证程序适用条件的特殊规定，即《行政处罚法》仅规定了较大数额的罚款适用听证程序，但并未明确较大数额罚款的标准。在各行政执法领域，需要单行立法加以补充。在治安管理处罚领域，《治安管理处罚法》明确了治安管理机关较大数额罚款的标准，即2000元以上的罚款。为此，考生在复习过程中，需要有意识地对此类特别规定加以总结，唯有如此，才能在考试过程中真正做到"以不变应万变"。

5. ［答案］C　　　［难度］易

［考点］治安管理处罚程序

［命题和解题思路］命题人通过本题重点考查治安行政拘留行为的实施程序。每年考试试题都会结合《治安管理处罚法》的相关规定作出相关设计。本题的设计围绕着治安拘留行为的实施展

开，内容涵盖了治安拘留决定的作出机关、治安拘留的实施程序等。回答本题的关键是对《治安管理处罚法》有关治安拘留行为的相关规定有明确清晰的把握。如果考生缺少对此方面规定的关注和总结，即容易作出错误判断。比如，紧急情况下治安拘留决定是否适用口头方式作出。

[选项分析]《治安管理处罚法》第 91 条规定："治安管理处罚由县级以上人民政府公安机关决定；其中警告、五百元以下的罚款可以由公安派出所决定。"据此，公安派出所无权作出拘留决定。A 错误。

《治安管理处罚法》第 100 条规定："违反治安管理行为事实清楚，证据确凿，处警告或者二百元以下罚款的，可以当场作出治安管理处罚决定。"据此，拘留决定不适用当场处罚程序，B 错误。

《治安管理处罚法》第 97 条第 1 款规定："公安机关应当向被处罚人宣告治安管理处罚决定书，并当场交付被处罚人；无法当场向被处罚人宣告的，应当在二日内送达被处罚人。决定给予行政拘留处罚的，应当及时通知被处罚人的家属。"据此，C 正确。

《治安管理处罚法》第 96 条规定："公安机关作出治安管理处罚决定的，应当制作治安管理处罚决定书。决定书应当载明下列内容：（一）被处罚人的姓名、性别、年龄、身份证件的名称和号码、住址；（二）违法事实和证据；（三）处罚的种类和依据；（四）处罚的执行方式和期限；（五）对处罚决定不服，申请行政复议、提起行政诉讼的途径和期限；（六）作出处罚决定的公安机关的名称和作出决定的日期。决定书应当由作出处罚决定的公安机关加盖印章。"据此，公安机关作出的治安管理处罚决定，均应采取书面形式，D 错误。

6.[答案] B   [难度] 易

[考点] 治安管理处罚；行政复议申请时间

[命题和解题思路]《治安管理处罚法》是考试的重要内容之一，每年考试中都有对该法相关规定的考查内容。本题中，命题人通过设计案例的形式，意在考查考生对《治安管理处罚法》中违法行为的属性、治安行政处罚的程序以及行政复议申请期限等相关知识的理解程度。其涉及的知识点包括三个方面：一是行政违法行为的属性，

需要考生结合理论知识和法律规定对哄抢他人财物这一违法行为的属性作出正确判断；二是治安行政处罚的实施程序；三是治安行政处罚领域是否适用特殊的申请复议期限，或者说《治安管理处罚法》与《行政复议法》有关申请复议期限规定的关系。考查内容既涉及实体问题，也涉及程序问题，是一道综合性题目。正确回答本题的关键是对《治安管理处罚法》的相关规定准确掌握。

[选项分析] 在理论上，判断哄抢他人财物的行为属性，重点是看该行为实施的主要目的是追求非法获取他人财物，还是追求扰乱公共秩序。田某参与哄抢财物的行为虽造成了一定的公共秩序混乱，但其最终目的还是针对他人财产，因此，宜将该行为认定为侵犯他人财产权。对此，《治安管理处罚法》第 49 条也有明确规定，即哄抢公私财物的行为属于侵犯财产权利的行为。据此，A 错误。

《治安管理处罚法》第 89 条第 1 款规定："公安机关办理治安案件，对与案件有关的需要作为证据的物品，可以扣押；对被侵害人或者善意第三人合法占有的财产，不得扣押，应当予以登记。对与案件无关的物品，不得扣押。"据此，B 正确。

《治安管理处罚法》第 83 条第 1 款规定："对违反治安管理行为人，公安机关传唤后应当及时询问查证，询问查证的时间不得超过八小时；情况复杂，依照本法规定可能适用行政拘留处罚的，询问查证的时间不得超过二十四小时。"本题中，公安局对田某作出的是 15 日拘留处罚，依照法律规定，对田某传唤后询问查证不得超过 24 小时。C 错误。

《行政复议法》第 20 条第 1 款规定："公民、法人或者其他组织认为行政行为侵犯其合法权益的，可以自知道或者应当知道该行政行为之日起六十日内提出行政复议申请；但是法律规定的申请期限超过六十日的除外。"据此，判断本题中，田某申请行政复议的期限需要考查《治安管理处罚法》有无特殊规定。《治安管理处罚法》第 102 条规定："被处罚人对治安管理处罚决定不服的，可以依法申请行政复议或者提起行政诉讼。"可见，该法并未对申请复议期限作出特殊规定。因此，田某申请行政复议的期限适用《行政复议法》的一般规定，即 60 日。D 错误。

第七章　行政强制措施

试　题

第一节　行政强制措施的界定

1. 下列哪些行为属于行政强制措施？（2020年回忆版）

A. 李某酒后驾车，公安机关决定暂扣其机动车驾驶证6个月

B. 公安机关发现吴某醉酒影响公共秩序，将其带离现场，并约束至酒醒

C. 市场监督管理局发现张某销售未经检验检疫的猪肉，暂扣尚未出售的猪肉

D. 税务稽查局认定某公司涉嫌逃税，为防止其转移财产，扣押其相应财物

2. 下列哪些行为不属于行政强制措施？（2018年回忆版）

A. 市场监督管理局责令某食品生产企业停产1年

B. 市场监督管理局对某企业有效期届满未申请延续的营业执照予以注销

C. 为防止生态破坏，市林业局责令超范围采伐树木的孙某种10棵树

D. 公安交管局暂扣违章驾车的赵某驾驶执照6个月

3. 下列哪一行政行为不属于行政强制措施？（2016-2-46）

A. 审计局封存转移会计凭证的被审计单位的有关资料

B. 公安交通执法大队暂扣酒后驾车的贾某机动车驾驶证6个月

C. 税务局扣押某企业价值相当于应纳税款的商品

D. 公安机关对醉酒的王某采取约束性措施至酒醒

4. 李某长期吸毒，多次自费戒毒均未成功。某公安局在一次检查中发现后，将李某送至强制隔离戒毒所进行强制隔离戒毒。强制隔离戒毒属于下列哪一性质的行为？（2013-2-43）

A. 行政处罚　　　　B. 行政强制措施

C. 行政强制执行　　D. 行政许可

5. 市林业局接到关于孙某毁林采矿的举报，遂致函当地县政府，要求调查。县政府召开专题会议形成会议纪要：由县林业局、矿产资源管理局与安监局负责调查处理。经调查并与孙某沟通，三部门形成处理意见：要求孙某合法开采，如发现有毁林或安全事故，将依法查处。再次接到举报后，三部门共同发出责令孙某立即停止违法开采，对被破坏的生态进行整治的通知。责令孙某立即停止违法开采的性质是：（2013-2-97）

A. 行政处罚　　　　B. 行政强制措施

C. 行政征收　　　　D. 行政强制执行

第二节　行政强制措施的实施程序

1. 方某使用自用小轿车从事网约车运营，但未申领网络运输许可证。某日市交通运输委执法人员扣押了其轿车，并放置在某停车场内。对此，下列哪些说法是正确的？（2021年回忆版）

A. 扣押小轿车应由两个执法人员实施

B. 市交通运输委应当向方某收取停车费

C. 市交通运输委执法人员应当现场制作并交付扣押清单

D. 如经查不需扣押，市交通运输委应作出解除扣押的决定

2. 某市质监局发现王某开设的超市销售伪劣商品，遂依据《产品质量法》对发现的伪劣商品实施扣押。关于扣押的实施，下列哪一说法是错误的？（2017-2-48）

A. 因扣押发生的保管费用由王某承担

B. 应制作现场笔录

C. 应制作并当场交付扣押决定书和扣押清单

D. 不得扣押与违法行为无关的财物

3. 某工商局因陈某擅自设立互联网上网服务营业场所扣押其从事违法经营活动的电脑15台，后作出没收被扣电脑的决定。下列哪些说法是正确的？（2016-2-82）

A. 工商局应制作并当场交付扣押决定书和扣

押清单

B. 因扣押电脑数量较多，作出扣押决定前工商局应告知陈某享有要求听证的权利

C. 对扣押的电脑，工商局不得使用

D. 因扣押行为系过程性行政行为，陈某不能单独对扣押行为提起行政诉讼

📩 **4.** 某公安交管局交通大队民警发现王某驾驶的电动三轮车未悬挂号牌，遂作出扣押的强制措施。关于扣押应遵守的程序，下列哪些说法是正确的？（2015-2-78）

A. 由两名以上交通大队行政执法人员实施扣押

B. 当场告知王某扣押的理由和依据

C. 当场向王某交付扣押决定书

D. 将三轮车及其车上的物品一并扣押，当场交付扣押清单

📩 **5.** 某区公安分局以非经许可运输烟花爆竹为由，当场扣押孙某杂货店的烟花爆竹100件。关于此扣押，下列哪一说法是错误的？（2014-2-47）

A. 执法人员应当在返回该分局后立即向该分局负责人报告并补办批准手续

B. 扣押时应当制作现场笔录

C. 扣押时应当制作并当场交付扣押决定书和清单

D. 扣押应当由某区公安分局具备资格的行政执法人员实施

第三节　行政强制执行程序

📩 关于行政管理过程中的收费，下列哪一说法是正确的？（2023年回忆版）

A. 行政机关申请法院强制执行时的强制执行费用由被执行人承担

B. 代履行的费用一律由当事人承担

C. 因扣押财物发生的保管费用由当事人承担

D. 行政机关实施许可时依规章规定可以收取费用

详　解

第一节　行政强制措施的界定

1. ［答案］BCD　　［难度］中

［考点］行政强制措施；行政处罚

［命题和解题思路］本题考查考生对行政强制

措施和行政处罚两种行为的区别，重点考查行政强制措施的认定。四个选项中，A选项具有一定的迷惑性，容易让考生将行政强制措施与行政处罚产生混淆。其他各选项则相对较为简单。正确回答本题，需要考生对行政强制措施行为的特征有较好的把握，同时对《行政强制法》以及《行政处罚法》所规定的强制措施种类和行政处罚种类有较深刻的认识。

［选项分析］《行政处罚法》第4条规定："公民、法人或者其他组织违反行政管理秩序的行为，应当给予行政处罚的，依照本法由法律、法规、规章规定，并由行政机关依照本法规定的程序实施。"依据本条规定，行政处罚行为具有以下特征：（1）终局性，处罚是针对相对人违法行为的最终处理；（2）制裁性，行政处罚是对违法行为人采取的制裁措施。同时，《行政处罚法》第9条进一步明确列举了行政处罚的种类，即：（1）警告、通报批评；（2）罚款、没收违法所得、没收非法财物；（3）暂扣许可证件、降低资质等级、吊销许可证件；（4）限制开展生产经营活动、责令停产停业、责令关闭、限制从业；（5）行政拘留；（6）法律、行政法规规定的其他行政处罚。

《行政强制法》第2条第2款规定："行政强制措施，是指行政机关在行政管理过程中，为制止违法行为、防止证据损毁、避免危害发生、控制危险扩大等情形，依法对公民的人身自由实施暂时性限制，或者对公民、法人或者其他组织的财物实施暂时性控制的行为。"根据该条规定，行政强制措施具有以下主要特征：（1）过程性，行政强制措施发生在行政执法过程中，往往会有后续的进一步处理措施；（2）暂时性，强制措施不会持续很长时间，目的达到即解除；（3）非制裁性，强制措施不以对当事人违法行为的惩戒为其目的。依照上述规定，《行政强制法》第9条进一步明确了行政强制措施的种类，即：（1）限制公民人身自由；（2）查封场所、设施或者财物；（3）扣押财物；（4）冻结存款、汇款；（5）其他行政强制措施。

根据上述规定和分析可知，A选项暂扣驾驶证的行为符合《行政处罚法》第9条第3项规定，属于限制当事人行为能力的行政处罚，不当选。BCD选项则分别属于限制当事人人身权和财产权的行政强制措施，均当选。

2. ［答案］ABCD　　［难度］中

［考点］行政强制措施的性质认定

［命题和解题思路］本题考查考生对行政强制措施行为的理解。行政强制措施具有暂时性、强制性、辅助性等多种特征，其客观上会限制相对人的人身权与财产权，极易与具有类似法律效果的其他具体行政行为相混淆。本题中各选项列举的具体行政行为就属于这种情况，需要考生根据行政强制措施的立法界定与法律特征，并结合相关行政立法作出判断。

［选项分析］《行政强制法》第2条第2款规定："行政强制措施，是指行政机关在行政管理过程中，为制止违法行为、防止证据损毁、避免危害发生、控制危险扩大等情形，依法对公民的人身自由实施暂时性限制，或者对公民、法人或者其他组织的财物实施暂时性控制的行为。"根据该款规定，行政强制措施具有以下特征：第一，强制性，一旦作出行为，相对人的人身权、财产权即受到强力控制；第二，非终局性，该行为一般实施于行政管理过程中，行为之后往往还有进一步的处理措施；第三，暂时性，行政强制措施对相对人人身权和财产权的限制不会持续很长时间；第四，目的的限制性，行为的实施为了达到制止违法行为发生、防止危害后果扩大等行政管理目的。

本题中，选项A和选项D涉及的具体行政行为属于行政处罚，不属于行政强制措施。《行政处罚法》第9条规定："行政处罚的种类：（一）警告、通报批评；（二）罚款、没收违法所得、没收非法财物；（三）暂扣许可证件、降低资质等级、吊销许可证件；（四）限制开展生产经营活动、责令停产停业、责令关闭、限制从业；（五）行政拘留；（六）法律、行政法规规定的其他行政处罚。"依照该条对行政处罚行为的法定列举，责令企业停产、暂扣执照属于行政处罚，不属于行政强制措施。

选项B涉及的企业营业执照注销行为也不属于行政强制措施，在法律性质上可以归入行政确认。依照《行政许可法》第70条规定，行政许可有效期届满未延续的，行政机关应当依法办理有关行政许可的注销手续。该注销行为是对企业终止法人资格的一种确认，不具有行政强制措施所具有的暂时性、非终局性等特征，因此，不属于行政强制措施。

选项C涉及的责令种植树木行为不属于行政强制措施，在法律性质上可归类为行政命令行为。责令种植树木的行为不具有非终局性、暂时性等行政强制措施的基本特征，也不是为了实现制止违法行为、防止危害发生、控制危险扩大等行政管理目的，其在行为内容上是为相对人设定了一定作为义务，符合命令行为的特征。

3. ［答案］B　　　［难度］中

［考点］行政强制措施的界定

［命题和解题思路］本题考查《行政强制法》有关行政强制措施的界定及其理解适用。本题属于单项选择题，命题人设计的四个选项中必有一种行为不属于行政强制措施。其中，对AD选项的判断并不困难，容易出现判断困难的是BC选项。实践中，暂扣驾驶证和扣押企业应纳税款价值相当的商品在形式上均是针对暂时限制相对人的财产权利，究竟谁属于行政强制措施，需要结合行政强制措施的定义作出综合判断。一般而言，行政强制措施发生在行政执法过程中，是一种阶段性的行政行为，具有强制性、暂时性、手段性等特点，与行政程序终结后作出的行政处理决定存在较大差别，需要考生有较好的把握。

［选项分析］《行政强制法》对行政强制措施作出了立法界定，且对典型的行政强制措施种类作出了列举。该法第2条第2款规定："行政强制措施，是指行政机关在行政管理过程中，为制止违法行为、防止证据损毁、避免危害发生、控制危险扩大等情形，依法对公民的人身自由实施暂时性限制，或者对公民、法人或者其他组织的财物实施暂时性控制的行为。"据此可知，行政强制措施具有暂时性、强制性、手段性等特点。《行政强制法》第9条规定："行政强制措施的种类：（一）限制公民人身自由；（二）查封场所、设施或者财物；（三）扣押财物；（四）冻结存款、汇款；（五）其他行政强制措施。"据此，行政强制措施包括限制人身自由和查封、扣押、冻结等典型种类。本题中，A选项中的封存有关资料的行为可归属于查封行为，C选项中的行为属于扣押行为，D选项中的行为属于限制公民人身自由的行政强制措施，均符合行政强制措施的定义。

依照《行政处罚法》第9条的规定，暂扣或者吊销许可证、暂扣或者吊销执照属于行政处罚的一种类型，本题中，B 选项中暂扣贾某驾驶证 6 个月的行为是公安交通执法大队针对酒后驾车的贾某实施的一种制裁，该行为属于行政处罚。据此，B 符合本题要求。

易混淆点解析

暂扣驾驶证与扣押财物虽然形式上均是针对相对人的财产，但其法律性质却存在差别。驾驶证与普通的财物具有不同的法律意义。驾驶证的获得在法律上是获得了一种行政许可，持有驾驶证即可以从事驾驶行为，在此意义上，驾驶证承载的是一种行为能力或者资格。暂扣驾驶证的行为虽然形式上也是扣押了财物，但其实质是限制了相对人的行为能力或资格，性质上应属于行政处罚，对此《行政处罚法》也作出了明确规定。

---

4. ［答案］B　　［难度］易

［考点］行政强制措施

［命题和解题思路］从本题题干提出的问题及备选答案可以看出，命题人通过本题考查的是强制隔离戒毒这一行政行为的法律性质。具体行政行为性质的判断在行政法实践中具有十分重要的地位，个案中的具体行政行为性质的判断直接决定着适用法律依据的差异，由此成为历年考试必然会涉及的一个内容。本题中，针对强制隔离戒毒行为，命题人列出了四种不同性质的行政行为，意在让学生区分四种具体行政行为。不过，对于本题，考生完全可以根据所学行政强制措施的基本知识，直接作出正确选择。命题人所希望的考生在分析四种行政行为的差异之后再作出正确判断的解题过程可能不会出现。从这个意义上看，本题属于直接送分题。

［选项分析］在四个备选答案中，A 为重点干扰项。从常识来看，吸毒是一种为现有法律秩序所不容的行为，按照《治安管理处罚法》的规定，吸食毒品的当事人将被处以治安拘留和罚款。因此，考生看到题干所述的李某长期吸毒且被公安机关实施强制隔离戒毒，可能会自然地认为该强制行为属于行政处罚。但结合本案案情，对照行政强制措施的特点，即可排除 A 选项。在本案中，李某的继续吸毒行为是因多次自费戒毒均不成功，主观上并无故意吸毒的愿望，欠缺受到行政处罚的主观要件。某公安局将其送至隔离戒毒所强制

戒毒，目的在于帮助其阻止吸毒行为继续发生，此点决定了本案中的强制隔离戒毒不具有实质上的惩戒性，不符合《行政处罚法》第 4 条对行政处罚的规定，A 项错误。

根据某公安局针对李某采取的强制隔离戒毒措施所具有的特点，其应当属于行政强制措施。强制隔离戒毒的特点在于：（1）主动性，由公安机关主动实施；（2）强制性，直接限制李某的人身自由；（3）非制裁性，目的在于通过强制隔离制止李某持续吸毒；（4）意思行为和物理行为的合一性，作出隔离戒毒决定的同时即对李某的身体实施强制，而非先作决定，在李某不履行决定的情况下，再实施强制；（5）暂时性，在李某戒毒成功、强制隔离戒毒目的实现的情况下，即应立即解除对其人身自由的限制。综合上述特征，本题中对李某的强制隔离戒毒行为符合《行政强制法》第 2 条对行政强制措施的定义，B 正确。

CD 选项的设置不构成对本题选项的干扰，可以直接排除。某公安局在作出强制隔离戒毒决定的同时，即行采取强制措施，其意思决定与物理强制合一进行，不符合《行政强制法》第 2 条第 3 款对行政强制执行的定义，即先有行政机关的行政决定，在行政相对人拒不履行该决定为其设定的义务时，再采取进一步强制执行措施，C 错误。行政许可是典型的依申请行政行为，强制隔离戒毒是公安局主动实施的行为，不符合行政许可的定义与特征，D 错误。

5. ［答案］B　　［难度］难

［考点］不同性质具体行政行为的区别

［命题和解题思路］命题人提问的是责令立即停止违法开采行为的法律性质，实质是考查题下四个选项所列具体行政行为的区别。回答本题的关键是弄清四种不同行政行为的实质差异，同时，还要结合设计的案情具体判定所问行政行为的性质。回答本题可分为两个步骤：第一，直接排除明显不构成干扰的选项，即 C 和 D；第二，对能够产生干扰的 AB 选项进行进一步区分。

［选项分析］C 和 D 均为直接排除项。责令立即停止开采的行为既不属于行政征收，也不属于行政强制执行。一般而言，行政征收是指行政机关依法强制无偿取得相对人财产所有权的行为，责令立即停止开采显然不符合该行为的定义。行

政强制执行是指行政机关或者行政机关申请人民法院，对不履行行政决定的公民、法人或者其他组织，依法强制履行义务的行为。该行为作出的前提是已经生效的行政决定，且行政相对人存在不履行行政决定的情形。责令立即停止开采显然不符合上述行为特征。

AB选项如何选择需要做进一步的分析。从形式上看，责令立即停止违法开采符合行政命令的特点，但选项中未列出，命题人似不认为其属于行政命令。至于该行为是属于行政处罚还是行政强制措施，需要结合行政处罚和行政强制措施各自特征作出判断。在理论上，行政处罚是一种结果行为，具有终局性，是对违法行政相对人的最终处理；行政强制措施发生在行政管理过程中，具有暂时性，是一种过程性行为，尚有后续的处理措施；行政处罚具有明显的制裁性，其实施将使行政相对人丧失某种权益；行政强制措施具有明显的制止性，其实施一般只是阻止违法行为的持续，一旦目的达到，即行解除。

综合以上区别，结合本题预设案情，可以认为，三部门对孙某作出的责令立即停止违法开采行为更接近于行政强制措施。《行政强制法》第2条规定，行政强制措施是为了制止违法行为等目的，由行政机关依法对公民的人身自由实施暂时性限制，或者对行政相对人的财物实施暂时性控制的行为。本题中，县林业局、矿产资源管理局与安监局共同向孙某发出的责令立即停止违法开采的通知，更符合行政强制措施的基本特征：第一，制止性，在发现孙某依然实施毁林采矿行为的情况下，责令立即停止违法开采，具有制止孙某违法行为继续实施的性质，而非对其违法行为实施制裁；第二，暂时性，三机关责令孙某立即停止违法开采只具有制止违法行为继续进行的作用，不会持续太长时间，等待孙某的是后续的处罚等制裁性措施。因此，本题中的责令立即停止违法开采的通知，宜定性为行政强制措施。本题应当选择B，而非选择A。

难点解析

行政机关作出的各种不同内容的责令行为，其法律性质如何认定，需要结合具体案件作出具体判断。如《行政处罚法》第9条第4项规定的

责令停产停业，属于法定的行政处罚种类。《行政处罚法》第28条规定："行政机关实施行政处罚时，应当责令当事人改正或者限期改正违法行为。"该责令改正行为与行政处罚并列规定，理论上一般认为其属于行政命令行为。本题中的责令立即停止违法开采行为，既不同于《行政处罚法》第9条第4项规定的行政处罚，也不同于第28条规定的行政命令，因其具有明显的制止性、暂时性特点，宜归为行政强制措施。

第二节　行政强制措施的实施程序

1. ［答案］ACD　　　　［难度］易

［考点］行政强制措施的实施程序

［命题和解题思路］本题考查考生对扣押这一行政强制措施实施程序相关规定的掌握程度，整体难度一般。《行政强制法》对包括扣押财物在内的各种行政强制措施如何实施作出了较为详细的规定，其内容涉及一般程序规定以及专门程序规定。本题既考查了包括扣押在内的一般程序规定，也考查了专门针对扣押行为实施程序的特殊规定。正确回答本题，需要考生认真掌握有关行政强制措施一般程序规定和特别程序规定的相关内容。

［选项分析］《行政强制法》第18条规定："行政机关实施行政强制措施应当遵守下列规定：……（二）由两名以上行政执法人员实施；……"本题中交通运输委执法人员在采取扣押车辆行为时，要求由两名以上执法人员具体实施，A选项说法正确。

《行政强制法》第26条规定："对查封、扣押的场所、设施或者财物，行政机关应当妥善保管，不得使用或者损毁；造成损失的，应当承担赔偿责任。对查封的场所、设施或者财物，行政机关可以委托第三人保管，第三人不得损毁或者擅自转移、处置。因第三人的原因造成的损失，行政机关先行赔付后，有权向第三人追偿。因查封、扣押发生的保管费用由行政机关承担。"本题中，交通运输委扣押车辆的保管费用应当由其自行承担，B选项说法错误。

《行政强制法》第24条规定："行政机关决定实施查封、扣押的，应当履行本法第十八条规定的程序，制作并当场交付查封、扣押决定书和

清单。查封、扣押决定书应当载明下列事项：（一）当事人的姓名或者名称、地址；（二）查封、扣押的理由、依据和期限；（三）查封、扣押场所、设施或者财物的名称、数量等；（四）申请行政复议或者提起行政诉讼的途径和期限；（五）行政机关的名称、印章和日期。查封、扣押清单一式二份，由当事人和行政机关分别保存。"本题中，交通运输委执法人员扣押方某涉案车辆时，依法应当制作并当场交付扣押决定书和清单，C 选项说法正确。

《行政强制法》第 28 条规定："有下列情形之一的，行政机关应当及时作出解除查封、扣押决定：（一）当事人没有违法行为；（二）查封、扣押的场所、设施或者财物与违法行为无关；（三）行政机关对违法行为已经作出处理决定，不再需要查封、扣押；（四）查封、扣押期限已经届满；（五）其他不再需要采取查封、扣押措施的情形。"第 27 条规定："行政机关采取查封、扣押措施后，应当及时查清事实，在本法第二十五条规定的期限内作出处理决定。对违法事实清楚，依法应当没收的非法财物予以没收；法律、行政法规规定应当销毁的，依法销毁；应当解除查封、扣押的，作出解除查封、扣押的决定。"根据上述规定可知，D 选项说法正确。

2. ［答案］A ［难度］易

［考点］行政强制措施的实施程序

［命题和解题思路］行政强制措施的实施程序几乎在近几年的试题中都会出现，由此可见，对该部分知识点的掌握对于考试得分的重要性。本题中，命题人设定了扣押行为的实施场景，即质监部门针对相对人销售伪劣商品的行为，依据《产品质量法》的规定实施扣押行为，据此，设定四个选项，要求考生选择与立法规定不符的实施程序环节。从选项表述来看，其内容涉及以下几个方面：扣押物品的保管费用负担；扣押笔录制作；扣押决定书和扣押清单交付；扣押对象的范围。上述选项所涉及的内容，在《行政强制法》中均有明确规定，考生可以通过回忆和核对立法规定作出正确判断。

［选项分析］关于扣押物品的保管费用承担问题，《行政强制法》第 26 条规定："对查封、扣押的场所、设施或者财物，行政机关应当妥善保管，

不得使用或者损毁；造成损失的，应当承担赔偿责任。对查封的场所、设施或者财物，行政机关可以委托第三人保管，第三人不得损毁或者擅自转移、处置。因第三人的原因造成的损失，行政机关先行赔付后，有权向第三人追偿。因查封、扣押发生的保管费用由行政机关承担。"根据上述规定，因扣押发生的保管费用非由相对人自行承担，A 选项表述错误。

关于扣押行为的实施程序，《行政强制法》分别规定了一般程序和特殊程序。关于前者，该法第 18 条规定："行政机关实施行政强制措施应当遵守下列规定：（一）实施前须向行政机关负责人报告并经批准；（二）由两名以上行政执法人员实施；（三）出示执法身份证件；（四）通知当事人到场；（五）当场告知当事人采取行政强制措施的理由、依据以及当事人依法享有的权利、救济途径；（六）听取当事人的陈述和申辩；（七）制作现场笔录；（八）现场笔录由当事人和行政执法人员签名或者盖章，当事人拒绝的，在笔录中予以注明；（九）当事人不到场的，邀请见证人到场，由见证人和行政执法人员在现场笔录上签名或者盖章；（十）法律、法规规定的其他程序。"关于后者，该法第 24 条规定："行政机关决定实施查封、扣押的，应当履行本法第十八条规定的程序，制作并当场交付查封、扣押决定书和清单。查封、扣押决定书应当载明下列事项……"对照上述规定可知，B、C 选项的表述符合法律规定。

关于扣押财物的范围问题，《行政强制法》第 23 条规定："查封、扣押限于涉案的场所、设施或者财物，不得查封、扣押与违法行为无关的场所、设施或者财物；不得查封、扣押公民个人及其所扶养家属的生活必需品。当事人的场所、设施或者财物已被其他国家机关依法查封的，不得重复查封。"据此可知，D 选项表述正确。

3. ［答案］AC ［难度］中

［考点］行政强制措施实施程序；行政诉讼受案范围

［命题和解题思路］命题人在本题中重点考查行政强制措施的实施程序规定，兼及行政诉讼受案范围。本题的难度在于 B 选项，考生如果对《行政强制法》关于行政强制措施不适用听证程序的规定不熟悉，极可能想当然地认为该选项正确。

此外，D 选项中所谓过程性行政行为的表述，也具有一定的迷惑性，有些考生可能认为既然行政处罚行为尚未最终作出，就不能起诉扣押行为，却没有注意《行政诉讼法》并未因为扣押行为的过程性行为属性，而将其置于行政诉讼受案范围之外。

[选项分析] 本题中，ABC 选项涉及行政强制措施的实施程序。依照《行政强制法》第 24 条规定，行政机关决定实施查封、扣押的，应当履行本法第 18 条规定的程序，制作并当场交付查封、扣押决定书和清单。据此，A 表述正确。《行政强制法》第 26 条规定，对查封、扣押的场所、设施或者财物，行政机关应当妥善保管，不得使用或者损毁；造成损失的，应当承担赔偿责任。据此，C 表述正确。

B 为重点干扰项。《行政强制法》第 18 条规定："行政机关实施行政强制措施应当遵守下列规定：（一）实施前须向行政机关负责人报告并经批准；（二）由两名以上行政执法人员实施；（三）出示执法身份证件；（四）通知当事人到场；（五）当场告知当事人采取行政强制措施的理由、依据以及当事人依法享有的权利、救济途径；（六）听取当事人的陈述和申辩；（七）制作现场笔录；（八）现场笔录由当事人和行政执法人员签名或者盖章，当事人拒绝的，在笔录中予以注明；（九）当事人不到场的，邀请见证人到场，由见证人和行政执法人员在现场笔录上签名或者盖章；（十）法律、法规规定的其他程序。"该条是对行政强制措施一般程序的规定。此外，《行政强制法》有关查封、扣押的特殊程序规定中，并未规定扣押行为的实施适用听证程序。综上可知，B 的表述错误。

选项 D 的表述不符合《行政诉讼法》的规定。该法第 12 条第 1 款第 2 项规定，对限制人身自由或者对财产的查封、扣押、冻结等行政强制措施和行政强制执行不服的，属于行政诉讼受案范围。据此，D 的表述错误。

> **难点解析**
>
> 包括扣押在内的行政强制措施虽然发生在行政执法期间，此时，最终的行政处理决定尚未作出，但因其已经实际限制了相对人对其财产权利的处置，影响到了相对人的财产权行使，从为相对人提供及时司法救济出发，《行政诉讼法》明确规定行政强制措施属于可诉行政行为。

> 包括扣押在内的行政强制措施具有暂时性特征，只构成对相对人权利的暂时闲置，并未在终极意义上剥夺相对人的权利。同时，《行政强制法》对行政强制措施设定了较短的持续期间，期限届满强制措施应当解除。因此，该行为对相对人的权益影响不是非常严重。基于此，《行政强制法》只赋予了相对人针对行政强制措施的陈述申辩等程序防卫权利，并未赋予其申请听证的权利。

4. [答案] ABC　　　[难度] 易

[考点] 行政强制措施实施程序

[命题和解题思路] 本题考查的是行政强制措施的实施程序，是考查的重点。本题中，命题人虽然设计了一个行政强制措施的实施案例，但其选项安排依然是对照《行政强制法》有关行政强制措施实施程序的规定。因此，本题难度系数较低。考生只要对《行政强制法》有关行政强制措施的一般程序、特殊程序等相关规定有明确清晰的掌握，即不难作出正确选择。

[选项分析]《行政强制法》对扣押行为的实施程序的规定分为了两种情况，一是一般规定。该法第 18 条规定："行政机关实施行政强制措施应当遵守下列规定：（一）实施前须向行政机关负责人报告并经批准；（二）由两名以上行政执法人员实施；（三）出示执法身份证件；（四）通知当事人到场；（五）当场告知当事人采取行政强制措施的理由、依据以及当事人依法享有的权利、救济途径；（六）听取当事人的陈述和申辩；（七）制作现场笔录；（八）现场笔录由当事人和行政执法人员签名或者盖章，当事人拒绝的，在笔录中予以注明；（九）当事人不到场的，邀请见证人到场，由见证人和行政执法人员在现场笔录上签名或者盖章；（十）法律、法规规定的其他程序。"二是特别规定。该法第 24 条规定："行政机关决定实施查封、扣押的，应当履行本法第十八条规定的程序，制作并当场交付查封、扣押决定书和清单……"根据上述规定，A、B、C 表述正确。

《行政强制法》第 23 条规定："查封、扣押限于涉案的场所、设施或者财物，不得查封、扣押与违法行为无关的场所、设施或者财物；不得查封、扣押公民个人及其所扶养家属的生活必需品。"据此，D 表述错误。

5. ［答案］A ［难度］中

［考点］行政强制措施实施程序

［命题和解题思路］命题人在本题中考查了行政强制措施的实施程序。本题中，C 和 D 选项一般不会出现判断困难，判断困难的是 A 和 B。在记忆不清晰的情况下，考生可能认为，扣押作为当场实施的强制措施，一般适用于情况较为紧急的情形，要求执法人员制作现场笔录可能存在困难，所以会认为 B 为错误说法。而返回原单位并补办批准手续，一般认为没有太大问题，会认为 A 是正确选项。实际上，A 的表述恰恰不符合《行政强制法》的相关规定。因此，解答本题的关键是对《行政强制法》有关实施行政强制措施的一般程序规定和特别程序规定有清晰的记忆，并就实施不同行政强制措施的程序差别适当作出区分。

［选项分析］《行政强制法》对限制人身自由的强制措施与限制财产权利的行政强制措施在实施程序规定方面存在细微差别，尤其是补办批准手续上。对于限制人身自由的行政强制措施，该法第 20 条第 1 款第 2 项规定："在紧急情况下当场实施行政强制措施的，在返回行政机关后，立即向行政机关负责人报告并补办批准手续。"对于非限制人身自由的行政强制措施，该法第 19 条规定："情况紧急，需要当场实施行政强制措施的，行政执法人员应当在 24 小时内向行政机关负责人报告，并补办批准手续。"根据上述规定，执法人员在紧急情况下实施扣押财产的行政强制措施，在返回本单位之后需要在二十四小时内补办标准手续，而非立即补办批准。A 表述错误。

依照《行政强制法》第 18 条规定，行政机关实施行政强制措施时，应当制作现场笔录，据此，B 表述正确。

《行政强制法》第 24 条规定："行政机关决定实施查封、扣押的，应当履行本法第十八条规定的程序，制作并当场交付查封、扣押决定书和清

单。"据此，C 表述正确。

《行政强制法》第 17 条规定："行政强制措施应当由行政机关具备资格的行政执法人员实施，其他人员不得实施。"据此，D 表述正确。

第三节 行政强制执行程序

［答案］A ［难度］难

［考点］行政强制执行程序、行政强制措施实施程序、行政许可实施程序

［命题和解题思路］本题虽然题干强调考查的是收费问题，但实际上考查的是行政强制、行政许可行为的实施程序规定，其内容涉及非诉执行的收费、代履行的费用、扣押财物的费用以及设定许可收费的法律依据。四个选项中，C 选项比较简单，A、B、D 选项因考查知识点较细，考生可能难以判断。正确回答本题，考生需要全面复习《行政强制法》《行政许可法》的相关法条，需注意细节规定。

［选项分析］《行政强制法》第 60 条第 1 款规定，行政机关申请人民法院强制执行，不缴纳申请费。强制执行的费用由被执行人承担。据此可知，A 选项说法正确。

《行政强制法》第 51 条第 2 款规定，代履行的费用按照成本合理确定，由当事人承担。但是，法律另有规定的除外。据此可知，B 选项说法过于绝对，错误。

《行政强制法》第 26 条第 3 款规定，因查封、扣押发生的保管费用由行政机关承担。C 选项说法错误。

《行政许可法》第 58 条第 1 款规定，行政机关实施行政许可和对行政许可事项进行监督检查，不得收取任何费用。但是，法律、行政法规另有规定的，依照其规定。据此可知，规定许可额外收费的法律依据为法律、行政法规，不包括规章。D 选项说法错误。

第八章 行政合同（行政协议）诉讼

试 题

📖 **1.** 县政府与甲公司签订了征地补偿协议后，迟迟未支付征地补偿金。甲公司向法院提起诉讼，

请求法院判令该行政机关支付补偿金和约定的违约金。对此，下列哪些说法是错误的？（2023 年回忆版）

A. 诉讼时效依照《民法典》处理

B. 不得参照《民法典》对民事合同的规定处理本案

C. 甲公司应就被告是否履行支付补偿金义务进行举证

D. 法院不能支持给付违约金的主张

2. 老孙和小孙是父子关系，老孙是户主。小孙以老孙的名义与区政府签订了房屋征收补偿协议。后老孙以不知情为由向法院提起诉讼，请求确认该协议无效。对此，下列哪一说法是错误的？（2022年回忆版）

A. 法院不能通过民事诉讼程序确认协议无效

B. 若协议约定发生争议后案件由区法院管辖，则该约定内容无效

C. 若协议无效事由在一审法庭辩论终结前消除，法院可驳回原告起诉

D. 法院应当审查区政府签订协议行为的合法性

3. 2016年6月，某区政府发布了征收房屋的决定，方某的房屋位于征收范围。方某与区政府签订房屋征收补偿安置协议后，以协议违法为由，请求法院判决确认协议无效。法院审理认为，虽然区政府的房屋征收程序存在问题，但补偿安置协议不构成无效，遂要求方某变更诉讼请求，方某拒绝。关于本案，下列哪一说法是错误的？（2022年回忆版）

A. 方某拒绝变更诉讼请求，法院可判决驳回其诉讼请求

B. 因补偿安置协议订立在2016年，法院可裁定驳回方某的起诉

C. 补偿安置协议属于具有公益性质的协议

D. 本案应由中级法院管辖

4. 某区政府与甲签订《棚户区改造征收补偿协议》，约定协议履行争议可以申请仲裁。后甲以其签署协议受到胁迫为由，诉请法院判决解除该补偿协议。关于本案，下列说法正确的是：（2021年回忆版）

A. 法院因存在仲裁条款裁定不予受理

B. 甲承担解除协议的举证责任

C. 本案不适用调解

D. 法院因协议存在仲裁条款而确认协议无效

5. 某县政府招商引资，与沈某签订河道采砂

协议。协议履行期间，政府以会议纪要形式通知沈某降低原来约定的采砂数量，沈某认为县政府构成违约，遂向法院起诉请求判决解除合同。对此，下列选项正确的是：（2020年回忆版）

A. 适用行政起诉时限6个月

B. 沈某对解除合同的主张承担证明责任

C. 双方可以约定基层法院管辖

D. 法院无权判决县政府赔偿沈某的实际损失

详 解

1. ［答案］BCD ［难度］中
［考点］行政协议案件的审理
［命题和解题思路］本题主要考查考生对行政协议案件审理规则的理解和掌握程度，内容涉及诉讼时效制度的适用、审理依据的范围、协议不履行时举证责任承担主体的确定以及行政协议案件是否支持原告要求交付约定违约金的权利主张等，总体难度不高。本题中，D选项有一点难度，考生需要注意原告请求支付的是双方已有约定的违约金，对此问题，最高法院司法解释已有规定，考生需要注意该司法解释的细节规定。

［选项分析］《行政协议规定》第25条规定，公民、法人或者其他组织对行政机关不依法履行、未按照约定履行行政协议提起诉讼的，诉讼时效参照民事法律规范确定；对行政机关变更、解除行政协议等行政行为提起诉讼的，起诉期限依照行政诉讼法及其司法解释确定。本题属于请求支付征地补偿金的案件，甲公司行使的是给付请求权，应当适用《民法典》关于诉讼时效的规定。A选项说法正确，不当选。

《行政协议规定》第27条规定，人民法院审理行政协议案件，应当适用行政诉讼法的规定；行政诉讼法没有规定的，参照适用民事诉讼法的规定。人民法院审理行政协议案件，可以参照适用民事法律规范关于民事合同的相关规定。据此可知，人民法院审理本题中的行政协议案件，可以参照《民法典》关于民事合同的相关规定。B选项说法错误，当选。

《行政协议规定》第10条规定，被告对于自己具有法定职权、履行法定程序、履行相应法定职责以及订立、履行、变更、解除行政协议等行为的合法性承担举证责任。原告主张撤销、解除行政协议的，对撤销、解除行政协议的事由承担

举证责任。对行政协议是否履行发生争议的，由负有履行义务的当事人承担举证责任。本题中，<u>当事人双方就是否履行协议存在争议，依法应当由负有履行义务的县政府承担举证责任。</u>C 选项说法错误，当选。

《行政协议规定》第 19 条第 2 款规定，原告要求按照约定的违约金条款或者定金条款予以赔偿的，人民法院应予支持。据此可知，D 选项说法错误，当选。

2.　[答案] C　　[难度] 中
[考点] 行政协议案件的审理

[命题和解题思路] 本题考查考生对行政协议相关司法解释规定的掌握情况，四个选项中，ABD 选项相对简单，考查考生对行政协议案件的处理程序、管辖以及审查对象的掌握程度，C 选项相对较难，主要考查案件审理期间，协议效力的状态对案件裁判方式的影响。本题需要考生结合最高人民法院司法解释的规定作出正确判断。

[选项分析] 依照《行政诉讼法》第 12 条第 1 款第 11 项规定，行政相对人认为行政机关不依法履行、未按照约定履行或者违法变更、解除政府特许经营协议、土地房屋征收补偿协议等协议的，属于行政诉讼受案范围。据此可知，房屋征收补偿协议争议属于行政诉讼受案范围，当事人之间围绕该协议的订立、履行发生争议的，应当通过行政诉讼途径解决。A 选项表述正确，不当选。

《行政协议规定》第 7 条规定："当事人书面协议约定选择被告所在地、原告所在地、协议履行地、协议订立地、标的物所在地等与争议有实际联系地点的人民法院管辖的，人民法院从其约定，但违反级别管辖和专属管辖的除外。"据此，在行政协议订立时，当事人之间可以就案件的管辖法院事先作出约定，但不得违反行政诉讼法规定的法定管辖制度。《行政诉讼法》第 15 条规定："中级人民法院管辖下列第一审行政案件：（一）对国务院部门或者县级以上地方人民政府所作的行政行为提起诉讼的案件；……"据此可知，<u>区县政府作为被告的案件，法律规定由中级人民法院管辖</u>。B 选项的表述正确，不当选。

《行政协议规定》第 12 条规定："行政协议存

在行政诉讼法第七十五条规定的重大且明显违法情形的，人民法院应当确认行政协议无效。人民法院可以适用民事法律规范确认行政协议无效。行政协议无效的原因在一审法庭辩论终结前消除的，人民法院可以确认行政协议有效。"据此可知，C 选项表述错误，当选。

《行政协议规定》第 11 条规定："人民法院审理行政协议案件，应当对被告订立、履行、变更、解除行政协议的行为是否具有法定职权、是否滥用职权、适用法律法规是否正确、是否遵守法定程序、是否明显不当、是否履行相应法定职责进行合法性审查。原告认为被告未依法或者未按照约定履行行政协议的，人民法院应当针对其诉讼请求，对被告是否具有相应义务或者履行相应义务等进行审查。"据此可知，D 选项表述正确，不当选。

3.　[答案] B　　[难度] 难
[考点] 行政协议诉讼

[命题和解题思路] 本题考查考生对最高人民法院行政协议司法解释相关规定内容的理解和掌握程度。四个选项中，AB 选项具有一定难度，尤其是 B 选项，考查的知识点较偏，考生可能未曾注意到司法解释中行政协议案件适用法律的时间界限问题。CD 选项相对简单，不难作出选择。正确回答本题，需要考生对行政协议案件司法解释相关规定有深入的理解。

[选项分析]《行诉法解释》第 94 条第 2 款规定，公民、法人或者其他组织起诉请求确认行政行为无效，人民法院审查认为行政行为不属于无效情形，经释明，原告请求撤销行政行为的，应当继续审理并依法作出相应判决……原告拒绝变更诉讼请求的，判决驳回其诉讼请求。《行政协议规定》第 22 条规定："原告以被告违约为由请求人民法院判令其承担违约责任，人民法院经审理认为行政协议无效的，应当向原告释明，并根据原告变更后的诉讼请求判决确认行政协议无效……原告经释明后拒绝变更诉讼请求的，人民法院可以判决驳回其诉讼请求。"依照上述规定，<u>当需要变更原告的诉讼请求，经法院释明，原告拒绝变更时，法院有权判决驳回其诉讼请求</u>。据此，A 选项说法正确，不当选。

《行政协议规定》第 28 条规定："2015 年 5 月

1 日后订立的行政协议发生纠纷的，适用行政诉讼法及本规定。2015 年 5 月 1 日前订立的行政协议发生纠纷的，适用当时的法律、行政法规及司法解释。"据此，行政协议案件发生在 2015 年 5 月 1 日后的，应当适用《行政诉讼法》和《行政协议规定》的规定。鉴于《行政诉讼法》已经明确规定房屋征收补偿协议争议可以提起行政诉讼，B 选项表述错误，当选。

《行政协议规定》第 1 条规定："行政机关为了实现行政管理或者公共服务目标，与公民、法人或者其他组织协商订立的具有行政法上权利义务内容的协议，属于行政诉讼法第十二条第一款第十一项规定的行政协议。"第 2 条规定："公民、法人或者其他组织就下列行政协议提起行政诉讼的，人民法院应当依法受理：……（二）土地、房屋等征收征用补偿协议；……"据此，房屋征收补偿协议属于行政协议，其签订目的在于实现行政管理和公共服务目标，具有公益性质。C 选项说法正确，不当选。

《行政诉讼法》第 15 条规定："中级人民法院管辖下列第一审行政案件：（一）对国务院部门或者县级以上地方人民政府所作的行政行为提起诉讼的案件；……"据此，区政府作为被告的案件，依法应由中级人民法院管辖。D 选项表述正确，不当选。

4.［答案］B　　［难度］中

［考点］行政协议案件的审理

［命题和解题思路］本题考查考生对行政协议案件审理规则的掌握程度，知识点涉及行政协议约定仲裁条款的效力认定、行政协议解除案件的举证责任分配、行政协议案件是否适用调解。本题难度适中，只要考生对最高法院审理行政协议案件的司法解释内容有很好的掌握，就能正确回答本题。

［选项分析］《行政协议规定》第 26 条规定："行政协议约定仲裁条款的，人民法院应当确认该条款无效，但法律、行政法规或者我国缔结、参加的国际条约另有规定的除外。"据此可知，虽然行政协议中约定有仲裁条款，但人民法院审理行政协议案件时，只是确认该条款无效，但并不因此导致该行政协议无效，D 选项说法错误。

《行政协议规定》第 2 条规定："公民、法人

或者其他组织就下列行政协议提起行政诉讼的，人民法院应当依法受理：（一）政府特许经营协议；（二）土地、房屋等征收征用补偿协议；（三）矿业权等国有自然资源使用权出让协议；（四）政府投资的保障性住房的租赁、买卖等协议；（五）符合本规定第一条规定的政府与社会资本合作协议；（六）其他行政协议。"根据上述规定，只要当事人签订的属于行政协议，人民法院即要受理由此引起的争议，并不能因为当事人约定了仲裁条款即裁定不予受理。A 选项说法错误。

《行政协议规定》第 10 条规定："被告对于自己具有法定职权、履行法定程序、履行相应法定职责以及订立、履行、变更、解除行政协议等行为的合法性承担举证责任。原告主张撤销、解除行政协议的，对撤销、解除行政协议的事由承担举证责任。对行政协议是否履行发生争议的，由负有履行义务的当事人承担举证责任。"本题中，原告请求解除涉案协议，应当对解除协议的事由承担举证责任。B 选项说法正确。

《行政协议规定》第 23 条规定："人民法院审理行政协议案件，可以依法进行调解。人民法院进行调解时，应当遵循自愿、合法原则，不得损害国家利益、社会公共利益和他人合法权益。"据此，C 选项说法错误。

5.［答案］B　　［难度］中

［考点］行政协议案件的审理

［命题和解题思路］本题考查考生对最高人民法院《行政协议规定》相关内容的理解和掌握程度。具体包括：（1）行政协议争议案件中，原告申请司法救济的期限规定；（2）行政协议解除案件中，当事人的举证责任分配规定；（3）行政协议案件管辖法院的特殊规定；（4）行政协议案件的裁判方式。四个选项中，ACD 选项判断稍有困难，需要考生根据本案的争议内容结合最高法院的司法解释作出判断。正确回答本题，需要考生记忆并理解最高法院有关行政协议案件受理和审理规则的特殊规定及其背后的法理依据。

［选项分析］《行政协议规定》第 25 条规定："公民、法人或者其他组织对行政机关不依法履行、未按照约定履行行政协议提起诉讼的，诉讼时效参照民事法律规范确定；对行政机关变更、解除行政协议等行政行为提起诉讼的，起诉期限

依照行政诉讼法及其司法解释确定。"据此，行政协议案件申请司法救济的期限分为两种情况，起诉行政机关违约的，适用民法诉讼时效制度；起诉行政机关单方变更解除行政协议行为的，适用行政诉讼法规定的起诉期限制度。本题中，原告以被告违约为由提起解除协议诉讼，而非针对行政机关单方变更、解除协议行为提起行政诉讼，不适用行政诉讼法规定的 6 个月起诉期限。另外，参照《民法典》第 564 条规定（法律规定或者当事人约定解除权行使期限，期限届满当事人不行使的，该权利消灭。法律没有规定或者当事人没有约定解除权行使期限，自解除权人知道或者应当知道解除事由之日起 1 年内不行使，或者经对方催告后在合理期限内不行使的，该权利消灭），沈某提出解除协议诉讼，适用 1 年的起诉时限。A 选项表述错误。

《行政协议规定》第 10 条规定："被告对于自己具有法定职权、履行法定程序、履行相应法定职责以及订立、履行、变更、解除行政协议等行为的合法性承担举证责任。原告主张撤销、解除行政协议的，对撤销、解除行政协议的事由承担举证责任。对行政协议是否履行发生争议的，由负有履行义务的当事人承担举证责任。"本题属于原告请求解除行政协议的案件，依照司法解释规定，应当由其对解除协议的事由承担举证责任。据此，B 选项说法正确。

《行政协议规定》第 7 条规定："当事人书面

协议约定选择被告所在地、原告所在地、协议履行地、协议订立地、标的物所在地等与争议有实际联系地点的人民法院管辖的，人民法院从其约定，但违反级别管辖和专属管辖的除外。"《行政诉讼法》第 15 条规定："中级人民法院管辖下列第一审行政案件：（一）对国务院部门或者县级以上地方人民政府所作的行政行为提起诉讼的案件；（二）海关处理的案件；（三）本辖区内重大、复杂的案件。（四）其他法律规定由中级人民法院管辖的案件。"据此，本题中，虽然县政府和沈某可以协议约定案件的管辖法院，但是在县政府违约的情况下，被告为县政府，依照《行政诉讼法》有关中级人民法院管辖案件范围的规定，相关争议应当由中级人民法院管辖。当事人双方协议约定由基层法院管辖显然违反《行政诉讼法》有关级别管辖的规定。C 选项说法错误。

《行政协议规定》第 19 条规定："被告未依法履行、未按照约定履行行政协议，人民法院可以依据行政诉讼法第七十八条的规定，结合原告诉讼请求，判决被告继续履行，并明确继续履行的具体内容；被告无法履行或者继续履行无实际意义的，人民法院可以判决被告采取相应的补救措施；给原告造成损失的，判决被告予以赔偿。原告要求按照约定的违约金条款或者定金条款予以赔偿的，人民法院应予支持。"依照上述规定，在起诉政府违约的案件中，人民法院有权根据原告损失情况，判决被告赔偿原告损失。D 选项说法错误。

第九章　政府信息公开

试 题

第一节　政府信息公开制度的主要内容

📶 **1.** 李某申请镇政府公开所在村土地承包经营权流转的信息，镇政府以李某申请公开的信息与其本人的生产、生活等没有关系为由，通知不予公开。李某申请行政复议。对此，下列哪些说法是错误的？（2020 年回忆版）

　A. 镇政府不予公开理由是合法的

　B. 李某申请行政复议时间为 60 日

　C. 李某提交申请公开信息应证明与自身有利害关系

　D. 申请复议时间由李某与镇政府协商确定

📶 **2.** 某环保联合会对某公司提起环境民事公益诉讼，因在诉讼中需要该公司的相关环保资料，遂向县环保局提出申请公开该公司的排污许可证、排污口数量和位置等有关环境信息。申请书中载明了单位名称、住所地、联系人及电话并加盖了公章、获取信息的方式等。县环保局收到申请后，要求环保联合会提供申请人身份的证明材料。环保联合会提供了社会团体登记证复印件。县环保局以申请公开的内容不明确为由拒绝公开，该环保联合会遂提起行政诉讼。关于本案的信息公开申请及其处理，下列说法正确的是：（2017-2-97）

　　A. 环保联合会可采用数据电文形式提出信息公开

　　B. 环保联合会不具有提出此信息公开申请的资格

　　C. 县环保局有权要求环保联合会提供申请人身份的证明材料

　　D. 县环保局认为申请内容不明确的，应告知环保联合会作出更改、补充

第二节　政府信息公开诉讼

1. 某环保联合会对某公司提起环境民事公益诉讼，因在诉讼中需要该公司的相关环保资料，遂向县环保局提出申请公开该公司的排污许可证、排污口数量和位置等有关环境信息。申请书中载明了单位名称、住所地、联系人及电话并加盖了公章、获取信息的方式等。县环保局收到申请后，要求环保联合会提供申请人身份的证明材料。环保联合会提供了社会团体登记证复印件。县环保局以申请公开的内容不明确为由拒绝公开，该环保联合会遂提起行政诉讼。若法院受理此案，关于此案的审理，下列说法正确的是：（2017-2-99）

　　A. 法院审理第一审行政案件，当事人各方同意适用简易程序的，可适用简易程序

　　B. 县环保局负责人出庭应诉的，可另委托 1 至 2 名诉讼代理人

　　C. 县环保局应当对拒绝的根据及履行法定告知和说明理由义务的情况举证

　　D. 法院应要求环保联合会对其所申请的信息与其自身生产、生活、科研等需要的相关性进行举证

2. 甲公司与乙公司发生纠纷向工商局申请公开乙公司的工商登记信息。该局公开了乙公司的名称、注册号、住所、法定代表人等基本信息，但对经营范围、从业人数、注册资本等信息拒绝公开。甲公司向法院起诉，法院受理。关于此事，下列哪一说法是正确的？（2016-2-47，改编）

　　A. 甲公司应先向工商局的上一级机关申请复议，对复议决定不服再向法院起诉

　　B. 工商局应当对拒绝公开的依据以及履行法定告知和说明理由义务的情况举证

　　C. 本案审理不适用简易程序

　　D. 因相关信息不属政府信息，拒绝公开合法

3. 沈某向住建委申请公开一企业向该委提交的某危改项目纳入危改范围的意见和申报材料。该委以信息中有企业联系人联系电话和地址等个人隐私为由拒绝公开，沈某起诉，法院受理。下列哪些说法是正确的？（2015-2-79）

　　A. 在作出拒绝公开决定前，住建委无须书面征求企业联系人是否同意公开的意见

　　B. 本案的起诉期限为 6 个月

　　C. 住建委应对拒绝公开的根据及履行法定告知和说明理由义务的情况举证

　　D. 住建委拒绝公开答复合法

4. 王某认为社保局提供的社会保障信息有误，要求该局予以更正。该局以无权更正为由拒绝更正。王某向法院起诉，法院受理。下列哪些说法是正确的？（2014-2-83）

　　A. 王某应当提供其向该局提出过更正申请以及政府信息与其自身相关且记录不准确的事实根据

　　B. 该局应当对拒绝的理由进行举证和说明

　　C. 如涉案信息有误但该局无权更正的，法院即应判决驳回王某的诉讼请求

　　D. 如涉案信息有误且该局有权更正的，法院即应判决在 15 日内更正

详　解

第一节　政府信息公开制度的主要内容

1. ［答案］ACD　　［难度］中

［考点］政府信息公开制度；政府信息公开诉讼

［命题和解题思路］本题考查考生对政府信息公开制度相关内容的掌握程度。政府信息公开制度的涉及范围较广泛，本题重点考查以下知识：第一，政府信息公开过程中，政府答复的合法性问题；第二，政府信息公开争议尤其是复议程序的相关规定。正确回答本题，需要考生熟练掌握《政府信息公开条例》以及《行政复议法》中有关规定内容。

［选项分析］与修改前的《政府信息公开条例》相比，修改后的《政府信息公开条例》对于申请人的资格要求的规定作出了调整。按照旧

《条例》第 13 条的规定，除行政机关依法主动公开的政府信息外，公民、法人或者其他组织还可以根据自身生产、生活、科研等特殊需要，向国务院部门、地方各级人民政府及县级以上地方人民政府部门申请获取相关政府信息。此条规定在具体执行中，曾经发生过较大争议。很多行政机关以此为依据，认定申请人申请公开时必须能够说明其申请公开的信息要与其自身生产、生活、科研等需要有关，否则不予公开，由此极大限制了申请人的信息公开申请权。为解决由此引发的争论，修改的《条例》第 27 条规定："除行政机关主动公开的政府信息外，公民、法人或者其他组织可以向地方各级人民政府、对外以自己名义履行行政管理职能的县级以上人民政府部门（含本条例第十条第二款规定的派出机构、内设机构）申请获取相关政府信息。"据此，从形式上去掉了申请"三需要"的规定，同时，该条例第 29 条第 2 款进一步规定，申请人的政府信息公开申请包括下列内容：（1）申请人的姓名或者名称、身份证明、联系方式；（2）申请公开的政府信息的名称、文号或者便于行政机关查询的其他特征性描述；（3）申请公开的政府信息的形式要求，包括获取信息的方式、途径。由此，进一步明确否定了所谓"三需要"的申请限制。据此可知，AC 选项表述错误，当选。

《政府信息公开条例》第 51 条规定："公民、法人或者其他组织认为行政机关在政府信息公开工作中侵犯其合法权益的，可以向上一级行政机关或者政府信息公开工作主管部门投诉、举报，也可以依法申请行政复议或者提起行政诉讼。"据此，《政府信息公开条例》并未就申请人不服行政机关作出的信息公开答复时，申请行政复议的期限作出明确规定，申请人申请行政复议应当适用《行政复议法》的一般规定。《行政复议法》第 20 条第 1 款规定："公民、法人或者其他组织认为行政行为侵犯其合法权益的，可以自知道或者应当知道该行政行为之日起六十日内提出行政复议申请；但是法律规定的申请期限超过六十日的除外。"据此，B 选项表述正确，不当选；D 选项表述错误，当选。

2. [答案] ACD　　[难度] 易
[考点] 政府信息公开制度（主要内容）
[命题和解题思路] 本题聚焦于政府信息公开

申请与答复制度。命题人通过设计一个简单的信息公开申请案例，具体考查考生对信息公开申请人资格、申请方式、申请条件以及答复处理等方面规定的掌握程度。本题总体难度不大，考生只需要根据《政府信息公开条例》相关规定作出相应判断即可。本题中能够造成困难的选项是 A 和 C。A 选项设计的是当事人采用数据电文提出信息公开申请，一般情况下，考生对此不是十分注意，容易发生判断上的模糊不明；C 选项考查的是需要申请人提交身份证明材料的特殊立法规定，针对的并非一般情形，考生如果对此没有作出特别记忆，也容易作出错误判断。正确回答本题，需要考生在复习过程中，对《政府信息公开条例》相关法条的规定和适用有清晰的记忆和正确理解。

[选项分析]《政府信息公开条例》第 29 条第 1 款规定："公民、法人或者其他组织申请获取政府信息的，应当向行政机关的政府信息公开工作机构提出，并采用包括信件、数据电文在内的书面形式；采用书面形式确有困难的，申请人可以口头提出，由受理该申请的政府信息公开工作机构代为填写政府信息公开申请。"依照该规定，A选项表述是正确的。

《政府信息公开条例》第 27 条规定："除行政机关主动公开的政府信息外，公民、法人或者其他组织可以向地方各级人民政府、对外以自己名义履行行政管理职能的县级以上人民政府部门（含本条例第十条第二款规定的派出机构、内设机构）申请获取相关政府信息。"根据该条规定，在行政机关主动公开信息情况之外，相对人还可以依法向行政机关申请获取政府信息。本题中，环保联合会在对某公司提起环境民事公益诉讼过程中，为完成民事诉讼举证责任，遂向县环保局提出申请公开某公司的相关环保资料，依法具备信息公开申请人资格，B 选项错误。

根据《政府信息公开条例》第 29 条第 2 款规定："政府信息公开申请应当包括下列内容：（一）申请人的姓名或者名称、身份证明、联系方式；（二）申请公开的政府信息的名称、文号或者便于行政机关查询的其他特征性描述；（三）申请公开的政府信息的形式要求，包括获取信息的方式、途径。"据此，C 选项正确。

对于相对人提出的信息公开申请，行政机关如何进行处理，《政府信息公开条例》第 30 条作出如下规定："政府信息公开申请内容不明确的，行政机关应当给予指导和释明，并自收到申请之日起7个工作日内一次性告知申请人作出补正，说明需要补正的事项和合理的补正期限。答复期限自行政机关收到补正的申请之日起计算。申请人无正当理由逾期不补正的，视为放弃申请，行政机关不再处理该政府信息公开申请。"据此，D选项为正确选项。

第二节　政府信息公开诉讼

1. [答案]ABC　　[难度]中

[考点]政府信息公开诉讼；行政诉讼简易程序；行政诉讼基本原则

[命题和解题思路]本题是一道综合题，命题人考查内容涉及政府信息公开诉讼案件的审理、简易程序适用条件以及行政机关负责人出庭应诉制度，总体难度不大，但需要注意的是，选项AD因立法规定理解的原因，考生在解题过程中容易出现理解上的分歧。比如A选项涉及《行政诉讼法》第82条两个条款关系的理解问题，即政府信息公开案件是否一律属于法定适用简易程序的案件，不会出现双方约定适用简易程序的情况？选项D涉及相对人申请公开的信息与其自身特殊需要无关是否成为案件争点的问题，如果成为案件争点，即要求原告承担必要证明责任，如果没有成为争点，人民法院无须要求原告对此问题作出说明。通过解答本题，相信考生会对上述两个内容有更加深刻的认识，在以后处理相同问题时，会作出正确的选择。

[选项分析]选项A涉及政府信息公开案件审理所适用的程序问题。对此，《行政诉讼法》第82条规定："人民法院审理下列第一审行政案件，认为事实清楚、权利义务关系明确、争议不大的，可以适用简易程序：（一）被诉行政行为是依法当场作出的；（二）案件涉及款额二千元以下的；（三）属于政府信息公开案件的。除前款规定以外的第一审行政案件，当事人各方同意适用简易程序的，可以适用简易程序。发回重审、按照审判监督程序再审的案件不适用简易程序。"依照该条规定，政府信息公开案件在符合"事实清楚、权利义务关系明确、争议不大"的条件时，人民法院可以直接决定适用简易程序审理。如果不符合上述条件，但是当事人各方同意适用简易程序的，同样可以适用

简易程序审理。据此分析，选项A表述正确。

选项B涉及行政机关负责人出庭应诉的原则。《行政诉讼法》第3条第3款规定："被诉行政机关负责人应当出庭应诉。不能出庭的，应当委托行政机关相应的工作人员出庭。"由此建立了行政机关负责人出庭应诉制度，对此，《行诉法解释》第128条第2款进一步规定，行政机关负责人出庭应诉的，可以另行委托1至2名诉讼代理人。据此，选项B表述正确。

选项C涉及举证责任分配问题，对此，《信息公开规定》第5条第1款规定："被告拒绝向原告提供政府信息的，应当对拒绝的根据以及履行法定告知和说明理由义务的情况举证。"据此，选项C表述正确。

选项D涉及政府信息公开案件原告的举证责任问题。关于在此类诉讼中，人民法院是否一概要求原告就其申请的信息与其自身生产、生活、科研等需要的相关性进行举证问题，依照最高法院《信息公开规定》第5条第6款规定："被告以政府信息与申请人自身生产、生活、科研等特殊需要无关为由不予提供的，人民法院可以要求原告对特殊需要事由作出说明。"据此可知，是否要求原告对其申请与其特殊需要有关进行说明，需要视被告是否以原告申请与其自身特殊需要无关为由拒绝提供为前提（需要注意的是，修订后的《政府信息公开条例》已不再明确要求当事人申请公开政府信息必须基于"三种需要"，因此，本题D选项的设定已经没有意义）。本题中，被告是以原告申请内容不明确为由而拒绝提供相关信息，不符合上述规定设定的条件，人民法院无须要求原告对其申请属于其特殊需要进行举证，故选项D表述不正确。

易混淆点解析

本题中，易产生争议的是选项A。有的考生提出，信息公开案件是法定适用简易程序的，与当事人是否约定无关。对此，需要注意的是，《行政诉讼法》第82条第1款对信息公开案件适用简易程序的规定，并非意味着所有信息公开案件都要适用简易程序审理，考生需要注意第1款所设定的条件。如果案件复杂，权利义务关系不明确，当事人争议较大时，政府信息公开案件还是需要适用普通程序审理。

---

2. ［答案］B　　［难度］易

［考点］政府信息公开；起诉与受理；行政诉讼举证责任；简易程序

［命题和解题思路］命题人在本题中主要考查了政府信息公开争议的处理问题，考查的知识点具有综合性特点。A 选项涉及政府信息公开诉讼是否适用复议前置问题，B 选项涉及政府信息公开诉讼举证责任分配问题，C 选项涉及政府信息公开诉讼案件是否适用简易程序问题，D 选项涉及政府信息的界定问题。本题总体上难度不大，考生可以结合《政府信息公开条例》及相应司法解释的规定作出判断。

［选项分析］《政府信息公开条例》第 51 条规定："公民、法人或者其他组织认为行政机关在政府信息公开工作中侵犯其合法权益的，可以向上一级行政机关或者政府信息公开工作主管部门投诉、举报，也可以依法申请行政复议或者提起行政诉讼。"据此，政府信息公开争议发生之后，申请复议并非提起行政诉讼的前置程序，A 的表述错误。

依照《信息公开规定》第 5 条第 1 款的规定，被告拒绝向原告提供政府信息的，应当对拒绝的根据以及履行法定告知和说明理由义务的情况举证。据此，B 表述正确。

《行政诉讼法》第 82 条规定："人民法院审理下列第一审行政案件，认为事实清楚、权利义务关系明确、争议不大的，可以适用简易程序：（一）被诉行政行为是依法当场作出的；（二）案件涉及款额二千元以下的；（三）属于政府信息公开案件。除前款规定以外的第一审行政案件，当事人各方同意适用简易程序的，可以适用简易程序。发回重审、按照审判监督程序再审的案件不适用简易程序。"根据上述规定可知，政府信息公开案件可以适用简易程序，C 表述错误。

《政府信息公开条例》第 2 条规定："本条例所称政府信息，是指行政机关在履行行政管理职能过程中制作或者获取的，以一定形式记录、保存的信息。"《公司法》第 7 条规定："依法设立的公司，由公司登记机关发给公司营业执照。公司营业执照签发日期为公司成立日期。公司营业执照应当载明公司的名称、住所、注册资本、经营范围、法定代表人姓名等事项。公司营业执照记载的事项发生变更的，公司应当依法办理变更登记，由公司登记机关换发营业执照。"根据上述规

定，甲公司申请公开乙公司的工商登记信息属于工商机关在履行公司登记职责过程中获取的信息，属于政府信息。《公司法》第 6 条第 3 款规定："公众可以向公司登记机关申请查询公司登记事项，公司登记机关应当提供查询服务。"据此，D 表述错误。

3. ［答案］BC　　［难度］中

［考点］政府信息公开及其诉讼

［命题和解题思路］本题涉及政府信息公开的程序、政府信息公开诉讼等内容，侧重考查考生对政府信息公开案件的受理、审查和实体裁判相关立法规定的理解和掌握程度。从选项设计看，A 选项涉及政府信息公开行政处理程序，BCD 选项涉及政府信息公开诉讼的程序与实体裁判。在各选项中，BCD 选项可以直接根据《政府信息公开条例》和最高法院的司法解释规定作出判断，难度不大。而对于 A 选项，命题人意在考查考生对《政府信息公开条例》中有关涉及第三人利益的政府信息在决定不公开的情况下是否仍需要征询其意见的认识问题，对此，考生如果对《政府信息公开条例》的相关规定存在理解偏差，即可能作出不符合命题人要求的选择。

［选项分析］A 选项为重点干扰项。《政府信息公开条例》第 32 条规定："依申请公开的政府信息会损害第三方合法权益的，行政机关应当书面征求第三方的意见。第三方应当自收到征求意见书之日起 15 个工作日内提出意见。第三方逾期未提出意见的，由行政机关依照本条例的规定决定是否公开。第三方不同意公开且有合理理由的，行政机关不予公开。行政机关认为不公开可能对公共利益造成重大影响的，可以决定予以公开，并将决定公开的政府信息内容和理由书面告知第三方。"本题中，住建委认为沈某申请公开的信息中有企业联系人联系电话和地址等涉及个人隐私的内容，应当书面征求企业联系人的意见，而非直接作出拒绝决定。A 错误。

政府信息公开诉讼案件的起诉期限确定，需要根据《行政诉讼法》的规定判断。因为《政府信息公开条例》属于行政法规，其对起诉期限的规定须符合《行政诉讼法》的规定。《行政诉讼法》第 46 条规定："公民、法人或者其他组织直接向人民法院提起诉讼的，应当自知道或者应当

知道作出行政行为之日起六个月内提出。法律另有规定的除外。因不动产提起诉讼的案件自行政行为作出之日起超过二十年，其他案件自行政行为作出之日起超过五年提起诉讼的，人民法院不予受理。"据此，B 正确。

C 选项涉及政府信息公开诉讼中被告的举证责任问题。《信息公开规定》第 5 条第 1 款规定："被告拒绝向原告提供政府信息的，应当对拒绝的根据以及履行法定告知和说明理由义务的情况举证。"据此，C 正确。

《政府信息公开条例》第 37 条规定："申请公开的信息中含有不应当公开或者不属于政府信息的内容，但是能够作区分处理的，行政机关应当向申请人提供可以公开的政府信息内容，并对不予公开的内容说明理由。"本题中，虽然沈某申请公开的政府信息包含企业联系人的联系电话和地址等个人隐私的内容，但该内容与企业向住建委提交的危改项目纳入危改范围的意见和申报材料可以作出区分处理，后者应当公开。据此，D 错误。

难点解析

《政府信息公开条例》第 15 条规定："涉及商业秘密、个人隐私等公开会对第三方合法权益造成损害的政府信息，行政机关不得公开。但是，第三方同意公开或者行政机关认为不公开会对公共利益造成重大影响的，予以公开。"第 32 条规定："依申请公开的政府信息公开会损害第三方合法权益的，行政机关应当书面征求第三方的意见。第三方应当自收到征求意见书之日起 15 个工作日内提出意见。第三方逾期未提出意见的，由行政机关依照本条例的规定决定是否公开。第三方不同意公开且有合理理由的，行政机关不予公开。行政机关认为不公开可能对公共利益造成重大影响的，可以决定予以公开，并将决定公开的政府信息内容和理由书面告知第三方。"结合上述规定可知，个人隐私并非绝对不公开，在经权利人同意或者行政机关进行利益衡量之后，行政机关依然可以向申请人公开涉及个人隐私的信息。基于此，无论最终决定是否公开涉及个人隐私的信息，行政机关都应按照法定程序征询第三方的意见。

4. ［答案］AB　　　［难度］易

［考点］政府信息公开诉讼

［命题和解题思路］本题涉及政府信息公开诉讼案件的一种类型，即相对人申请行政机关提供与其自身相关的税费缴纳、社会保障、医疗卫生等政府信息时，认为行政机关提供的与其自身相关的政府信息记录不准确，要求该行政机关予以更正，在遭到拒绝时，引发的行政诉讼案件。对于此类案件如何进行审理和裁判，《信息公开规定》作出了较为详细的规定。命题人设计的四个选项中，ABC 选项相对简单，D 选项具有一定难度，原因在于考生可能对法院是否需要判决被告在特定期限内对错误信息作出更正的规定掌握不牢固，进而会作出错误判断。就此而言，熟练记忆最高法院司法解释的具体条文仍是不二选择。

［选项分析］AB 选项涉及政府信息公开案件举证责任的分配。《信息公开规定》第 5 条第 3 款规定："被告拒绝更正与原告相关的政府信息记录的，应当对拒绝的理由进行举证和说明。"第 7 款规定："原告起诉被告拒绝更正政府信息记录的，应当提供其向被告提出过更正申请以及政府信息与其自身相关且记录不准确的事实根据。"根据上述规定可知，A、B 表述正确。

CD 选项涉及政府信息公开案件的判决适用条件。本题所涉案件涉及行政机关拒绝更正错误信息的不作为行为，人民法院经过审理，认为行政机关掌握的信息有误应当更正而行政机关拒绝更正的，《信息公开规定》第 9 条第 4 款规定："被告依法应当更正而不更正与原告相关的政府信息记录的，人民法院应当判决被告在一定期限内更正。尚需被告调查、裁量的，判决其在一定期限内重新答复。被告无权更正的，判决其转送有权更正的行政机关处理。"根据该条规定，就本题所涉案件而言，当社保局掌握的社保信息有误而该局无权更正的，人民法院应当判决该局转送有权更正的行政机关处理，而非判决驳回王某的诉讼请求，C 表述错误；当社保信息有误该局有权更正的，人民法院应当判决社保局在一定期限内更正，尚需该局调查、裁量的，判决其在一定期限内重新答复，据此，D 表述错误。

第十章　行政复议

试　题

第一节　行政复议参加人与行政复议机关

📶 **1.** 方某与陈某发生冲突，用砖头砸伤陈某9岁的儿子陈某某，经法医鉴定构成轻微伤，县公安局决定对方某拘留10日，方某申请行政复议。对此，下列哪些说法是正确的？（2020年回忆版）

A. 因为致未成年人受到伤害，对方某应从重处罚

B. 陈某某为复议第三人

C. 方某可以向县政府申请行政复议

D. 因方某申请行政复议，应暂停执行行政拘留

📶 **2.** 县食药局认定某公司用超保质期的食品原料生产食品，根据《食品安全法》没收违法生产的食品和违法所得，并处5万元罚款。公司不服申请行政复议。下列哪些说法是正确的？（2017-2-84，改编）

A. 公司可向县政府申请行政复议

B. 公司可委托1至2名代理人参加行政复议

C. 公司提出行政复议申请时错列被申请人的，行政复议机构应告知公司变更被申请人

D. 对县食药局的决定，申请行政复议是向法院起诉的必经前置程序

📶 **3.** 《反不正当竞争法》规定，当事人对监督检查部门作出的处罚决定不服的，可以自收到处罚决定之日起15日内向上一级主管机关申请复议；对复议决定不服的，可以自收到复议决定书之日起15日内向法院提起诉讼；也可以直接向法院提起诉讼。某县工商局认定某企业利用广告对商品作引人误解的虚假宣传，构成不正当竞争，处10万元罚款。该企业不服，申请复议。下列哪些说法是正确的？（2014-2-80）

A. 复议机关应当为该工商局的上一级工商局

B. 申请复议期间为15日

C. 如复议机关作出维持决定，该企业向法院起诉，起诉期限为15日

D. 对罚款决定，该企业可以不经复议直接向法院起诉

📶 **4.** 因关某以刻划方式损坏国家保护的文物，公安分局决定对其作出拘留10日，罚款500元的处罚。关某申请复议，并向该局提出申请、交纳保证金后，该局决定暂缓执行拘留决定。下列哪一说法是正确的？（2013-2-46）

A. 关某的行为属于妨害公共安全的行为

B. 公安分局应告知关某有权要求举行听证

C. 复议机关只能是公安分局的上一级公安机关

D. 如复议机关撤销对关某的处罚，公安分局应当及时将收取的保证金退还关某

第二节　行政复议的申请与受理

📶 **1.** 某公司未按规定申报上年度营业所得税，市税务局责令补缴2万元税款，并罚款1万元。该公司不服提出复议。对此，下列哪些说法是正确的？（2021年回忆版）

A. 如该公司未按时补缴，市税务局可以书面通知银行划扣其存款

B. 复议机关是市政府

C. 该公司可以直接提起行政诉讼

D. 该公司申请复议的期限为60日

📶 **2.** 甲市乙区卫健局以韩某未取得《医疗机构执业许可证》擅自执业为由，作出没收违法所得1200元和罚款7000元的决定。韩某不服，申请行政复议。关于此案，下列哪一说法是正确的？（2018年回忆版）

A. 韩某应当向市卫健局提出复议申请

B. 行政复议期间，卫健局不得改变被申请复议的行政行为

C. 韩某申请复议材料不齐全的，复议机关自收到该申请之日起5日内书面通知韩某补正

D. 权利义务关系明确，争议不大的，可以由1名行政复议人员参加行政复议案件的审理

📶 **3.** 某区食品药品监管局以某公司生产经营超过保质期的食品违反《食品安全法》为由，作出处罚决定。公司不服，申请行政复议。关于此案，

下列哪一说法是正确的?(2016-2-48)

    A. 申请复议期限为 60 日

    B. 公司不得以电子邮件形式提出复议申请

    C. 行政复议机关不能进行调解

    D. 公司如在复议决定作出前撤回申请,行政复议中止

🔖 **4.** 甲市乙区政府决定征收某村集体土地 100 亩。该村 50 户村民不服,申请行政复议。下列哪一说法是错误的?(2013-2-50)

    A. 申请复议的期限为 30 日

    B. 村民应推选 1 至 5 名代表参加复议

    C. 甲市政府为复议机关

    D. 如要求申请人补正申请材料,应在收到复议申请之日起 5 日内书面通知申请人

第三节 行政复议的审理、决定和执行

🔖 **1.** 关于行政复议案件的审理和决定,下列哪些说法是正确的?(2017-2-83)

    A. 行政复议期间涉及专门事项需要鉴定的,当事人可自行委托鉴定机构进行鉴定

    B. 对重大、复杂的案件,行政复议机构应采取听证方式审理

    C. 申请人在行政复议决定作出前自愿撤回行政复议申请的,经行政复议机构同意,可以撤回

    D. 行政复议人员调查取证时应向当事人或者有关人员出示证件

🔖 **2.** 市工商局认定豪美公司的行为符合《广告法》第 28 条第 2 款第 2 项规定的"商品或者服务有关的允诺等信息与实际情况不符,对购买行为有实质性影响"情形,属发布虚假广告,予以行政处罚。豪美公司向市政府申请行政复议,市政府受理。关于此案的复议,下列说法正确的是:(2016-2-97)

    A. 豪美公司委托代理人参加复议,应提交授权委托书

    B. 应由 2 名以上行政复议人员参加审理

    C. 市政府应为公司查阅有关材料提供必要条件

    D. 如处罚决定认定事实不清,证据不足,市政府不得作出变更决定

🔖 **3.** 某区工商分局对一公司未取得出版物经营许可证销售电子出版物 100 套的行为,予以取缔,

并罚款 6000 元。该公司向区政府申请复议。下列哪些说法是正确的?(2015-2-80)

    A. 公司可委托代理人代为参加行政复议

    B. 在复议过程中区工商分局不得自行向申请人和其他有关组织或个人收集证据

    C. 区政府应采取开庭审理方式审查此案

    D. 如区工商分局的决定明显不当,区政府应予以撤销

详 解

第一节 行政复议参加人与行政复议机关

1. [答案] ABC   [难度] 中

[考点] 治安管理处罚;行政复议程序

[命题和解题思路] 本题考查考生对治安管理处罚制度以及行政复议程序制度相关内容的掌握程度。具体包括:第一,《治安管理处罚法》有关从重处罚情节的规定;第二,行政复议程序中第三人的确定;第三,行政复议机关的确定;第四,治安拘留处罚在复议期间暂停执行的条件。四个选项中,A 选项因考查过细,考生可能不好判断,稍有难度,其他选项难度不大。正确回答本题,需要考生对《治安管理处罚法》有关细节性的规定以及《行政复议法》有关复议参加人制度的规定有很好的掌握。

[选项分析] 《治安管理处罚法》第 43 条规定:"殴打他人的,或者故意伤害他人身体的,处 5 日以上 10 日以下拘留,并处 200 元以上 500 元以下罚款;情节较轻的,处 5 日以下拘留或者 500 元以下罚款。有下列情形之一的,处 10 日以上 15 日以下拘留,并处 500 元以上 1000 元以下罚款:(一)结伙殴打、伤害他人的;(二)殴打、伤害残疾人、孕妇、不满 14 周岁的人或者 60 周岁以上的人的;(三)多次殴打、伤害他人或者一次殴打、伤害多人的。"根据上述规定可知,本题中,方某故意伤害致使陈某未满 14 周岁的儿子陈某某受到轻微伤害,依法应当从重处罚。A 选项表述正确。

《行政复议法》第 16 条第 1 款规定:"申请人以外的同被申请行政复议的行政行为或者行政复议案件处理结果有利害关系的公民、法人或者其他组织,可以作为第三人申请参加行政复议,或者由行政复议机构通知其作为第三人参加行政复

议。"本题中，在方某申请行政复议的情况下，作为受害人的陈某某与本案处理结果必然存在利害关系，依法应当列为复议程序第三人。B 选项表述正确。

《行政复议法》第 24 条第 1 款规定："县级以上地方各级人民政府管辖下列行政复议案件：（一）对本级人民政府工作部门作出的行政行为不服的；（二）对下一级人民政府作出的行政行为不服的；（三）对本级人民政府依法设立的派出机关作出的行政行为不服的；（四）对本级人民政府或者其工作部门管理的法律、法规、规章授权的组织作出的行政行为不服的。"据此规定，本题中，县公安局的行政处罚行为被申请行政复议时，复议机关应当是县政府。C 项表述正确。

《治安管理处罚法》第 107 条规定："被处罚人不服行政拘留处罚决定，申请行政复议、提起行政诉讼的，可以向公安机关提出暂缓执行行政拘留的申请。公安机关认为暂缓执行行政拘留不致发生社会危险的，由被处罚人或者其近亲属提出符合本法第一百零八条规定条件的担保人，或者按每日行政拘留 200 元的标准交纳保证金，行政拘留的处罚决定暂缓执行。"依照上述规定，在治安管理处罚案件中，被处罚人对行政拘留处罚申请复议时，可以提出暂缓执行拘留的申请，但需按照法律规定提供保证人或者保证金，且公安机关认为停止执行拘留不至于发生社会危险的情况下，才可以暂缓执行拘留行为，而非如同 D 选项所说，一旦方某提出复议申请，拘留决定即停止执行，该选项说法错误。

2. [答案] ABC　　　[难度] 易

[考点] 行政复议机关；行政复议申请与受理；行政复议和行政诉讼的关系

[命题和解题思路] 本题中，命题人通过设计案件的方式，旨在考查考生对行政复议机关确定、行政复议程序以及食品安全监管领域是否适用复议前置制度的了解程度。试题难度不大，唯一可以使考生感到迷惑的是 D 选项，即食品安全监管领域有无复议前置的特殊设计。由于多数考生对行政复议法、行政诉讼法等一般性立法中的规定掌握较好，而往往忽略单行立法中的一些特殊规定，因此，当遇到考查具体执法领域的特殊规定的时候，就会出现判断上的困难。因此，考生在

复习准备一般性知识的同时，还是有必要就考试涉及的单行立法规定内容进行必要的总结归纳，以不变应万变。

[选项分析] 关于县级以上人民政府工作部门作出具体行政行为后，当事人不服申请复议的，行政复议机关如何确定问题，《行政复议法》第 24 条第 1 款规定："县级以上地方各级人民政府管辖下列行政复议案件：（一）对本级人民政府工作部门作出的行政行为不服的；（二）对下一级人民政府作出的行政行为不服的；（三）对本级人民政府依法设立的派出机关作出的行政行为不服的；（四）对本级人民政府或者其工作部门管理的法律、法规、规章授权的组织作出的行政行为不服的。"据此，本题中，针对县食药局作出的处罚决定，公司不服申请复议的，应当向县政府申请复议。A 选项正确。

《行政复议法》第 17 条第 1 款规定："申请人、第三人可以委托一至二名律师、基层法律服务工作者或者其他代理人代为参加行政复议。"据此可知，B 选项表述正确。

依照行政程序基本原理，当申请人错列被申请人时，行政复议机构应当告知其更换被申请人，因此，C 项表述正确。

D 选项为重点干扰项。对于行政复议与行政诉讼的关系问题，《行政复议法》第 23 条第 1 款规定："有下列情形之一的，申请人应当先向行政复议机关申请行政复议，对行政复议决定不服的，可以再依法向人民法院提起行政诉讼：（一）对当场作出的行政处罚决定不服；（二）对行政机关作出的侵犯其已经依法取得的自然资源的所有权或者使用权的决定不服；（三）认为行政机关存在本法第十一条规定的未履行法定职责情形；（四）申请政府信息公开，行政机关不予公开；（五）法律、行政法规规定应当先向行政复议机关申请行政复议的其他情形。"据此，根据《行政复议法》的一般性规定，当法律、法规明确规定复议前置的情况下，当事人未经复议向人民法院提起行政诉讼的，人民法院不会受理。本题涉及案例发生在食品安全监管领域，当事人不服食药局的处罚决定，是否在提起行政诉讼之前先行申请行政复议，需要看《食品安全法》有无特殊规定。但《食品安全法》并未就复议前置作出特殊规定，因此，在此执法领域，相对人不服行政机关作出的

处罚决定，可以直接提起行政诉讼。据此，D 选项表述错误。

3. [答案] CD　　[难度] 中

[考点] 行政复议机关；复议期限；起诉期限；复议与行政诉讼的关系

[命题和解题思路] 本题考查考生对行政复议程序以及行政复议与行政诉讼的关系相关规定的掌握程度。命题人对各选项的设计没有超出行政复议法的规定范围，考生可以结合行政复议法的规定直接作出选择。本题中可能带来困扰的是：如何处理《反不正当竞争法》的特别规定与作为一般法的《行政复议法》乃至《行政诉讼法》相关规定的关系。

[选项分析]《行政复议法》第 24 条第 1 款规定："县级以上地方各级人民政府管辖下列行政复议案件：（一）对本级人民政府工作部门作出的行政行为不服的；……"据此，复议机关应为县政府，A 错误。

《行政复议法》第 20 条第 1 款规定："公民、法人或者其他组织认为行政行为侵犯其合法权益的，可以自知道或者应当知道该行政行为之日起六十日内提出行政复议申请；但是法律规定的申请期限超过六十日的除外。"本题中，虽然《反不正当竞争法》规定，当事人申请行政复议的期限为收到处罚决定之日起 15 日内，但该期限明显短于《行政复议法》规定的 60 日，不能适用。据此，B 错误。

《行政诉讼法》第 45 条规定："公民、法人或者其他组织不服复议决定的，可以在收到复议决定书之日起十五日内向人民法院提起诉讼。复议机关逾期不作决定的，申请人可以在复议期满之日起十五日内向人民法院提起诉讼。法律另有规定的除外。"据此，当事人在不服复议决定的，法律没有特殊规定时，起诉期限为 15 日。《反不正当竞争法》也规定，当事人对复议决定不服的，可以自收到复议决定书之日起 15 日内向法院提起诉讼。该规定与《行政诉讼法》的规定相同，据此，C 正确。

关于行政复议和行政诉讼的关系，《行政诉讼法》采用了以下处理原则：以当事人选择为原则，以法定行政复议前置为例外。在反不正当竞争执法领域，依照《反不正当竞争法》的规定，实行

的是当事人选择原则，据此，D 正确。

4. [答案] D　　[难度] 易

[考点] 违反治安管理的行为和处罚；复议救济；复议机关

[命题和解题思路] 命题人在本题中考查的是治安行政拘留行为在法律上的适用问题，内容涉及《治安管理处罚法》有关接受治安管理处罚的违法行为性质的判断、行政拘留的实施程序、复议救济等内容。本题的解答有两种思路：一是直接根据《治安管理处罚法》和《行政处罚法》的规定作出判断，二是结合《行政处罚法》和行政法学原理作出判断。第一种解题思路推荐首选，当然对考生有关法律知识的记忆要求较高；第二种解题思路适合于对《治安管理处罚法》的具体规定不甚清楚的考生，原理掌握得好，也可作出正确选择。另外，排除法也是一条途径——排除错误选项剩下的是正确选项。总体而言，本题难度不大，对于一些考生而言，又是一道送分题。

[选项分析] 以刻划方式损坏国家保护文物的行为属于何种性质，有两种判断思路，一是在清晰掌握《治安管理处罚法》对该种违法行为的归类，直接作出选择；二是即使考生不能回忆起《治安管理处罚法》的相关规定，也可以根据日常生活经验判断出，该行为与妨害公共安全之间存在较大差距。遵循第一种思路，依照《治安管理处罚法》第 63 条第 1 款规定，以刻划方式损坏国家保护的文物的，属于妨害社会管理的行为，A 表述错误。遵循第二种思路，妨害公共安全必须是当事人的违法行为危害到了不特定多数人的生命健康、财产安全，而刻划损坏文物的行为并不具有该种社会危害性，A 表述同样错误。

根据《治安管理处罚法》第 98 条规定，公安机关作出吊销许可证以及处 2000 元以上罚款的治安管理处罚决定前，应当告知违反治安管理行为人有权要求举行听证。从该条规定可知，治安行政拘留不适用听证程序，500 元罚款也不适用听证程序。B 表述错误。

本题中，作出治安拘留决定的是区公安分局，属于县级人民政府的工作部门，依照《行政复议法》第 24 条的规定，对县级以上地方各级人民政府工作部门的具体行政行为不服的，应向该部门

的本级人民政府申请行政复议。据此，C 表述错误。

《治安管理处罚法》第 111 条规定，行政拘留的处罚决定被撤销的，公安机关收取的保证金应当及时退还交纳人。考生据此可直接确定 D 表述正确。另外，从法理上讲，被处罚人缴纳的行政拘留保证金是为了暂停拘留决定的执行，使其能够及时通过申请复议或者提起行政诉讼而获得救济，保证其人身自由不因违法拘留决定的执行而受到难以恢复的损害。当行政拘留决定因复议或诉讼被撤销后，公安机关即无权保有该保证金，当然需要退还当事人。据此，D 选项正确。

第二节　行政复议的申请与受理

1. [答案] AD　　[难度] 难

[考点] 行政强制执行；行政复议参加人；行政复议期限；行政复议与行政诉讼的关系

[命题和解题思路] 本题重点考查考生对行政复议相关制度的掌握程度。本题具有一定难度，原因是其结合了税收征收管理法的具体规定内容。考生一般注重复习《行政强制法》《行政复议法》的一般制度内容，但往往忽略具体执法领域的相关立法规定内容。本题即涉及税收征收管理领域的具体规定与行政复议制度相关规定的结合，考生如对《税收征收管理法》的规定不熟悉，即可能遇到选择上的困难。基于此，需要考生既要重点复习常规考点，又要加强对重点行政执法领域相关立法的复习。

[选项分析] 《税收征收管理法》第 40 条规定："从事生产、经营的纳税人、扣缴义务人未按照规定的期限缴纳或者解缴税款，纳税担保人未按照规定的期限缴纳所担保的税款，由税务机关责令限期缴纳，逾期仍未缴纳的，经县以上税务局（分局）局长批准，税务机关可以采取下列强制执行措施：（一）书面通知其开户银行或者其他金融机构从其存款中扣缴税款；（二）扣押、查封、依法拍卖或者变卖其价值相当于应纳税款的商品、货物或者其他财产，以拍卖或者变卖所得抵缴税款。"据此可知，A 选项说法正确。

《行政复议法》第 27 条规定："对海关、金融、外汇管理等实行垂直领导的行政机关、税务和国家安全机关的行政行为不服的，向上一级主管部门申请行政复议。"据此，本题中某公司不服

市税务局补缴税款及罚款决定，应向上一级税务机关申请复议。B 选项说法错误。

《税收征收管理法》第 88 条规定："纳税人、扣缴义务人、纳税担保人同税务机关在纳税上发生争议时，必须先依照税务机关的纳税决定缴纳或者解缴税款及滞纳金或者提供相应的担保，然后可以依法申请行政复议；对行政复议决定不服的，可以依法向人民法院起诉。当事人对税务机关的处罚决定、强制执行措施或者税收保全措施不服的，可以依法申请行政复议，也可以依法向人民法院起诉。当事人对税务机关的处罚决定逾期不申请行政复议也不向人民法院起诉、又不履行的，作出处罚决定的税务机关可以采取本法第四十条规定的强制执行措施，或者申请人民法院强制执行。"依照上述规定可知：第一，在税收征收管理领域，行政相对人与税务机关发生纳税争议后，在提起行政诉讼前，需要先申请行政复议，据此，C 选项说法错误。第二，相对人申请行政复议的期限，该法并未作出特别规定，因此适用《行政复议法》有关申请复议的一般期限规定。《行政复议法》第 20 条第 1 款规定："公民、法人或者其他组织认为行政行为侵犯其合法权益的，可以自知道或者应当知道该行政行为之日起六十日内提出行政复议申请；但是法律规定的申请期限超过六十日的除外。"据此，D 选项说法正确。

2. [答案] C　　[难度] 难

[考点] 行政复议程序

[命题和解题思路] 本题考查考生对行政复议程序相关规定的掌握，内容涉及复议机关的确定、复议期间行政行为的改变、复议申请瑕疵的指导义务以及复议案件的审理人员人数等。上述内容较为琐碎，但都比较重要，需要考生系统准确地掌握《行政复议法》中有关规定内容。

[选项分析] 根据《行政复议法》第 24 条规定，对县级以上人民政府工作部门作出的行政行为不服的，应当向本级人民政府申请复议。据此，本题中，韩某不服乙区卫健局的处罚行为，应当向乙区政府申请复议，选项 A 表述错误。

《行政复议法》第 65 条第 2 款规定："行政行为有下列情形之一，不需要撤销或者责令履行的，行政复议机关确认该行政行为违法：……（二）被申请人改变原违法行政行为，申请人仍要求撤

销或者确认该行政行为违法；……"据此，行政复议期间，作为被申请人的行政机关可以改变被申请复议的行政行为。选项 B 表述错误。

《行政复议法》第 31 条第 1 款规定："行政复议申请材料不齐全或者表述不清楚，无法判断行政复议申请是否符合本法第三十条第一款规定的，行政复议机关应当自收到申请之日起五日内书面通知申请人补正。补正通知应当一次性载明需要补正的事项。"据此，选项 C 的表述是正确的。

《行政复议法实施条例》第 32 条规定："行政复议机构审理行政复议案件，应当由 2 名以上行政复议人员参加。"据此，行政复议案件的审理，不存在由 1 名行政复议人员参加审理的特殊情况。选项 D 表述错误。

3. [答案] A　　　[难度] 易

[考点] 行政复议的申请时间和方式；行政复议的审理（撤回申请、调解）

[命题和解题思路] 命题人在本题中考查了考生对行政复议程序相关规定的掌握程度，内容涉及申请复议期限、复议申请的形式、复议案件可否调解以及复议中止的适用条件。本题总体难度不大，考生可以根据《行政复议法》及其实施条例的相关规定作出回答。唯一可能造成困扰的是申请复议的期限问题。题干交代的行政执法领域是食品安全，考生需要注意《食品安全法》对该领域行政争议发生之后申请复议的期限有无特殊规定。

[选项分析]《行政复议法》第 20 条第 1 款规定："公民、法人或者其他组织认为行政行为侵犯其合法权益的，可以自知道或者应当知道该行政行为之日起六十日内提出行政复议申请；但是法律规定的申请期限超过六十日的除外。"据此，相对人申请行政复议的一般期限为 60 日。如果单行立法有特殊规定且其规定超出《行政复议法》规定的 60 日的，适用单行立法的规定。《食品卫生法》并未对申请行政复议的期限作出特殊规定，因此，本题所涉案例适用一般期限规定。A 说法正确。

《行政复议法实施条例》第 22 条规定："申请人申请行政复议，可以书面申请；书面申请有困难的，也可以口头申请。书面申请的，可以通过邮寄或者行政复议机关指定的互联网渠道等方式提交行政复议申请书，也可以当面提交行政复

申请书。行政机关通过互联网渠道送达行政行为决定书的，应当同时提供提交行政复议申请书的互联网渠道……"据此，相对人申请行政复议时，并不排除电子邮件形式。B 表述错误。

《行政复议法》第 5 条规定："行政复议机关办理行政复议案件，可以进行调解。调解应当遵循合法、自愿的原则，不得损害国家利益、社会公共利益和他人合法权益，不得违反法律、法规的强制性规定。"据此可知，C 表述错误。

关于复议期间，相对人撤回复议申请的法律后果问题，《行政复议法》第 41 条规定："行政复议期间有下列情形之一的，行政复议机关决定终止行政复议：（一）申请人撤回行政复议申请，行政复议机构准予撤回；……"据此，复议申请人撤回复议申请，将导致复议程序终止的后果，而非复议程序中止，D 表述错误。

4. [答案] A　　　[难度] 易

[考点] 行政复议申请与受理（申请时间、申请的审查和处理）；行政复议机关

[命题和解题思路] 作为行政救济制度的行政复议是考试重点内容之一。命题人在本题中考查考生对行政复议制度相关知识的理解与适用，内容涉及行政复议的申请期限、行政复议参加人以及对行政复议申请的审查和处理。考查的规范依据为《行政复议法》，其特点是注重细节考查，需要考生对相关立法规定的内容有充分的掌握。当然，本题也可以采用"瞬间死亡法"作答，只要考生有充分的根据认定 A 错误，其他内容复杂的选项即可不必深究。

[选项分析] 复议期限既涉及行政相对人权益的及时救济，也涉及行政管理秩序的稳定，依照我国《行政复议法》第 20 条规定，公民、法人或者其他组织认为行政行为侵犯其合法权益的，可以自知道或者应当知道该行政行为之日起 60 日内提出行政复议申请；但是法律规定的申请期限超过 60 日的除外。根据该条规定，在我国，行政相对人申请行政复议的期限一般为 60 日，即使单行立法对行政复议期限作出规定，也不得少于 60日。A 表述错误。

对乙区政府的集体土地征收决定提出复议申请的是 50 户村民，其人数众多，不可能都参与行政复议程序，需要依法推选代表人。对于复议申

请人的代表人如何确定问题，《行政复议法》第15条规定："同一行政复议案件申请人人数众多的，可以由申请人推选代表人参加行政复议。代表人参加行政复议的行为对其所代表的申请人发生效力，但是代表人变更行政复议请求、撤回行政复议申请、承认第三人请求的，应当经被代表的申请人同意。"该法并未对推选的代表人数作出规定，对此，可以适用《行政复议法实施条例》第8条的规定："同一行政复议案件申请人超过5人的，推选1至5名代表参加行政复议。"据此，B表述正确。

依照《行政复议法》第24条款规定，对下一级人民政府作出的行政行为不服申请行政复议的，由上一级人民政府管辖。本题中，乙区政府的上一级人民政府是甲市政府。据此，C表述正确。

《行政复议法》第31条第1款规定："行政复议申请材料不齐全或者表述不清楚，无法判断行政复议申请是否符合本法第三十条第一款规定的，行政复议机关应当自收到申请之日起五日内书面通知申请人补正。补正通知应当一次性载明需要补正的事项。"据此，D表述正确。

第三节　行政复议的审理、决定和执行

1. [答案] ABCD　　　[难度] 中
[考点] 行政复议案件的审理

[命题和解题思路] 命题人通过本题考查了行政复议案件的审理，内容涉及证据的委托鉴定主体、听证方式的适用条件、复议撤回、复议人员调查取证程序义务等。四个选项没有必然的关联，需要考生结合《行政复议法》及其实施条例的规定，分别作出判断。本题中，具有一定难度的是证据委托鉴定的主体以及听证审理方式的适用条件。如果考生对相关立法规定掌握不细，凭感觉作出选择，很可能会出错丢分。解答本题的关键依然是熟悉法条、熟悉法条、熟悉法条，重要的事情再说三遍。

[选项分析] 《行政复议法》并未对复议期间的鉴定事项作出规定，可以适用《行政复议法实施条例》第37条的规定："行政复议期间涉及专门事项需要鉴定的，当事人可以自行委托鉴定机构进行鉴定，也可以申请行政复议机关委托鉴定机构进行鉴定。鉴定费用由当事人承担。鉴定所用时间不计入行政复议审理期限。"依照此条规

定，复议期间需要就专门事项委托鉴定机构鉴定的，当事人可以自行委托，也可以申请行政复议机构委托。A选项表述正确。

《行政复议法》第50条第1款规定："审理重大、疑难、复杂的行政复议案件，行政复议机构应当组织听证。"据此，B选项表述正确。

依照《行政复议法》第41条第1项规定，行政复议期间申请人撤回行政复议申请，行政复议机构准予撤回的，行政复议机关决定终止行政复议。C选项表述正确。

《行政复议法》第45条第2款规定："调查取证时，行政复议人员不得少于两人，并应当出示行政复议工作证件。"据此，D选项表述正确。

2. [答案] ABC　　　[难度] 易
[考点] 行政复议参加人；行政复议的审理、决定

[命题和解题思路] 本题考查行政复议程序的相关规定。内容涉及委托代理制度、复议案件的审理组织、复议参加人的阅览权、复议机关的决定形式，考查内容覆盖面较广。从本题各选项的内容可以看出，需要考生对行政复议法的细化规定有较好掌握。

[选项分析] 选项A涉及复议申请人委托代理人参加行政复议时需要办理委托手续问题。《行政复议法》第17条第2款规定："申请人、第三人委托代理人的，应当向行政复议机构提交授权委托书、委托人及被委托人的身份证明文件。授权委托书应当载明委托事项、权限和期限。申请人、第三人变更或者解除代理人权限的，应当书面告知行政复议机构。"据此，A项表述正确。

选项B涉及行政复议机构审理行政复议案件的组织形式问题。《行政复议法实施条例》第32条规定："行政复议机构审理行政复议案件，应当由2名以上行政复议人员参加。"据此，B项表述正确。

选项C涉及行政复议程序中复议申请人的阅卷权利保障问题。《行政复议法实施条例》第35条规定："行政复议机关应当为申请人、第三人查阅有关材料提供必要条件。"据此，C项表述正确。

选项D涉及行政复议机关的复议决定权问题。《行政复议法》第63条规定："行政行为有下列情

形之一的，行政复议机关决定变更该行政行为：……（三）事实不清、证据不足，经行政复议机关查清事实和证据。行政复议机关不得作出对申请人更为不利的变更决定，但是第三人提出相反请求的除外。"据此可知，在复议程序中，复议机关能够查明原行政行为未曾认定清楚的事实的，可以依法作出变更的复议决定。D选项表述错误。

3. [答案] AB　　[难度] 易

[考点] 行政复议审理（审查方式、证据收集）；行政复议决定

[命题和解题思路] 命题人以案例的形式考查考生对行政复议案件的审理和决定相关规定的掌握程度，各选项均是对照《行政复议法》及其实施条例的规定设计。其中，AB选项既可以根据法律规定直接作出判断，也可以运用行政法学理论作出判断。D选项具有一定难度，主要是因为考生往往不会注意到对于明显不当的行政行为，《行政复议法》及其实施条例究竟规定了何种处置方式。

[选项分析] A选项涉及复议程序参加人能否委托他人代理进行行政复议问题。在理论上，当事人可以亲自参加行政复议程序，当然也可以委托代理人代为参加复议程序。同时，《行政复议法》第17条第1款也有明确规定：申请人、第三人可以委托1至2名律师、基层法律服务工作者或者其他代理人代为参加行政复议。据此，A正确。

B选项涉及复议程序中作为复议被申请人的行政机关能否继续收集证据问题。依照《行政复议法》第46条第1款规定，行政复议期间，被申请人不得自行向申请人和其他有关单位或者个人收集证据；自行收集的证据不作为认定行政行为合法性、适当性的依据。据此，B正确。

关于行政复议案件如何进行审理，《行政复议法》第49条规定："适用普通程序审理的行政复议案件，行政复议机构应当当面或者通过互联网、电话等方式听取当事人的意见，并将听取的意见记录在案。因当事人原因不能听取意见的，可以书面审理。"第50条规定："审理重大、疑难、复杂的行政复议案件，行政复议机构应当组织听证。行政复议机构认为有必要听证，或者申请人请求听证的，行政复议机构可以组织听证。听证由一名行政复议人员任主持人，两名以上行政复议人员任听证员，一名记录员制作听证笔录。"第54条规定："适用简易程序审理的行政复议案件，行政复议机构应当自受理行政复议申请之日起三日内，将行政复议申请书副本或者行政复议申请笔录复印件发送被申请人。被申请人应当自收到行政复议申请书副本或者行政复议申请笔录复印件之日起五日内，提出书面答复，并提交作出行政行为的证据、依据和其他有关材料。适用简易程序审理的行政复议案件，可以书面审理。"根据上述规定，行政复议机关审理行政复议案件不适用开庭审理方式。C错误。

D选项为重点干扰项。明显不当属于违法行政行为，依照《行政复议法》的规定，主要有以下处理方式：撤销、变更、确认违法。据此，D表述错误。

第十一章　行政诉讼受案范围

试　题

📶 **1.** 某直辖市政府批复了市自然资源局征收土地的决议，市自然资源局持该决议征收了朱某的土地，朱某对征收行为表示不服。对此，下列哪些说法是正确的？（2020年回忆版）

A. 在朱某申请复议的情况下，复议被申请人是市政府

B. 在朱某针对征收行为提起行政诉讼的情况下，被告是市自然资源局

C. 市自然资源局征收土地的行为是行政处罚

D. 直辖市政府的批复行为不能被提起诉讼

📶 **2.** 下列哪些案件不属于行政诉讼受案范围？（2018年回忆版）

A. 李某就县环保局的处罚向县政府申请复议，在法定复议期间内向法院起诉

B. 张某不服房屋征收部门对其作出的补偿决定，提起行政诉讼

C. 房屋征收部门以钱某不履行房屋征收补偿协议为由提起行政诉讼

D. 郭某不服房屋征收部门对其作出的征收决定，提起行政诉讼

3. 下列哪一选项属于法院行政诉讼的受案范围？（2017-2-49）

A. 张某对劳动争议仲裁裁决不服向法院起诉的

B. 某外国人对出入境边检机关实施遣送出境措施不服申请行政复议，对复议决定不服向法院起诉的

C. 财政局工作人员李某对定期考核为不称职不服向法院起诉的

D. 某企业对县政府解除与其签订的政府特许经营协议不服向法院起诉的

4. 对于下列起诉，哪些不属于行政诉讼受案范围？（2016-2-83）

A. 某公司与县政府签订天然气特许经营协议，双方发生纠纷后该公司以县政府不依法履行协议向法院起诉

B. 环保局干部孙某对定期考核被定为不称职向法院起诉

C. 李某与房屋征收主管部门签订国有土地上的房屋征收补偿安置协议，后李某不履行协议，房屋征收主管部门向法院起诉

D. 县政府发布全县征地补偿安置标准的文件，村民万某以文件确定的补偿标准过低为由向法院起诉

5. 下列选项属于行政诉讼受案范围的是：（2015-2-98）

A. 方某在妻子失踪后向公安局报案要求立案侦查，遭拒绝后向法院起诉确认公安局的行为违法

B. 区房管局以王某不履行双方签订的房屋征收补偿协议为由向法院起诉

C. 某企业以工商局滥用行政权力限制竞争为由向法院起诉

D. 黄某不服市政府发布的征收土地补偿费标准直接向法院起诉

6. 当事人对下列哪些事项既可以申请行政复议也可以提起行政诉讼？（2013-2-83）

A. 行政机关对民事纠纷的调解

B. 出入境边防检查机关对外国人采取的遣送出境措施

C. 是否征收反倾销税的决定

D. 税务机关作出的处罚决定

7. 市林业局接到关于孙某毁林采矿的举报，遂致函当地县政府，要求调查。县政府召开专题会议形成会议纪要：由县林业局、矿产资源管理局与安监局负责调查处理。经调查并与孙某沟通，三部门形成处理意见：要求孙某合法开采，如发现有毁林或安全事故，将依法查处。再次接到举报后，三部门共同发出责令孙某立即停止违法开采，对被破坏的生态进行整治的通知。就上述事件中的行为的属性及是否属于行政诉讼受案范围，下列说法正确的是：（2013-2-98）

A. 市林业局的致函不具有可诉性

B. 县政府的会议纪要具有可诉性

C. 三部门的处理意见是行政合同行为

D. 三部门的通知具有可诉性

详 解

1. ［答案］ABD　　［难度］中

［考点］行政复议程序；行政诉讼被告；具体行政行为性质；行政诉讼受案范围

［命题和解题思路］本题考查考生对行政复议参加人制度、具体行政行为性质以及行政诉讼受案范围和当事人制度相关规定的理解和掌握程度。内容涉及：依法经批准作出的行政行为被申请复议时，行政复议被申请人的确定；复议维持情况下的理解发生了较大变化，需要考生注意复议维持情况下被告的确定；在复议机关维持原行政行为的情况下，案件的管辖法院如何确定，修订后的《行政诉讼法》及其司法解释作出了与原《行政诉讼法》及其司法解释不同的规定。正确回答本题，需要考生注意以上制度变化情况。

［选项分析］《土地管理法》第46条第1款和第2款规定："征收下列土地的，由国务院批准：（一）永久基本农田；（二）永久基本农田以外的耕地超过三十五公顷的；（三）其他土地超过七十公顷的。征收前款规定以外的土地的，由省、自治区、直辖市人民政府批准。"《行政复议法》修订后，对于经依法批准作出的行政行为被申请复议应当由谁作复议机关未作明确规定，对此可以继续适用《行政复议法实施条例》第13条规定："下级行政机关依照法律、法规、规章规定，经上

级行政机关批准作出具体行政行为的，批准机关为被申请人。"根据上述规定，本题中市自然资源局依照法律规定，报经市政府批准其征收土地，土地所有权人不服该征收行为申请行政复议时，依法应当以法定批准机关，即市政府为复议被申请人。A选项说法正确。

《行诉法解释》第19条规定："当事人不服经上级行政机关批准的行政行为，向人民法院提起诉讼的，以在对外发生法律效力的文书上署名的机关为被告。"据此，本题中，对外作出征收行为的是市自然资源局，该局应为行政诉讼被告。B选项说法正确。

理论上，行政处罚是行政机关对实施行政违法行为的相对人依法加以制裁的行为，行政征收行为则是行政机关在事先补偿的情况下，依法强制无偿将当事人的财产权收归国有的行为，两种行为在法律性质上有明显差别。本题中的土地征收显然不具备行政处罚的特征，C选项表述错误。

《行政诉讼法》第2条明确规定，相对人有权针对行政机关侵犯其合法权益的行政行为提起行政诉讼。结合前述《行诉法解释》第19条规定可知，市自然资源局征收土地的行为经过上级市政府批准之后，以自己的名义作出征收行为，朱某不服，起诉的被告应当是市自然资源局的征收行为。至于市政府的批准行为属于内部行政程序行为，不具有直接对外的法律效力，依照《行诉法解释》第1条第5项的规定，行政机关作出的不产生外部法律效力的行为，不属于人民法院的行政诉讼受案范围。D选项表述正确。

2. [答案] AC　　[难度] 中

[考点] 行政诉讼受案范围；行政诉讼与行政复议的关系

[命题和解题思路] 本题考查考生对行政诉讼受案范围相关规定的掌握和理解程度，附带涉及行政诉讼与行政复议的关系。行政诉讼受案范围的判断主要依据行政诉讼法和最高法院司法解释的规定，关键是掌握可诉行政行为所具有的法律特征。行政复议和行政诉讼的关系是相对人提起行政诉讼时需要考虑的问题，在申请行政复议未有结果的情况下，不能另行提起行政诉讼。

[选项分析] 《行诉法解释》第57条规定："法律、法规未规定行政复议为提起行政诉讼必经程序，公民、法人或者其他组织既提起诉讼又申请行政复议的，由先立案的机关管辖；同时立案的，由公民、法人或者其他组织选择。公民、法人或者其他组织已经申请行政复议，在法定复议期间内又向人民法院提起诉讼的，人民法院裁定不予立案。"根据该条规定，在选项A中，李某在申请复议之后，于法定复议期间内又向人民法院提起行政诉讼，人民法院依法不应受理。选项A符合题旨要求。

《国有土地上房屋征收与补偿条例》第26条规定："房屋征收部门与被征收人在征收补偿方案确定的签约期限内达不成补偿协议，或者被征收房屋所有权人不明确的，由房屋征收部门报请作出房屋征收决定的市、县级人民政府依照本条例的规定，按照征收补偿方案作出补偿决定，并在房屋征收范围内予以公告。补偿决定应当公平，包括本条例第二十五条第一款规定的有关补偿协议的事项。被征收人对补偿决定不服的，可以依法申请行政复议，也可以依法提起行政诉讼。"据此，选项B中，张某不服房屋征收部门对其作出的补偿决定，依法提起行政诉讼，属于行政诉讼受案范围。

《国有土地上房屋征收与补偿条例》第25条规定："房屋征收部门与被征收人依照本条例的规定，就补偿方式、补偿金额和支付期限、用于产权调换房屋的地点和面积、搬迁费、临时安置费或者周转用房、停产停业损失、搬迁期限、过渡方式和过渡期限等事项，订立补偿协议。补偿协议订立后，一方当事人不履行补偿协议约定的义务的，另一方当事人可以依法提起诉讼。"据此，选项C中，在钱某不履行其与房屋征收部门签订的房屋征收补偿协议的情况下，房屋征收部门依法可以提起诉讼。但是，依照《行政诉讼法》第12条第1款第11项的规定，只有在行政相对人认为行政机关不依法履行、未按照约定履行土地房屋征收补偿协议等协议，向法院起诉时，才属于行政诉讼受案范围。行政机关并不能依照《行政诉讼法》的规定作为原告起诉行政相对人的违约行为。据此，选项C符合题旨要求。

《国有土地上房屋征收与补偿条例》第14条规定："被征收人对市、县级人民政府作出的房屋征收决定不服的，可以依法申请行政复议，也可以依法提起行政诉讼。"据此，选项D中，郭某不服房屋征收部门对其作出的征收决定，有权提起行政诉讼。

3. [答案] D　　[难度] 易

[考点] 行政诉讼受案范围

[命题和解题思路] 行政诉讼受案范围连接着行政实体法和行政诉讼法，理论性和实践性都很强，因此成为每年考试都会涉及的内容。而且，对行政诉讼受案范围的立法规定既涉及《行政诉讼法》，也涉及最高法院的司法解释，其考点较多，也使该部分内容受到命题人的青睐。虽然命题人设计的选项千差万别，但核心还是考查考生对属于行政诉讼受案范围的行政行为的理解问题。本题中，命题人考查的内容涉及以下内容：仲裁裁决的可诉性；行政终局裁决的司法审查排除；内部行政行为的可诉性；行政协议的可诉性。从考查内容涉及的法律规定来看，涉及《行政诉讼法》和《行诉法解释》的相关规定。考生需要根据立法和司法解释的规定作出综合判断。

[选项分析] 选项 A 涉及劳动争议仲裁裁决的可诉性问题。对此，《行诉法解释》第 1 条第 2 款第 2 项明确规定，法律规定的仲裁行为不属于行政诉讼受案范围。据此，A 选项错误。

选项 B 涉及终局裁决排除司法审查问题。依照《行政诉讼法》第 13 条第 4 项的规定，法律规定由行政机关最终裁决的行为，不属于行政诉讼受案范围。《出境入境管理法》第 64 条规定："外国人对依照本法规定对其实施的继续盘问、拘留审查、限制活动范围、遣送出境措施不服的，可以依法申请行政复议，该行政复议决定为最终决定。其他境外人员对依照本法规定对其实施的遣送出境措施不服，申请行政复议的，适用前款规定。"依照该条规定，B 选项中，某外国人对出入境边检机关实施遣送出境措施不服申请行政复议，对复议决定不服向法院起诉的，不属于行政诉讼受案范围。

选项 C 涉及公务员管理行为的可诉性问题。依照我国当前理论，行政机关对公务员的管理行为属于内部行政行为，其对公务员作出的考核、奖惩等行为引起争议的，适用内部程序处理。我国《行政诉讼法》第 13 条第 3 项规定，行政机关对行政机关工作人员的奖惩、任免等决定，不属于行政诉讼受案范围。据此，C 非正确选项。

选项 D 涉及行政协议的可诉性问题。行政协

议，也就是行政合同，其是否可诉一直存在争议。2015 年《行政诉讼法》修订之后，行政协议引起的纠纷，属于行政诉讼受案范围。依照该法第 12 条第 1 款第 12 项规定，相对人认为行政机关不依法履行、未按照约定履行或者违法变更、解除政府特许经营协议、土地房屋征收补偿协议等协议的，属于行政诉讼受案范围。据此，D 选项所列情况符合立法规定，属于行政诉讼受案范围。

4. [答案] BCD　　[难度] 中

[考点] 行政诉讼受案范围

[命题和解题思路] 命题人通过本题考查了《行政诉讼法》有关行政诉讼受案范围规定的理解与适用，实质涉及行政协议、抽象行政行为以及内部行政行为的可诉性问题。考生需要对行政协议的范围、行政协议行政诉讼的当事人规定、抽象行政行为与具体行政行为的区分，内部行政行为与外部行政行为的区分等知识有较好的掌握。

[选项分析] 选项 A 和选项 C 涉及政府特许经营协议、房屋征收补偿安置协议争议的司法救济途径问题。《行政诉讼法》第 12 条第 1 款第 11 项规定，认为行政机关不依法履行、未按照约定履行或者违法变更、解除政府特许经营协议、土地房屋征收补偿协议等协议的，属于行政诉讼受案范围。据此可知，政府特许经营协议、房屋征收补偿协议均属于行政协议。不过，根据该条规定，只有当行政协议中的相对人一方认为行政机关不依法履行协议的情况下，才有权提起行政诉讼。该条并未规定，在相对人不履行协议的情况下，行政机关一方有权提起行政诉讼。据此，A 选项中的起诉属于行政诉讼受案范围，而 C 选项中的起诉则在目前情况下，尚不属于行政诉讼受案范围。

B 选项中，环保局干部孙某对定期考核被定为不称职向法院起诉，实质是在职公务员对所在单位对其作出的人事处理决定不服，想通过行政诉讼寻求救济。但根据《行政诉讼法》第 13 条第 3 项的规定，行政机关对行政机关工作人员的奖惩、任免等决定不属于行政诉讼受案范围。据此，孙某对单位作出的不称职决定不能提起行政诉讼。

D 选项中，万某针对县政府发布的全县征地补偿安置标准文件不服提起行政诉讼，其起诉对象并不具有对象特定、效力一次性等具体行政行

为特征，属于抽象行政行为。根据《行政诉讼法》第13条第2项的规定，行政法规、规章或者行政机关制定、发布的具有普遍约束力的决定、命令不属于行政诉讼受案范围。据此，万某针对补偿标准文件的内容不服，不能直接提起行政诉讼。

> **难点解析**
>
> 《行政诉讼法》虽然将行政协议争议纳入了行政诉讼受案范围，但根据立法机关的说明，鉴于我国行政诉讼的"民告官"制度属性，目前不认可行政机关以原告身份针对相对人不履行行政协议的行为提起行政诉讼。因此，同样是行政协议纠纷，目前只能由相对人向人民法院提起行政诉讼。

5. [答案] C　　　[难度] 中

[考点] 行政诉讼受案范围

[命题和解题思路] 本题涉及《行政诉讼法》有关行政诉讼受案范围规定的理解与适用。其选项涉及的行为包括刑事侦查行为、行政协议、滥用行政权力限制竞争、一般规范性文件，需要考生结合修订后的行政诉讼法以及最高法院发布的司法解释作出判断。命题人设计了四种不同的情况，其中，AC选项的判断比较简单，而BD选项具有一定难度。B选项考查考生对行政协议履行过程中相对人一方违约如何处理问题的认识，D选项考查考生对土地征收补偿标准设定这一行为属性的认识。

[选项分析] A选项中，方某在妻子失踪后向公安局报案要求立案侦查遭到拒绝，对于该拒绝行为如何寻求救济，需要认定公安局决定是否立案侦查行为的属性。在我国，对刑事犯罪的立案侦查适用的是《刑事诉讼法》，该行为目前视为刑事司法行为。依据《行诉法解释》第1条第2款第1项的规定，公安、国家安全等机关依照刑事诉讼法的明确授权实施的行为，不属于行政诉讼受案范围。据此，A选项所述情况不属于行政诉讼受案范围。

B选项是重点干扰项，涉及房屋征收补偿协议的性质以及缔结协议的相对人一方不履行协议情况下的诉讼救济问题。依据《行政诉讼法》第12条第1款第11项的规定，相对人认为行政机关不依法履行、未按照约定履行或者违法变更、解除政府特许经营协议、土地房屋征收补偿等

协议的，有权提起行政诉讼。据此，房屋征收补偿协议属于行政协议，在行政机关一方不履行的情况下，相对人可以提起行政诉讼。需要注意的是，《行政诉讼法》虽然认可了行政协议的可诉性，但并未规定人民法院受理行政机关起诉相对人不履行行政协议的案件属于行政诉讼受案范围，据此，B选项所述情况不属于行政诉讼受案范围。

依据《行政诉讼法》第12条第1款第8项的规定，相对人认为行政机关滥用行政权力排除或者限制竞争的，有权提起行政诉讼。据此，C选项所述情况属于行政诉讼受案范围。

依据《行政诉讼法》第13条第2款的规定，行政法规、规章或者行政机关制定、发布的具有普遍约束力的决定、命令不属于行政诉讼受案范围。D选项中，市政府发布的征收土地补偿费标准属于行政规范性文件，不属于行政诉讼受案范围。不过，相对人可以依据《行政诉讼法》第53条第1款规定，在对具体的征收补偿决定提起诉讼时，一并请求对该规范性文件进行审查。

> **难点解析**
>
> 修订后的《行政诉讼法》虽然明确了行政协议的可诉性，但按照立法机关的说明，我国的行政诉讼是"民告官"的制度，原、被告地位具有恒定性。在行政协议履行中发生争议时，如果是相对人存在违约行为，行政机关依照现行立法规定，不能通过提起行政诉讼寻求救济。

6. [答案] CD　　　[难度] 难

[考点] 行政诉讼受案范围（应予受理和不予受理的案件）；行政复议和行政诉讼的关系

[命题和解题思路] 本题题干表述虽然是行政复议与行政诉讼的自由选择，但实质上命题人是考查了特定领域的复议前置规定。此外，从命题人对本题各选项的设计来看，本题还延伸考查另外一个内容，即哪些行政行为不属于行政诉讼受案范围。当某种行政行为根据不可能纳入行政诉讼受案范围时，也就不会涉及在申请行政复议和提起行政诉讼之间作出选择的问题。为此，考生首先需要对特定选项中的具体行政行为是否属于行政诉讼受案范围有明确的认识，进而再作出特定行政行为是否适用法定复议前置的判断。

[选项分析] 行政调解虽是行政机关实施的一种行政行为，但民事纠纷当事人是否接受行政机

关提出的调解意见完全由其自己决定，行政调解并未直接处分争议当事人的权利义务，既不能申请行政复议，也不能提起行政诉讼，进而也就谈不上在申请行政复议和提起行政诉讼之间作出选择的问题。据此，A 选项错误。

根据《出境入境管理法》第 64 条第 1 款规定，外国人对依照本法规定对其实施的继续盘问、拘留审查、限制活动范围、遣送出境措施不服的，可以依法申请行政复议，该行政复议决定为最终决定。据此，出入境管理机关针对外国人作出的遣送出境措施适用行政复议终局制度。当事人虽有权申请行政复议，但对复议决定不服，不能提起行政诉讼。据此，B 选项错误。

根据《反倾销条例》第 53 条规定："对依照本条例第二十五条作出的终裁决定不服的，对依照本条例第四章作出的是否征收反倾销税的决定以及追溯征收、退税、对新出口经营者征税的决定不服的，或者对依照本条例第五章作出的复审决定不服的，可以依法申请行政复议，也可以依法向人民法院提起诉讼。"据此，征收反倾销税决定属于既可申请复议也可提起行政诉讼的事项。据此，C 选项正确。

根据《税收征收管理法》第 88 条第 2 款规定，当事人对税务机关的处罚决定、强制执行措施或者税收保全措施不服的，可以依法申请行政复议，也可以依法向人民法院起诉。据此，D 选项正确。

难点解析

行政复议和行政诉讼是两种不同的行政救济途径，适用于对行政相对人的权益产生实际影响的行政行为，因此，**不直接处分相对人权益的行政调解、行政指导以及其他行政事实行为，既不能申请行政复议，也不能提起行政诉讼**。此外，还需要注意的是，我国单行立法对行政复议和行政诉讼关系的规定表现为不同的情况，概括起来有以下几种：（1）相对人可申请复议，也可以提起行政诉讼；（2）相对人须先申请行政复议，对复议决定不服，再提起行政诉讼；（3）相对人可以申请复议，但复议决定终局，不能再提起行政诉讼。为正确回答本类试题，考生有必要对纳入大纲法律法规目录的行政管理单行立法中有关行政复议和行政诉讼的规定做下整理，进行专门记忆。

7. ［答案］AD ［难度］难

［考点］具体行政行为的性质与行政诉讼受案范围

［命题和解题思路］命题人在本题中重点考查了考生对行政诉讼受案范围规定的理解与适用，兼及考查特定具体行政行为的性质。ABD 三个选项考查的是行政行为的可诉性问题，考查的知识点涉及内部行政行为、对相对人的权益不产生实际影响的行为的理解；C 选项则考查考生对行政合同定义的理解以及单方行政行为与双方行政行为的区别。解答本题的关键是正确认定何谓内部行政行为、对相对人的合法权益不产生实际影响的行为以及双方行政行为。

［选项分析］《行诉法解释》第 1 条规定："公民、法人或者其他组织对行政机关及其工作人员的行政行为不服，依法提起诉讼的，属于人民法院行政诉讼的受案范围。下列行为不属于人民法院行政诉讼的受案范围：（一）公安、国家安全等机关依照刑事诉讼法的明确授权实施的行为；（二）调解行为以及法律规定的仲裁行为；（三）行政指导行为；（四）驳回当事人对行政行为提起申诉的重复处理行为；（五）行政机关作出的不产生外部法律效力的行为；（六）行政机关为作出行政行为而实施的准备、论证、研究、层报、咨询等过程性行为；（七）行政机关根据人民法院的生效裁判、协助执行通知书作出的执行行为，但行政机关扩大执行范围或者采取违法方式实施的除外；（八）上级行政机关基于内部层级监督关系对下级行政机关作出的听取报告、执法检查、督促履责等行为；（九）行政机关针对信访事项作出的登记、受理、交办、转送、复查、复核意见等行为；（十）对公民、法人或者其他组织权利义务不产生实际影响的行为。"综合上述规定，可以认为，判断某一种行政行为是否可诉，是否属于行政诉讼受案范围，需要综合三个因素：（1）是否行使行政职权；（2）是否对外部相对人的权益作出直接处置；（3）是否明确被排除在行政诉讼受案范围之外。根据上述标准，可以对本题中的 ABD 作出判断。

市林业局接到孙某毁林采矿的举报后，向当地县政府致函要求调查的行为，属于行政机关相互之间沟通信息的行为，该行为没有针对被管理人孙某直接实施，也没有直接处分其权益，属于内部行政行为，不具有可诉性，A 选项正确。

县政府召开专题会议，形成会议纪要的内容实质上是确定三部门的行政职责，并未就孙某的违法行为如何处理提出明确意见，也没有直接影响孙某的权益，不具有可诉性，B选项错误。

本题中，三部门经与孙某沟通形成的处理意见反映的是三部门的意志，孙某虽参与发表意见，但对该意见只能认可和接受。从意见内容可知，其并未给孙某设定行政法上的义务，只具有提醒、告诫意味，在法律属性上可归类于行政指导，不具有可诉性，C选项错误。

三部门共同发出责令孙某立即停止违法开采，对被破坏的生态进行整治的通知，是共同行使行政管理职权的行为，直接为孙某设定了义务，属于行政诉讼受案范围，D选项正确。

> **难点解析**
>
> 行政机关实施的行为具有不同的性质和表现形式。行政机关相互之间致函要求查处违法的行为，发生在行政系统内部，属于一种信息沟通行

为，未直接对外部的行政相对人权益作出处分，属于内部行政行为，不具有行政可诉性。==行政机关制作的会议纪要是否可诉需要根据个案情况和会议纪要的内容综合作出判断。==一般而言，如果会议纪要的内容是行政机关内部讨论问题，确定管辖权范围和行政事务分工，或者安排具体行政工作，并未就外部相对人的权益作出直接处理，则其行为依然属于内部行政行为，不属于行政诉讼受案范围。如果会议纪要的内容直接决定对外部的特定相对人权益作出处置，无须事后由各行政机关再作出决定加以落实，则作为内部行政行为的会议纪要即具有了外部效力，应当纳入行政诉讼受案范围。行政合同行为的成立必须有行政机关与行政相对人双方意思表示的合意成分，而非行政机关单方意思表示就能确定行政法律关系的内容。即使实践中，行政相对人存在与行政机关的意见沟通事实，但如果最终的决定权还是掌握在行政机关手里，则相应的行政行为依然不属于行政合同行为。

第十二章　行政诉讼的管辖

试　题

第一节　级别管辖

📄 **1.** 为优化营商环境，市商务局委托当地海关办理进出口许可。甲公司就进出口许可向当地海关申请办理，当地海关作出不予许可决定。甲公司向市政府申请复议，市政府作出复议维持决定。甲公司遂提起行政诉讼。关于本案，下列哪一说法是正确的？（2023年回忆版）

　　A. 被告为市政府

　　B. 被告为市商务局和当地海关

　　C. 应当由中级法院管辖

　　D. 应当由基层法院管辖

📄 **2.** 某药厂将本厂过期药品更改生产日期后向外出售。甲市市场监督管理局决定没收药品并处罚款20万元。药厂向甲市政府申请复议，甲市政府决定维持处罚决定。药厂不服，向法院提起诉讼。关于本案的被告和管辖，下列哪一说法是正确的？（2018年回忆版）

　　A. 被告为甲市市场监督管理局

　　B. 被告为甲市政府

　　C. 药厂的起诉期限为6个月

　　D. 基层法院对此案有管辖权

📄 **3.** 县政府以某化工厂不符合国家产业政策、污染严重为由，决定强制关闭该厂。该厂向法院起诉要求撤销该决定，并提出赔偿请求。一审法院认定县政府决定违法，予以撤销，但未对赔偿请求作出裁判，县政府提出上诉。下列说法正确的是：（2017-2-100）

　　A. 本案第一审应由县法院管辖

　　B. 二审法院不得以不开庭方式审理该上诉案件

　　C. 二审法院应对一审法院的判决和被诉行政行为进行全面审查

　　D. 如二审法院经审查认为依法不应给予该厂赔偿的，应判决驳回其赔偿请求

第二节　地域管辖

📄 某区环保局因某新建水电站未报批环境影响评

价文件，且已投入生产使用，给予其罚款 10 万元的处罚。水电站不服，申请复议，复议机关作出维持处罚的复议决定书。下列哪一说法是正确的？（2014-2-49，新法改编）

　　A. 复议机构应当为市环保局

　　B. 如复议期间案件涉及法律适用问题，需要有权机关作出解释，行政复议终止

　　C. 复议决定书一经送达，即发生法律效力

　　D. 水电站对复议决定不服向法院起诉，应由复议机关所在地的法院管辖

详　解

第一节　级别管辖

1. ［答案］ D　　　［难度］ 难

［考点］ 行政许可实施机关、行政诉讼被告、行政诉讼管辖

［命题和解题思路］ 本题重点考查行政许可实施机关以及复议维持案件的被告和管辖法院确定。本题的特殊之处在于《行政许可法》规定的委托实施行政许可的主体为行政机关，该委托行为并未导致作出行政许可的主体发生变动。此外，复议维持情况下的双被告制度以及复议维持情况下应当以原行政行为作出机关的级别确定管辖法院的级别也是本题考查内容。正确回答本题，考生需要厘清委托实施行政许可情况下的真正行为主体，在此基础上，即可作出准确选择。

［选项分析］ 根据《行政许可法》第 24 条规定，行政机关在其法定职权范围内，依照法律、法规、规章的规定，可以委托其他行政机关实施行政许可。委托行政机关对受委托行政机关实施行政许可的行为应当负责监督，并对该行为的后果承担法律责任。《行政诉讼法》第 26 条第 5 款规定，行政机关委托的组织所作的行政行为，委托的行政机关是被告。据此可知，对不予许可决定承担法律责任的是市商务局，而非当地海关。甲公司应针对市商务局的不予许可决定申请复议。根据《行政诉讼法》第 26 条第 2 款规定，**经复议的案件，复议机关决定维持原行政行为的，作出原行政行为的行政机关和复议机关是共同被告。** 据此，本题中的被告应为市商务局和市政府。A、B 选项说法均错误。

《行诉法解释》第 134 条第 3 款规定，**复议机关作共同被告的案件，以作出原行政行为的行政机关确定案件的级别管辖。** 在市商务局作为原行为机关的情况下，案件管辖法院应为基层法院。C 选项说法错误，D 选项说法正确。

2. ［答案］ D　　　［难度］ 中

［考点］ 复议维持的理解；被告确定与复议维持案件的管辖

［命题和解题思路］ 本题考查考生对复议维持的理解以及复议维持情况下行政案件的管辖法院确定。首先，新旧法之下，对复议维持的理解发生了较大变化，需要考生注意；其次，复议维持情况下被告的确定；最后，在复议机关维持原行政行为的情况下，案件的管辖法院如何确定，修订后的《行政诉讼法》及其司法解释作出了与原《行政诉讼法》及其司法解释不同的规定。正确回答本题，需要考生注意以上制度变化情况。

［选项分析］《行政诉讼法》第 26 条第 2 款规定："经复议的案件，复议机关决定维持原行政行为的，作出原行政行为的行政机关和复议机关是共同被告；复议机关改变原行政行为的，复议机关是被告。"关于"改变原行政行为"如何理解，该法未作规定。依照《行诉法解释》第 22 条的规定，《行政诉讼法》第 26 条第 2 款规定的"复议机关决定维持原行政行为"，是指复议机关改变原行政行为的处理结果。复议机关改变原行政行为所认定的主要事实和证据、改变原行政行为所适用的规范依据，但未改变原行政行为处理结果的，视为复议机关维持原行政行为。复议机关确认原行政行为无效，属于改变原行政行为。复议机关确认原行政行为违法，属于改变原行政行为，但复议机关以违反法定程序为由确认原行政行为违法的除外。据此规定可知，新法之下，复议机关改变原行政行为专指改变原行政行为的处理结果。改变原行政行为的依据但未改变其处理结果，仍然属于维持。在复议维持的情况下，该类案件的被告应当是原行政行为的作出机关与行政复议机关。据此，选项 A、B 均错误。

《行政诉讼法》第 45 条规定："公民、法人或者其他组织不服复议决定的，可以在收到复议决定书之日起十五日内向人民法院提起诉讼。复议机关逾期不作决定的，申请人可以在复议期满之日起十五日内向人民法院提起诉讼。法律另有规

定的除外。"据此可知，经过复议的案件，起诉期限一般为 15 日，法律另有规定的除外。《药品管理法》并未对该领域经复议的案件起诉期限作出明确规定，因此，应当适用《行政诉讼法》的一般起诉期限。选项 C 错误。

《行诉法解释》第 134 条规定："复议机关决定维持原行政行为的，作出原行政行为的行政机关和复议机关是共同被告。原告只起诉作出原行政行为的行政机关或者复议机关的，人民法院应当告知原告追加被告。原告不同意追加的，人民法院应当将另一机关列为共同被告。行政复议决定既有维持原行政行为内容，又有改变原行政行为内容或者不予受理申请内容的，作出原行政行为的行政机关和复议机关为共同被告。复议机关作共同被告的案件，以做出原行政行为的行政机关确定案件的级别管辖。"根据该条第 3 款规定，本题的级别管辖法院应为基层法院。选项 D 表述正确。

3.　[答案] CD　　[难度] 易

[考点] 级别管辖；第二审程序（审理方式、审理对象）；二审判决

[命题和解题思路] 本题为一道综合试题，内容涉及级别管辖法院确定、二审案件的审理程序、审理对象以及一审遗漏赔偿请求的处理。命题人考查的范围涉及《行政诉讼法》以及《行诉法解释》的相关规定。如果考生对上述规定内容有较好掌握，应当能够作出正确选择。四个选项中，B 选项的表述方式存在某种暗示——凡否定之否定的表述意味着全面肯定，包含此种过于绝对表述的判断一般是错误的，如果考生不能作出准确选择，可以依靠此种经验作出判断。D 选项因涉及《行诉法解释》规定的内容，考生容易忽视，可能会作出错误选择。因此，在复习考试过程中，要注意修订后的《行政诉讼法》和《行诉法解释》的相关规定。

[选项分析] 关于县政府作被告的案件，如何确定级别管辖法院问题，《行政诉讼法》第 15 条规定："中级人民法院管辖下列第一审行政案件：（一）对国务院部门或者县级以上地方人民政府所作的行政行为提起诉讼的案件；……"据此，选项 A 表述错误。

关于二审案件的审理程序问题，《行政诉讼法》第 86 条规定："人民法院对上诉案件，应当组成合议庭，开庭审理。经过阅卷、调查和询问当事人，对没有提出新的事实、证据或者理由，合议庭认为不需要开庭审理的，也可以不开庭审理。"据此规定，人民法院设立上诉案件，适用开庭审理为原则、不开庭审理为例外的制度。不开庭审理并非绝对不允许，因此，选项 B 表述错误。

选项 C 涉及二审法院的审理对象问题，对此，《行政诉讼法》第 87 条规定："人民法院审理上诉案件，应当对原审人民法院的判决、裁定和被诉行政行为进行全面审查。"也就是说，二审法院对上诉案件实行的是全面审查，既审查一审裁判的合法性，也审查被诉行政行为的合法性。据此，选项 C 表述正确。

对于二审对上诉案件如何处理问题，《行政诉讼法》第 89 条作出以下规定："人民法院审理上诉案件，按照下列情形，分别处理：（一）原判决、裁定认定事实清楚，适用法律、法规正确的，判决或者裁定驳回上诉，维持原判决、裁定；（二）原判决、裁定认定事实错误或者适用法律、法规错误的，依法改判、撤销或者变更；（三）原判决认定基本事实不清、证据不足的，发回原审人民法院重审，或者查清事实后改判；（四）原判决遗漏当事人或者违法缺席判决等严重违反法定程序的，裁定撤销原判决，发回原审人民法院重审；……"该条并未就一审法院遗漏原告赔偿请求如何处理作出规定，对此，《行诉法解释》第 109 条第 4、5 款作出如下规定："原审判决遗漏行政赔偿请求，第二审人民法院经审查认为依法不应当予以赔偿的，应当判决驳回行政赔偿请求。原审判决遗漏行政赔偿请求，第二审人民法院经审理认为依法应当予以赔偿的，在确认被诉行政行为违法的同时，可以就行政赔偿问题进行调解；调解不成的，应当就行政赔偿部分发回重审。"本题中，选项 D 的表述符合该条第 4 款规定，为正确选项。

第二节　地域管辖

[答案] C　　[难度] 易

[考点] 行政复议机关；行政复议程序；行政诉讼管辖（一般地域管辖）

[命题和解题思路] 本题重点考查行政复议程序的相关知识，兼及经过行政复议之后行政诉讼

案件的地域管辖法院确定。从各选项的设计来看，行政复议程序制度无疑是考查的重点，而行政复议之后的案件管辖法院确定则有拼凑选项的"嫌疑"——虽然也与行政复议有关。在前三个备选项中，命题人考查的是行政复议机构与行政复议机关的区别、行政复议程序中止与终止的区别以及行政复议决定书的法律效力问题，最后一个选项看似简单，实际上隐含了一个考查内容——复议维持情况下被告的确定，只有确定了案件的被告，才能进一步确定案件的地域管辖法院。

[选项分析] 依照《行政复议法》第24条第1款规定，对县级以上地方各级人民政府工作部门的行政行为不服申请复议的，应当由本级人民政府管辖。据此，水电站不服区环保局的处罚决定，申请行政复议时，复议机关应当是区政府。A项

表述错误。

《行政复议法》第39条规定："行政复议期间有下列情形之一的，行政复议中止：……（七）行政复议案件涉及的法律适用问题需要有权机关作出解释或者确认；……"据此，B错误。

《行政复议法》第75条规定，行政复议机关作出行政复议决定，应当制作行政复议决定书，并加盖行政复议机关印章。行政复议决定书一经送达，即发生法律效力。据此，C正确。

依照《行政诉讼法》第18条第1款的规定，行政案件由最初作出行政行为的行政机关所在地人民法院管辖。经复议的案件，也可以由复议机关所在地人民法院管辖。据此，水电站对复议决定不服向法院起诉，管辖法院可以有两种选择。D错误。

第十三章　行政诉讼参加人

试　题

第一节　原　告

▧ **1.** 某森林公安局以某公司违规铲除植被为由，责令其恢复植被，并罚款3万元。该公司缴纳罚款后，森林公安局即办理了结案手续。森林检察院发现这一情况后，向森林公安局发出责令该公司恢复植被的检察建议，森林公安局未予理睬。森林检察院遂向法院提起诉讼。关于本案，下列哪些说法是正确的？（2021年回忆版）

　　A. 本案是行政公益诉讼

　　B. 检察院提出检察建议是公益诉讼的前置程序

　　C. 只有民间公益诉讼组织不提起诉讼，检察院才能提起诉讼

　　D. 检察院的起诉期限是3个月

▧ **2.** 一公司为股份制企业，认为行政机关作出的决定侵犯企业经营自主权，下列哪些主体有权以该公司的名义提起行政诉讼？（2013-2-82）

　　A. 股东　　　　　B. 股东大会

　　C. 股东代表大会　　D. 董事会

第二节　被　告

▧ **1.** 某公司私自占有公共土地，县林草局对该

公司作出罚款的决定，并责令恢复原状。事后，林草局收缴了该公司的罚款，但没有及时督促该公司恢复原状。县检察院以县林草局没有及时履行要求该公司恢复原状的法定职责向法院起诉。对此，下列哪些说法是正确的？（2022年回忆版）

　　A. 检察院的起诉期限是6个月

　　B. 县检察院起诉前要先向林草局发出检察建议

　　C. 林草局可以代该公司恢复原状

　　D. 责令恢复原状是行政处罚

▧ **2.** 甲向某区公安分局提出公开2018年12月行政处罚情况的申请，区公安分局作出不予公开的决定，甲遂向区政府申请复议。区政府以区公安分局作出决定超期为由，确认违法并作出不予公开的复议决定。对此，下列哪些说法是正确的？（2021年回忆版）

　　A. 区政府应对复议决定的合法性承担证明责任

　　B. 本案被告是区公安分局和区政府

　　C. 该事项应为区公安分局主动公开事项

　　D. 本案可由区公安分局所在地法院管辖

▧ **3.** 某公司在高速路口违规设置广告牌，甲县政府责令限期拆除，该公司未处理。后甲县政府

指派乙镇政府予以拆除。该公司不服，以甲县政府为被告起诉至法院，请求确认拆除行为违法并赔偿损失。对此，下列哪一说法是正确的？（2020年回忆版）

　　A. 法院应通知变更被告为乙镇政府

　　B. 法院应当追加乙镇政府为第三人

　　C. 两个诉讼请求应当分别立案

　　D. 若某公司是在一审宣判前提出赔偿请求的，法院应当不予受理

4. 李某不服区公安分局对其作出的行政拘留5日的处罚，向区政府申请行政复议，区政府作出维持决定。李某不服，提起行政诉讼。下列哪些选项是正确的？（2015-2-82，新法改编）

　　A. 李某可向市公安局申请行政复议

　　B. 被告为区政府和区公安分局

　　C. 区公安分局所在地的法院对本案无管辖权

　　D. 如李某的起诉状内容有欠缺，法院应给予指导和释明，并一次性告知需要补正的内容

第三节　行政诉讼第三人

1. 某船舶公司向某区政府申请设置和经营港口，区政府向当地海事管理局征求意见，海事管理局复函该公司不具备设置条件。区政府经实地勘验、专家评估和研究以后，作出不予许可的决定。对此，下列哪些说法是正确的？（2021年回忆版）

　　A. 船舶公司可以对复函提起行政诉讼

　　B. 不予许可决定一经送达即发生法律效力

　　C. 专家评估时间不计算入行政许可的期限

　　D. 如船舶公司起诉，法院应当将海事管理局列为第三人

2. 城管综合执法局工作人员陈某在实施执法检查时，与摊贩李某发生肢体冲突。区公安分局决定对陈某拘留5天，罚款500元。陈某向区政府申请行政复议，区政府认为陈某的行为属于执行公务，决定撤销对陈某的行政处罚。李某不服向法院提起诉讼。对此，下列哪些说法是正确的？（2019年回忆版）

　　A. 本案被告是区政府

　　B. 陈某是本案的第三人

　　C. 本案审理对象是陈某的行为是否属于职务行为

　　D. 本案的起诉期限是15日

3. 经夏某申请，某县社保局作出认定，夏某晚上下班途中驾驶摩托车与行人发生交通事故受重伤，属于工伤。夏某供职的公司认为其发生交通事故系醉酒所致，向法院起诉要求撤销认定。某县社保局向法院提交了公安局交警大队交通事故认定书、夏某住院的病案和夏某同事孙某的证言。下列说法正确的是：（2014-2-98）

　　A. 夏某为本案的第三人

　　B. 某县社保局提供的证据均系书证

　　C. 法院对夏某住院的病案是否为原件的审查，系对证据真实性的审查

　　D. 如有证据证明交通事故确系夏某醉酒所致，法院应判决撤销某县社保局的认定

详　解

第一节　原　告

1. ［答案］AB　　　［难度］中

［考点］检察公益诉讼

［命题和解题思路］本题考查考生对《行政诉讼法》以及相关司法解释有关检察公益诉讼相关规定的掌握程度。本题属于较偏的试题，《行政诉讼法》只有一个条款涉及该部分内容，考生一般不会对此加以注意，本题的命制体现了对检察公益诉讼制度的重视。准确回答本题，需要考生就检察公益诉讼的相关规定内容认真复习，以避免复习过程中出现盲区，导致失分。

［选项分析］《行政诉讼法》第25条第4款规定："人民检察院在履行职责中发现生态环境和资源保护、食品药品安全、国有财产保护、国有土地使用权出让等领域负有监督管理职责的行政机关违法行使职权或者不作为，致使国家利益或者社会公共利益受到侵害的，应当向行政机关提出检察建议，督促其依法履行职责。行政机关不依法履行职责的，人民检察院依法向人民法院提起诉讼。"据此，检察机关被赋予了提起检察公益诉讼的法定职责，同时立法也明确了检察机关提起检察公益诉讼的基本程序，即先向作出行政违法行为的行政机关提出检察建议，督促其纠正违法或依法履责，在不奏效的情况下，再向人民法院提起诉讼。据此规定可知，AB选项说法正确。

　　《最高人民法院、最高人民检察院关于检察公

益诉讼案件适用法律若干问题的解释》第 21 条规定："人民检察院在履行职责中发现生态环境和资源保护、食品药品安全、国有财产保护、国有土地使用权出让等领域负有监督管理职责的行政机关违法行使职权或者不作为，致使国家利益或者社会公共利益受到侵害的，应当向行政机关提出检察建议，督促其依法履行职责。行政机关应当在收到检察建议书之日起两个月内依法履行职责，并书面回复人民检察院。出现国家利益或者社会公共利益损害继续扩大等紧急情形的，行政机关应当在十五日内书面回复。行政机关不依法履行职责的，人民检察院依法向人民法院提起诉讼。"据此，CD 项均是错误的。

2. [答案] BCD　　[难度] 中

[考点] 行政诉讼原告的确认（股份制企业的内部机构）

[命题和解题思路] 命题人在本题中考查了股份制企业内部权力机构的原告资格问题，即股份制企业权益受到具体行政行为侵害的情况下，谁有权利代表企业向人民法院提起行政诉讼。进一步讲，<mark>当企业法定代表人对具体行政行为不提起行政诉讼的情况下，股份制企业的股东大会、股东代表大会、董事会等内部权力机构乃至企业的股东是否都有权代表企业提起行政诉讼？</mark>对此问题一直存在争议。最高法院的司法解释发布实施之后，该问题有了初步答案，考生可据此作出正确的选择。

[选项分析] 依照《行诉法解释》第 16 条第 1 款规定，股份制企业的股东大会、股东代表大会、董事会等认为行政机关作出的具体行政行为侵犯企业经营自主权的，可以企业名义提起诉讼。根据上述规定，本题中 BCD 为正确选项，A 为错误选项。

第二节　被　告

1. [答案] BC　　[难度] 难

[考点] 检察行政公益诉讼、行政强制执行、行政处罚的界定

[命题和解题思路] 本题是一道综合题，系统性地考查考生对检察行政公益诉讼、行政强制执行以及行政处罚概念的理解和掌握程度。四个选项中，AC 选项具有一定难度，BD 选项相对简单。

正确回答本题，需要考生对检察行政公益诉讼的程序规则、行政强制执行、代履行制度的具体内容以及行政处罚的定义有较好的把握。

[选项分析]《行政诉讼法》第 25 条第 4 款规定："人民检察院在履行职责中发现生态环境和资源保护、食品药品安全、国有财产保护、国有土地使用权出让等领域负有监督管理职责的行政机关违法行使职权或者不作为，致使国家利益或者社会公共利益受到侵害的，应当向行政机关提出检察建议，督促其依法履行职责。行政机关不依法履行职责的，人民检察院依法向人民法院提起诉讼。"据此可知，B 选项说法正确。不过，《行政诉讼法》第 25 条以及相关司法解释并未规定检察机关提起行政公益诉讼的起诉期限。《最高人民法院、最高人民检察院关于检察公益诉讼案件适用法律若干问题的解释》第 21 条规定："人民检察院在履行职责中发现生态环境和资源保护、食品药品安全、国有财产保护、国有土地使用权出让等领域负有监督管理职责的行政机关违法行使职权或者不作为，致使国家利益或者社会公共利益受到侵害的，应当向行政机关提出检察建议，督促其依法履行职责。行政机关应当在收到检察建议书之日起两个月内依法履行职责，并书面回复人民检察院。出现国家利益或者社会公共利益损害继续扩大等紧急情形的，行政机关应当在十五日内书面回复。行政机关不依法履行职责的，人民检察院依法向人民法院提起诉讼。"该解释也没有规定起诉期限。据此可以认为，A 选项说法没有依据，不应选。

《行政强制法》第 50 条规定："行政机关依法作出要求当事人履行排除妨碍、恢复原状等义务的行政决定，当事人逾期不履行，经催告仍不履行，其后果已经或者将危害交通安全、造成环境污染或者破坏自然资源的，行政机关可以代履行，或者委托没有利害关系的第三人代履行。"该规定是对行政机关代履行权力的普遍授权，本题符合其中"已经破坏自然资源"的情形，行政机关依法可以实施代履行，C 选项说法正确。

《行政处罚法》第 2 条规定："行政处罚是指行政机关依法对违反行政管理秩序的公民、法人或者其他组织，以减损权益或者增加义务的方式予以惩戒的行为。"根据上述规定可知，<mark>行政处罚行为必须客观上减损了当事人权益或者增加了其</mark>

义务，而责令恢复原状的行为并不具有上述内容，因此不属于行政处罚。D 选项说法错误。

2. [答案] ABCD　　[难度] 中

[考点] 政府信息公开制度；行政诉讼参加人；行政诉讼地域管辖

[命题和解题思路] 本题考查考生行政复议维持情况下行政案件审理相关规定以及政府信息公开范围相关规定的掌握程度，具有一定难度。其原因在于设定了复议机关既维持又改变下级行政行为的情况，这一情况虽然在最高法院司法解释中有规定，但考生一般不会给予注意，由此增加了相关选项判断上的困难。除此以外，有关行政处罚信息是否主动公开的内容也是一个较为偏的考查对象，考生同样会遇到判断上的困难。据此，考生只有对最高法院司法解释、政府信息公开制度的细节内容全面复习，才能在考试时做出正确选择。

[选项分析] 《行诉法解释》第 22 条规定："行政诉讼法第二十六条第二款规定的'复议机关改变原行政行为'，是指复议机关改变原行政行为的处理结果。复议机关改变原行政行为所认定的主要事实和证据、改变原行政行为所适用的规范依据，但未改变原行政行为处理结果的，视为复议机关维持原行政行为。复议机关确认原行政行为无效，属于改变原行政行为。复议机关确认原行政行为违法，属于改变原行政行为，但复议机关以违反法定程序为由确认原行政行为违法的除外。"本题中，区政府的复议决定以区公安分局的决定超期为由确认违法，同时作出不予公开的决定，依照前述规定，依然属于维持区公安分局的行政行为。《行政诉讼法》第 26 条第 2 款规定："经复议的案件，复议机关决定维持原行政行为的，作出原行政行为的行政机关和复议机关是共同被告；复议机关改变原行政行为的，复议机关是被告。"据此，本题中行政诉讼被告应当为区公安分局和区政府，B 选项说法正确。

《行诉法解释》第 135 条规定："复议机关决定维持原行政行为的，人民法院应当在审查原行政行为合法性的同时，一并审查复议决定的合法性。作出原行政行为的行政机关和复议机关对原行政行为合法性共同承担举证责任，可以由其中一个机关实施举证行为。复议机关对复议决定的

合法性承担举证责任。复议机关作共同被告的案件，复议机关在复议程序中依法收集和补充的证据，可以作为人民法院认定复议决定和原行政行为合法的依据。"据此可知，作为共同被告的区政府应当对复议决定的合法性承担举证责任，A 选项说法正确。

《政府信息公开条例》第 20 条规定："行政机关应当依照本条例第十九条的规定，主动公开本行政机关的下列政府信息：……（六）实施行政处罚、行政强制的依据、条件、程序以及本行政机关认为具有一定社会影响的行政处罚决定；……"据此可知，行政机关实施处罚的情况属于主动公开事项。C 选项说法正确。

《行政诉讼法》第 18 条规定："行政案件由最初作出行政行为的行政机关所在地人民法院管辖。经复议的案件，也可以由复议机关所在地人民法院管辖。"本题为经过复议的案件，既可以由区公安分局所在地的法院管辖，也可以由区政府所在地的法院管辖（实质是同一管辖法院），D 选项说法正确。

3. [答案] A　　[难度] 中

[考点] 行政诉讼被告；行政诉讼第三人；行政诉讼案件审理对象

[命题和解题思路] 本题考查考生对行政诉讼被告、第三人以及案件审理对象的掌握程度。《行政诉讼法》对行政诉讼被告和第三人制度作出了明确规定，但在实践中，经常会出现被告确定和第三人确定方面的争议，需要根据《行政诉讼法》有关被告和第三人的相关规定加深理解和认识，以便作出正确的判断。本题中的 AD 选项涉及行政诉讼被告的确定问题，稍微有点难度。B 选项的判断需要结合 AD 选项综合判断。C 选项实际考查的是行政行为引发的诉讼与行政赔偿诉讼在同一诉讼程序中主张时，法院如何处理的问题，同时涉及《国家赔偿法》规定的有关内容。考生如果没有认真准备，即会作出错误判断。

[选项分析] 《行政诉讼法》对行政诉讼被告确定的基本原则是"谁行为，谁被告"，即根据侵犯相对人合法权益的行政行为是由哪个行政主体实际实施的，来确定起诉的被告。本题中，提起行政诉讼的公司的诉讼请求是确认拆除行为违法并赔偿损失，因此，其起诉的对象并非甲县政府

作出的责令限期拆除行为，而是具体的拆除行为本身。虽然责令限期拆除决定是甲县政府作出，但具体实施拆除行为的却是乙镇政府。甲县政府有指令乙镇政府的行为，但该指令行为属于内部行政行为，不具有外部法律效果，不具有行政可诉性。综合原告起诉的行为以及诉讼请求可知，乙镇政府具体实施了强拆行为，本案应当以其为诉讼被告。A 选项表述正确，BD 选项表述错误。

《国家赔偿法》第 9 条规定："赔偿义务机关有本法第三条、第四条规定情形之一的，应当给予赔偿。赔偿请求人要求赔偿应当先向赔偿义务机关提出，也可以在申请行政复议或者提起行政诉讼时一并提出。"《最高人民法院关于审理行政赔偿案件若干问题的规定》第 14 条第 2 款规定："原告在第一审庭审终结前提起行政赔偿诉讼，符合起诉条件的，人民法院应当依法受理；原告在第一审庭审终结后、宣判前提起行政赔偿诉讼的，是否准许由人民法院决定。"据此，如果该公司是在第一审庭审终结前提起行政赔偿诉讼，符合起诉条件的，人民法院应当依法受理；如果该公司是在第一审庭审终结后、宣判前提起行政赔偿诉讼的，是否准许由人民法院决定，而不是一律不予受理。C 选项表述错误。

4. ［答案］BD ［难度］易

［考点］行政复议机关；行政诉讼被告（行政复议案件）；地域管辖；对起诉的审查与处理

［命题和解题思路］本题重点考查复议维持下的行政案件的当事人确定和案件管辖。本题题干虽然是以案例形式出现，但其选项设计却完全是对照法条而来。因此，题干中的案例仅仅是对《行政诉讼法》规定内容的演绎。命题人考查的依然是考生对《行政诉讼法》关于复议维持情况下行政诉讼案件特殊规定的掌握程度。在此问题上，新旧法之间的规定有些变化，需要引起考生的充分注意。

［选项分析］李某不服区公安分局对其作出的拘留处罚，依照《行政复议法》第 24 条规定，其应当向区政府申请行政复议，A 选项表述错误。

本题为经过行政复议程序且复议机关维持的行政案件，对此种情况下的被告确定，《行政诉讼法》第 26 条第 2 款规定："经复议的案件，复议

机关决定维持原行政行为的，作出原行政行为的行政机关和复议机关是共同被告；复议机关改变原行政行为的，复议机关是被告。"据此，本案被告为区政府和区公安分局。B 正确。

关于本案的地域管辖法院，《行政诉讼法》第 18 条第 1 款规定："行政案件由最初作出行政行为的行政机关所在地人民法院管辖。经复议的案件，也可以由复议机关所在地人民法院管辖。"据此，区公安分局所在地人民法院有管辖权，C 错误。

D 选项涉及对李某起诉的处理。《行政诉讼法》第 51 条第 3 款规定："起诉状内容欠缺或者有其他错误的，应当给予指导和释明，并一次性告知当事人需要补正的内容。不得未经指导和释明即以起诉不符合条件为由不接收起诉状。"据此，D 正确。

第三节　行政诉讼第三人

1. ［答案］BC ［难度］中

［考点］行政诉讼受案范围；具体行政行为的效力；行政许可实施程序；行政诉讼第三人

［命题和解题思路］本题考查内容较多，涉及行政诉讼受案范围、具体行政行为的效力、行政许可实施程序、行政诉讼第三人等知识点。总体而言，本题难度适中，对于 ABC 选项，考生只要根据相关立法和最高法院司法解释规定回答即可，D 选项稍有难度，需要考生结合行政诉讼第三人的规定作出判断后才能做出选择。

［选项分析］选项 A 考查考生对行政诉讼受案范围尤其是过程性行为的理解。《行诉法解释》第 1 条规定："公民、法人或者其他组织对行政机关及其工作人员的行政行为不服，依法提起诉讼的，属于人民法院行政诉讼的受案范围。下列行为不属于人民法院行政诉讼的受案范围：……（六）行政机关为作出行政行为而实施的准备、论证、研究、层报、咨询等过程性行为；……"上述第 6 项指向过程性行为，本题中，海事管理局针对区政府发出复函，就船舶公司不具备设置条件提出意见，即属于上述过程性行为，该行为并未直接针对船舶公司作出，也未直接处分其权利义务，不属于行政诉讼受案范围。A 选项说法错误。

本题中，区政府根据征询意见情况，并经实地勘验、听取专家评估意见和研究后，作出最终

不予许可的决定，该决定属于对船舶公司申请的驳回决定，具有具体行政行为属性，一旦送达即发生法律效力。B 选项说法正确。

《行政许可法》第 45 条规定："行政机关作出行政许可决定，依法需要听证、招标、拍卖、检验、检测、检疫、鉴定和专家评审的，所需时间不计算在本节规定的期限内。行政机关应当将所需时间书面告知申请人。"据此可知，C 选项说法正确。

《行政诉讼法》第 29 条规定："公民、法人或者其他组织同被诉行政行为有利害关系但没有提起诉讼，或者同案件处理结果有利害关系的，可以作为第三人申请参加诉讼，或者由人民法院通知参加诉讼。人民法院判决第三人承担义务或者减损第三人权益的，第三人有权依法提起上诉。"本题中，海事管理局只是应区政府要求提供咨询意见，区政府作出的不予许可决定是其综合海事管理局意见、实地考察、专家评估等因素最后确定的，该行为才对船舶公司产生影响。另外区政府的行政行为被诉，法院对该案审理的结果不会对海事管理局产生影响。因此，该局不应作为行政诉讼案件的第三人，D 选项说法错误。

2. ［答案］ABD　　［难度］难

［考点］行政诉讼参加人；审理对象；起诉期限

［命题和解题思路］本题综合考查考生以下知识点：（1）行政诉讼参加人，即本案的被告与第三人；（2）常规行政诉讼案件的审理对象；（3）行政复议案件的起诉期限。四个选项中，选项 C 具有一定难度，其主要考查考生对司法审查对象的认识和理解。选项 D 涉及经过复议案件的起诉期限的特殊规定，考生如果对该特殊规定没有足够注意，也容易作出错误判断。

［选项分析］《行政诉讼法》第 26 条对常规情况下行政诉讼的被告如何确定作出了规定，该条规定：公民、法人或者其他组织直接向人民法院提起诉讼的，作出行政行为的行政机关是被告。经复议的案件，复议机关决定维持原行政行为的，作出原行政行为的行政机关和复议机关是共同被告；复议机关改变原行政行为的，复议机关是被告。复议机关在法定期限内未作出复议决定，公民、法人或者其他组织起诉原行政行为的，作出原行政行为的行政机关是被告；起诉复议机关不作为的，复议机关是被告。两个以上行政机关作

出同一行政行为的，共同作出行政行为的行政机关是共同被告。行政机关委托的组织所作的行政行为，委托的行政机关是被告。行政机关被撤销或者职权变更的，继续行使其职权的行政机关是被告。根据该条规定，经过复议的案件，被告的确定因复议结果不同而有差异。即复议改变原行政行为的情况下，由复议机关作为被告；复议维持的情况下，由原行政行为作出机关与复议机关做共同被告。本题属于复议改变的情况，依法应由复议机关即区政府做被告。选项 A 表述正确。

《行政诉讼法》第 29 条规定："公民、法人或者其他组织同被诉行政行为有利害关系但没有提起诉讼，或者同案件处理结果有利害关系的，可以作为第三人申请参加诉讼，或者由人民法院通知参加诉讼。人民法院判决第三人承担义务或者减损第三人权益的，第三人有权依法提起上诉。"根据该条规定，本题中，在李某不服复议决定起诉的情况下，行政诉讼案件的处理结果直接与陈某有利害关系，法院依法应当将陈某列为第三人。选项 B 表述正确。

《行政诉讼法》第 6 条规定："人民法院审理行政案件，对行政行为是否合法进行审查。"第 34 条第 1 款规定："被告对作出的行政行为负有举证责任，应当提供作出该行政行为的证据和所依据的规范性文件。"第 69 条规定："行政行为证据确凿，适用法律、法规正确，符合法定程序的，或者原告申请被告履行法定职责或者给付义务理由不成立的，人民法院判决驳回原告的诉讼请求。"第 70 条规定："行政行为有下列情形之一的，人民法院判决撤销或者部分撤销，并可以判决被告重新作出行政行为：（一）主要证据不足的；（二）适用法律、法规错误的；（三）违反法定程序的；（四）超越职权的；（五）滥用职权的；（六）明显不当的。"结合上述规定可知，通常情况下，在行政诉讼之中，人民法院是以被诉的行政行为作为审理对象。本题中，被诉的是区政府的复议决定，依照《行政诉讼法》的规定，该复议决定是本案的审理对象。选项 C 表述错误。

《行政诉讼法》第 45 条规定："公民、法人或者其他组织不服复议决定的，可以在收到复议决定书之日起十五日内向人民法院提起诉讼。复议机关逾期不作决定的，申请人可以在复议期满之日起十五日内向人民法院提起诉讼。法律另有规

定的除外。"据此可知, 选项 D 表述正确。

3. [答案] ACD　　[难度] 易

[考点] 行政诉讼第三人; 行政诉讼证据种类; 证据的核实; 工伤规定

[命题和解题思路] 本题是一道综合题, 命题人通过设计案例, 既考查考生对行政诉讼参加人、证据制度以及实体裁判的把握程度, 同时考查其对工伤认定实体规定的掌握情况。其中, ABC 选项的判断相对简单, 考生只要结合行政诉讼法以及最高法院相关司法解释的有关规定即可作出选择。D 选项的判断相对复杂一些, 需要考生结合实体规定作出判断。不过, 即使没有掌握有关工伤认定的实体规定, 凭社会经验——当事人应当为其醉酒驾驶发生交通事故自负其责——也可以作出大致正确的判断。当然, 后一种判断方式只能作为补充。

[选项分析]《行政诉讼法》第 29 条第 1 款规定:"公民、法人或者其他组织同被诉行政行为有利害关系但没有提起诉讼, 或者同案件处理结果有利害关系的, 可以作为第三人申请参加诉讼, 或者由人民法院通知参加诉讼。"本题中, 夏某因工伤认定问题, 与其所供职的公司存在利益冲突, 在其供职公司就县社保局的工伤认定提起行政诉讼后, 因其与被诉的具体行政行为具有利害关系, 应当作为本案第三人。A 正确。

《行政诉讼法》第 33 条第 1 款规定:"证据包括:(一) 书证;(二) 物证;(三) 视听资料;(四) 电子数据;(五) 证人证言;(六) 当事人的陈述;(七) 鉴定意见;(八) 勘验笔录、现场笔录。"本题中, 县社保局向法院提交的夏某同事的证言属于证人证言, 而非书证, B 错误。

《最高人民法院关于行政诉讼证据若干问题的规定》第 56 条规定:"法庭应该根据案情的具体情况, 从以下方面审查证据的真实性:(一) 证据形成的原因;(二) 发现证据时的客观环境;(三) 证据是否为原件、原物, 复制件、复制品与原件、原物是否相符;(四) 提供证据的人或者证人与当事人是否具有利害关系;(五) 影响证据真实性的其他原因。"据此, 本题中, 法院对夏某住院的病案是否为原件的审查, 属于对证据真实性的审查, C 正确。

《社会保险法》第 37 条规定:"职工因下列情形之一导致本人在工作中伤亡的, 不认定为工伤:(一) 故意犯罪;(二) 醉酒或者吸毒;(三) 自残或者自杀;(四) 法律、行政法规规定的其他情形。"本题中, 如果夏某供职的公司提供证据证明夏某确因醉酒导致其与行人发生交通事故而受伤的, 就可以证明县社保局所作的工伤认定或者缺少事实根据, 或者适用法律错误, 法院应判决撤销该局的工伤认定。D 正确。

第十四章　行政诉讼程序

试 题

第一节　起诉与受理

📶 **1.** 下列哪些情形下当事人需要先申请行政复议, 然后才可以提起行政诉讼? (2018 年回忆版)

A. 某企业对反垄断执法机构作出的禁止和限制经营者集中的决定不服的

B. 江某对省政府作出的行政行为不服的

C. 县政府为孙某颁发采矿许可证, 刘某认为该行为侵犯了自己已有的采矿权

D. 王某对税务局要求其补缴 2300 元个人所得税的决定不服的

📶 **2.** 2009 年 3 月 15 日, 严某向某市房管局递交出让方为郭某 (严某之母)、受让方为严某的房产交易申请表以及相关材料。4 月 20 日, 该局向严某核发房屋所有权证。后因家庭纠纷郭某想出售该房产时发现房产已不在名下, 于 2013 年 12 月 5 日以该局为被告提起诉讼, 要求撤销向严某核发的房屋所有权证, 并给自己核发新证。一审法院判决维持被诉行为, 郭某提出上诉。下列哪些说法是正确的? (2014-2-84)

A. 本案的起诉期限为 2 年

B. 本案的起诉期限从 2009 年 4 月 20 日起算

C. 如诉讼中郭某解除对诉讼代理人的委托, 在其书面报告法院后, 法院应当通知其他当事人

D. 第二审法院应对一审法院的裁判和被诉具

体行政行为是否合法进行全面审查

3. 某环保联合会对某公司提起环境民事公益诉讼，因在诉讼中需要该公司的相关环保资料，遂向县环保局提出申请公开该公司的排污许可证、排污口数量和位置等有关环境信息。申请书中载明了单位名称、住所地、联系人及电话并加盖了公章、获取信息的方式等。县环保局收到申请后，要求环保联合会提供申请人身份的证明材料。环保联合会提供了社会团体登记证复印件。县环保局以申请公开的内容不明确为由拒绝公开，该环保联合会遂提起行政诉讼。关于本案的起诉，下列说法正确的是：（2017-2-98）

A. 本案由县环保局所在地法院或者环保联合会所在地的法院管辖

B. 起诉期限为 6 个月

C. 如法院当场不能判定起诉是否符合条件的，应接受起诉状，出具注明收到日期的书面凭证，并在 7 日内决定是否立案

D. 如法院当场不能判定起诉是否符合条件，经 7 日内仍不能作出判断的，应裁定暂缓立案

第二节 行政诉讼第一审程序

1. 交警大队以某闯红灯为由当场处以 50 元罚款，某不服起诉。法院适用简易程序审理。关于简易程序，下列哪些说法是正确的？（2016-2-84）

A. 由审判员一人独任审理

B. 法院应在立案之日起 30 日内审结，有特殊情况需延长的经批准可延长

C. 法院在审理过程中发现不宜适用简易程序的，裁定转为普通程序

D. 对适用简易程序作出的判决，当事人不得提出上诉

2. 关于行政诉讼简易程序，下列哪些说法是正确的？（2015-2-83）

A. 对第一审行政案件，当事人各方同意适用简易程序的，可以适用

B. 案件涉及款额 2000 元以下的发回重审案件和上诉案件，应适用简易程序审理

C. 适用简易程序审理的行政案件，由审判员一人独任审理

D. 适用简易程序审理的行政案件，应当庭宣判

详 解

第一节 起诉与受理

1. ［答案］ACD ［难度］中
［考点］复议前置
［命题和解题思路］本题考查考生对复议前置相关规定的掌握程度。复议前置是起诉与受理制度当中当事人在复议与诉讼之间做出选择的例外情况，一般而言，是否有复议前置的规定主要看各相关领域的行政立法是否有明确规定。由于行政立法领域广泛，究竟何种执法领域的立法有复议前置的特殊规定不是非常容易确定。在法考题目中，此种类型题目的考查不会超出考生复习的法条范围，考生需要结合既有的法律规定作出判断。

［选项分析］《反垄断法》第 28 条规定："经营者集中具有或者可能具有排除、限制竞争效果的，国务院反垄断执法机构应当作出禁止经营者集中的决定。但是，经营者能够证明该集中对竞争产生的有利影响明显大于不利影响，或者符合社会公共利益的，国务院反垄断执法机构可以作出对经营者集中不予禁止的决定……"第 53 条规定："对反垄断执法机构依据本法第二十八条、第二十九条作出的决定不服的，可以先依法申请行政复议；对行政复议决定不服的，可以依法提起行政诉讼。对反垄断执法机构作出的前款规定以外的决定不服的，可以依法申请行政复议或者提起行政诉讼。"对照上述规定可知，企业对反垄断执法机构作出的禁止和限制经营者集中的决定不服的，在提起行政诉讼之前，需要先申请行政复议。据此，选项 A 符合题旨要求。

《行政诉讼法》第 44 条规定："对属于人民法院受案范围的行政案件，公民、法人或者其他组织可以先向行政机关申请复议，对复议决定不服的，再向人民法院提起诉讼；也可以直接向人民法院提起诉讼。法律、法规规定应当先向行政机关申请复议，对复议决定不服再向人民法院提起诉讼的，依照法律、法规的规定。"根据该条规定，通常情况下，只要法律法规未明确规定复议前置，当事人都可以在申请行政复议和提起行政诉讼之间选择，无需遵循复议前置要求，无论被告是何种级别的行政机关。选项 B 中，无需因为被告是省政府就必须经过复议前置。

《行政复议法》第 23 条第 1 款规定："有下列情形之一的，申请人应当先向行政复议机关申请行政复议，对行政复议决定不服的，可以再依法向人民法院提起行政诉讼：……（二）对行政机关作出的侵犯其已经依法取得的自然资源的所有权或者使用权的决定不服；……"据此，选项 C 涉及的情况需要先申请行政复议。

《税收征收管理法》第 88 条规定："纳税人、扣缴义务人、纳税担保人同税务机关在纳税上发生争议时，必须先依照税务机关的纳税决定缴纳或者解缴税款及滞纳金或者提供相应的担保，然后可以依法申请行政复议；对行政复议决定不服的，可以依法向人民法院起诉……"根据该条规定，行政相对人不服税务机关的征税决定的，需要先申请行政复议，再提起行政诉讼。选项 D 为正确选择。

2. [答案] CD　　[难度] 中

[考点] 起诉期限；诉讼代理人（委托代理人）；行政诉讼第二审程序

[命题和解题思路] 本题是一道综合题，考查内容涉及行政诉讼起诉期限、委托代理制度以及二审法院的审查范围等，选项设计具有发散性。命题人重点考查的还是行政诉讼起诉期限确定问题。《行诉法解释》在《行政诉讼法》规定的起诉期限基础上，又针对行政机关未告知诉权和起诉期限、相对人根本不知道行政行为作出等特殊情况如何确定起诉期限作出了细化规定。本题 AB 选项重在考查上述规定的理解与适用。还是那句话，细节决定成败。考生一定要充分注意《行诉法解释》相关规定的细微差别。

[选项分析] A、B 选项涉及起诉期限计算问题。根据本题说明，本题属于相对人不知道具体行政行为内容的情况。根据《行诉法解释》第 65 条的规定，公民、法人或者其他组织不知道行政机关作出的行政行为内容的，其起诉期限从知道或者应当知道该行政行为内容之日起计算，但最长不得超过行政诉讼法第 46 条第 2 款规定的起诉期限。《行政诉讼法》第 46 条第 2 款规定："因不动产提起诉讼的案件自行政行为作出之日起超过二十年，其他案件自行政行为作出之日起超过五年提起诉讼的，人民法院不予受理。"据此，本案中，郭某向人民法院提起行政诉讼的期限是从其

知道或者应当知道之日起计算，而非从被诉的具体行政行为作出之日起计算，故 B 错误。A 表述的错误在于其混淆了不知道行政行为内容和行政机关作出行政行为时未告知诉期限这两种情况下的起诉期限计算方法问题。《行诉法解释》第 64 条规定："行政机关作出行政行为时，未告知公民、法人或者其他组织起诉期限的，起诉期限从公民、法人或者其他组织知道或者应当知道起诉期限之日起计算，但从知道或者应当知道行政行为内容之日起最长不得超过一年。复议决定未告知公民、法人或者其他组织起诉期限的，适用前款规定。"本题不属于该条规定的情况。故 A 表述错误。

《行诉法解释》第 31 条规定："当事人委托诉讼代理人，应当向人民法院提交由委托人签名或者盖章的授权委托书。委托书应当载明委托事项和具体权限。公民在特殊情况下无法书面委托的，也可以由他人代书，并由自己捺印等方式确认，人民法院应当核实并记录在卷；被诉行政机关或者其他有义务协助的机关拒绝人民法院向被限制人身自由的公民核实的，视为委托成立。当事人解除或者变更委托的，应当书面报告人民法院。"据此，C 表述正确。

《行政诉讼法》第 87 条规定："人民法院审理上诉案件，应当对原审人民法院的判决、裁定和被诉行政行为进行全面审查。"据此，二审法院施行全面审查原则，D 表述正确。

3. [答案] BC　　[难度] 易

[考点] 政府信息公开诉讼；起诉与受理

[命题和解题思路] 本题考查的是政府信息公开案件的管辖、起诉与受理等相关内容。从命题人的选项设计来看，其难度并不大。如选项 A 涉及地域管辖问题，如果考生知晓政府信息公开案件适用一般地域管辖，即会立即作出正确选择；选项 B 涉及起诉期限问题，考生如果知道此类案件无特殊起诉期限规定，也会即刻作出正确选择。选项 CD 内容存在冲突，但都涉及立案登记制度的适用，而立案登记制度是修订行政诉讼法的重点，考生在复习过程中必然给予充分的重视，因此，判断 CD 哪个选项正确并不困难。综上，本题在某种意义上，又是命题人给考生的一道送分题。

[选项分析]《政府信息公开条例》以及最高

法院《信息公开规定》并未就政府信息公开行政案件的管辖问题作出特别规定。因此，该类案件的管辖适用《行政诉讼法》的一般规定。《行政诉讼法》第18条第1款规定："行政案件由最初作出行政行为的行政机关所在地人民法院管辖。经复议的案件，也可以由复议机关所在地人民法院管辖。"据此，本案的管辖法院应为被告县环保局所在地的人民法院。A选项表述错误。

《政府信息公开条例》并未对申请人不服行政机关拒绝公开政府信息行为提起行政诉讼的期限作出特别规定，据此，申请人提起行政诉讼，适用《行政诉讼法》规定的一般起诉期限。根据该法第46条的规定，相对人直接向人民法院提起诉讼的，应当自知道或者应当知道作出行政行为之日起6个月内提出。据此，B选项表述正确。

《行政诉讼法》建立了立案登记制度，该法第51条规定："人民法院在接到起诉状时对符合本法规定的起诉条件的，应当登记立案。对当场不能判定是否符合本法规定的起诉条件的，应当接收起诉状，出具注明收到日期的书面凭证，并在七日内决定是否立案。不符合起诉条件的，作出不予立案的裁定。裁定书应当载明不予立案的理由。原告对裁定不服的，可以提起上诉。起诉状内容欠缺或者有其他错误的，应当给予指导和释明，并一次性告知当事人需要补正的内容。不得未经指导和释明即以起诉不符合条件为由不接收起诉状。对于不接收起诉状、接收起诉状后不出具书面凭证，以及不一次性告知当事人需要补正的起诉状内容的，当事人可以向上级人民法院投诉，上级人民法院应当责令改正，并对直接负责的主管人员和其他直接责任人员依法给予处分。"依照上述规定可知，C选项表述合法，D选项表述与立法规定不符。

第二节　行政诉讼第一审程序

1. ［答案］AC　　［难度］易

［考点］简易程序（适用范围、简易程序的要求）

［命题和解题思路］命题人在本题中考查了行政诉讼简易程序的相关规定。简易程序为修订后的行政诉讼法新增加的规定，立法对其适用的行政案件范围、法官独任审理、审理期限以及简易程序与普通程序的转换作出了明确规定。这些规

定都需要考生牢固掌握。

［选项分析］《行政诉讼法》就简易程序的适用范围和操作程序作出了较为详细的规定。该法第82条规定了简易程序的适用范围："人民法院审理下列第一审行政案件，认为事实清楚、权利义务关系明确、争议不大的，可以适用简易程序：（一）被诉行政行为是依法当场作出的；（二）案件涉及款额二千元以下的；（三）属于政府信息公开案件的。除前款规定以外的第一审行政案件，当事人各方同意适用简易程序的，可以适用简易程序。发回重审、按照审判监督程序再审的案件不适用简易程序。"第83条和第84条规定了简易程序的具体操作：适用简易程序审理的行政案件，由审判员一人独任审理，并应当在立案之日起45日内审结。人民法院在审理过程中，发现案件不宜适用简易程序的，裁定转为普通程序。根据上述规定可以作出以下判断：AC选项表述正确，B选项表述错误。

《行政诉讼法》第85条规定："当事人不服人民法院第一审判决的，有权在判决书送达之日起十五日内向上一级人民法院提起上诉。当事人不服人民法院第一审裁定的，有权在裁定书送达之日起十日内向上一级人民法院提起上诉。逾期不提起上诉的，人民法院的第一审判决或者裁定发生法律效力。"据此，无论一审法院适用何种程序作出判决，当事人均享有上诉权。D选项表述错误。

2. ［答案］AC　　［难度］易

［考点］简易程序（适用范围、简易程序的要求）

［命题和解题思路］简易程序是《行政诉讼法》修订后新增加的程序制度，该法对简易程序的适用范围和具体操作作出了较为详细的规定。本题考查考生对上述新规定的理解与掌握程度。命题人设计的四个选项均是对照立法规定而来，只在某些表述上，与立法规定存在一定出入，需要考生根据立法规定作出正确判断。在四个选项中，D选项具有一定模糊性，考生如果不注意这个细节问题，可能会作出错误选择。

［选项分析］关于简易程序的适用范围，《行政诉讼法》第82条规定："人民法院审理下列第一审行政案件，认为事实清楚、权利义务关系明确、争议不大的，可以适用简易程序：（一）被诉

行政行为是依法当场作出的；（二）案件涉及款额二千元以下的；（三）属于政府信息公开案件的。除前款规定以外的第一审行政案件，当事人各方同意适用简易程序的，可以适用简易程序。发回重审、按照审判监督程序再审的案件不适用简易程序。"根据上述规定，A 表述正确，B 表述错误。

关于简易程序的操作，《行政诉讼法》第 83 条规定："适用简易程序审理的行政案件，由审判员一人独任审理，并应当在立案之日起四十五日内审结。"据此可知，C 表述正确。

D 选项为重点干扰项。《行政诉讼法》有关简易程序的规定中并无关于宣判的特殊规定，因此，适用简易程序审理的案件，其裁判的作出须遵守《行政诉讼法》有关普通程序的规定。《行政诉讼法》第 80 条规定："人民法院对公开审理和不公开审理的案件，一律公开宣告判决。当庭宣判的，应当在十日内发送判决书；定期宣判的，宣判后立即发给判决书。宣告判决时，必须告知当事人上诉权利、上诉期限和上诉的人民法院。"据此，D 表述错误。

第十五章 行政诉讼的特殊制度与原则

试 题

第一节 行政诉讼证据

📶 **1.** 某市市场监管局以个体户张某销售不合格食品为由，对其作出罚款 2000 元的决定。张某未在法定期限内到指定银行缴纳罚款，并向市政府申请行政复议，市政府作出复议维持决定。张某以市市场监管局为被告向法院提起诉讼，法院通知张某追加市政府为被告，张某不同意。对此，下列哪一说法是正确的？（2023 年回忆版）

A. 法院应当将市政府列为第三人

B. 法院可以适用简易程序审理本案

C. 市市场监管局负责证明罚款行为的合法性

D. 诉讼期间对张某的加处罚款连续计算

📶 **2.** 梁某酒后将邻居张某家的门、窗等物品砸坏。县公安局接警后，对现场进行拍照、制作现场笔录，并请县价格认证中心作价格鉴定意见，对梁某作出行政拘留 8 日处罚。梁某向法院起诉，县公安局向法院提交照片、现场笔录和鉴定意见。下列哪些说法是正确的？（2015-2-84）

A. 照片为书证

B. 县公安局提交的现场笔录无当事人签名的，不具有法律效力

C. 县公安局提交的鉴定意见应有县价格认证中心的盖章和鉴定人的签名

D. 梁某对现场笔录的合法性有异议的，可要求县公安局的相关执法人员作为证人出庭作证

第二节 行政案件审理中的特殊制度

📶 **1.** 某区交通局依据市交通局制发的《客运经营管理办法》认定张某违法从事客运经营，对其罚款 2000 元。张某诉至法院请求撤销该处罚决定，并审查《客运经营管理办法》的合法性。法院审理认定《客运经营管理办法》与上位法规定不一致，判决撤销了罚款决定。双方当事人均未提出上诉。对此，下列哪一说法是正确的？（2023 年回忆版）

A. 张某最迟应在法庭辩论阶段提出对《客运经营管理办法》的审查申请

B. 本案的被告是区交通局和市交通局

C. 法院可以直接给市交通局发送司法建议

D. 法院应在裁判生效后 3 个月内就《客运经营管理办法》违法问题向上一级法院备案

📶 **2.** 2018 年 6 月 1 日，甲省乙市房管局出台《关于乙市商品住宅项目公证摇号销售实施意见》（以下简称《实施意见》），规定自 7 月 1 日起，乙市商品住宅项目实行公证摇号方式公开销售；乙市商品住宅已办理预售许可证未公开销售的楼盘暂不销售，违者处罚。某房企德利公司为回笼资金，在此期间仍然组织楼盘销售。乙市房管局依据《实施意见》对其处以 20 万元处罚。德利公司不服该处罚决定和《实施意见》，向法院提起诉讼。关于本案，下列哪一选项是错误的？（2018 年回忆版）

A. 德利公司对《实施意见》有关规定不服

的，可以直接起诉

B. 法院在审查中发现《实施意见》可能不合法的，应当听取市房管局的意见

C. 法院经审查发现《实施意见》不合法的，在裁判生效之日起 3 个月内向市房管局提出处理建议，市房管局应当在收到司法建议之日起 60 日内予以书面答复

D. 法院认为《实施意见》不合法的，应当在裁判生效后报送上一级法院备案

3. 甲、乙两村因土地使用权发生争议，县政府裁决使用权归甲村。乙村不服向法院起诉撤销县政府的裁决，并请求法院判定使用权归乙村。关于乙村提出的土地使用权归属请求，下列哪些说法是正确的？（2016-2-85）

A. 除非有正当理由的，乙村应于第一审开庭审理前提出

B. 法院作出不予准许决定的，乙村可申请复议一次

C. 法院应单独立案

D. 法院应另行组成合议庭审理

4. 法院审理行政案件，对下列哪些事项，《行政诉讼法》没有规定的，适用《民事诉讼法》的相关规定？（2015-2-81）

A. 受案范围、管辖

B. 期间、送达、财产保全

C. 开庭审理、调解、中止诉讼

D. 检察院对受理、审理、裁判、执行的监督

详　解

第一节　行政诉讼证据

1. ［答案］B　　［难度］难

［考点］行政诉讼第三人、简易程序、举证责任、行政处罚决定的执行

［命题和解题思路］本题四个选项中，C、D 选项具有一定难度。正确回答本题的前提是考生对复议维持案件当事人确定、举证责任等特殊规定有较好的掌握，同时，需要对《行政处罚法》新修订的内容有较深刻的理解。

［选项分析］《行政法解释》第 134 条第 1 款规定，复议机关决定维持原行政行为的，作出原行政行为的行政机关和复议机关是共同被告。原

告只起诉作出原行政行为的行政机关或者复议机关的，人民法院应当告知原告追加被告。原告不同意追加的，人民法院应当将另一机关列为共同被告。据此可知，本题为复议维持案件，被告为原行政行为作出机关和复议机关。在原告不同意追加复议机关市政府为被告的情况下，法院应当将其列为共同被告。A 选项说法错误。

《行政诉讼法》第 82 条第 1 款规定："人民法院审理下列第一审行政案件，认为事实清楚、权利义务关系明确、争议不大的，可以适用简易程序：（一）被诉行政行为是依法当场作出的；（二）案件涉及款额二千元以下的；（三）属于政府信息公开案件的。"据此，法院在认定案件事实清楚的情况下，可以适用简易程序审理本案。B 选项说法正确。

《行诉法解释》第 135 条规定，在复议维持情况下，作出原行政行为的行政机关和复议机关对原行政行为合法性共同承担举证责任，可以由其中一个机关实施举证行为。复议机关对复议决定的合法性承担举证责任。复议机关作共同被告的案件，复议机关在复议程序中依法收集和补充的证据，可以作为人民法院认定复议决定和原行政行为合法的依据。据此可知，负责证明罚款行为合法性的主体还包括市政府。C 选项说法错误。

《行政处罚法》第 73 条第 3 款规定，当事人申请行政复议或者提起行政诉讼的，加处罚款的数额在行政复议或者行政诉讼期间不予计算。D 选项说法错误。

2. ［答案］AC　　［难度］易

［考点］行政诉讼证据种类；提供证据的要求（现场笔录、鉴定意见）；证据的对质辨认

［命题和解题思路］命题人以案例的方式考查考生对行政诉讼证据种类、被告提供证据的要求以及执法人员以证人身份出庭作证的条件等内容的掌握程度。A 选项涉及证据种类的判断，BC 选项涉及两种证据形式的形式要求，D 选项涉及行政执法人员出庭作证的条件。其中，A 选项的判断具有一定难度，BCD 选项的判断相对简单。正确回答本题，需要考生对行政诉讼证据的种类、最高人民法院司法解释有关证据的提交、证据的质证等规定有深刻的把握。

［选项分析］本题中，县公安局提交的照片属

于何种类型的证据，需要根据照片的表现形式及其内容作出判断。与之最为相近的是书证和物证两种证据类型。**书证是指以文字、符号所记录或者表达的内容，证明案件事实的文书。物证是指以其自身存在、外形、特征、质量等外部特征和物质属性证明案件事实的物品。**本题中，县公安局提交的现场照片符合书证的定义，A 说法正确。

B 选项涉及现场笔录的证据效力问题。依照《最高人民法院关于行政诉讼证据若干问题的规定》第 15 条的规定，被告向人民法院提供的现场笔录，应当载明时间、地点和事件等内容，并由执法人员和当事人签名。当事人拒绝签名或者不能签名的，应当注明原因。有其他人在现场的，可由其他人签名。法律、法规和规章对现场笔录的制作形式另有规定的，从其规定。据此，县公安局提交的现场笔录无当事人签名，但有其他在场人员签名的，同样具有证据效力，B 表述错误。

依照《最高人民法院关于行政诉讼证据若干问题的规定》第 14 条的规定，被告向人民法院提供的在行政程序中采用的鉴定意见，应当载明委托人和委托鉴定的事项、向鉴定部门提交的相关材料、鉴定的依据和使用的科学技术手段、鉴定部门和鉴定人鉴定资格的说明，并应有鉴定人的签名和鉴定部门的盖章。通过分析获得的鉴定意见，应当说明分析过程。据此，C 的表述正确。

依照《行诉法解释》第 41 条规定："有下列情形之一，原告或者第三人要求相关行政执法人员出庭说明的，人民法院可以准许：（一）对现场笔录的合法性或者真实性有异议的；（二）对扣押财产的品种或者数量有异议的；（三）对检验的物品取样或者保管有异议的；（四）对行政执法人员身份的合法性有异议的；（五）需要出庭说明的其他情形。"D 选项将被告行政机关执法人员出庭作出说明表述为"作为证人出庭作证"，不符合该司法解释的规定，表述错误。

第二节　行政案件审理中的特殊制度

1. ［答案］C　　［难度］中
［考点］规范性文件一并审查制度、行政诉讼被告
［命题和解题思路］本题主要考查考生对规范性文件一并审查制度内容的掌握程度，附带考查行政诉讼被告的确定。具体考查内容涉及规范性

文件一并审查申请的时间、认定规范性文件违法之后的后续处理措施。四个选项中，A、B 选项具有一定迷惑性，C、D 选项主要考查具体条文规定。考生只要较好掌握规范性文件一并审查制度的规定，本题并不难以回答。

［选项分析］《行诉法解释》第 146 条规定："公民、法人或者其他组织请求人民法院一并审查行政诉讼法第五十三条规定的规范性文件，应当在第一审开庭审理前提出；有正当理由的，也可以在法庭调查中提出。"A 选项说法错误。

《行政诉讼法》第 26 条第 1 款规定，公民、法人或者其他组织直接向人民法院提起诉讼的，作出行政行为的行政机关是被告。本题中，直接影响张某权益的是区交通局作出的罚款 2000 元决定，**市交通局制发的办法只是区交通局作出罚款决定的依据，市交通局并非罚款行为的作出机关，**因此不能成为本案被告。B 选项说法错误。

《行诉法解释》第 149 条第 3 款规定，规范性文件不合法的，人民法院可以在裁判生效之日起 3 个月内，向规范性文件制定机关提出修改或者废止该规范性文件的司法建议。据此，C 选项说法正确。

《行诉法解释》第 150 条规定，人民法院认为规范性文件不合法的，应当在裁判生效后报送上一级人民法院进行备案。涉及国务院部门、省级行政机关制定的规范性文件，司法建议还应当分别层报最高人民法院、高级人民法院备案。据此可知，**规范性文件违法问题的上报备案并无期限要求。**D 选项说法错误。

2. ［答案］A　　［难度］中
［考点］行政规范性文件一并审查制度
［命题和解题思路］本题考查考生对行政规范性文件一并审查制度相关规定的掌握程度。本题的选项主要结合《行政诉讼法》以及最高法院相关司法解释的规定设计，实际上难度不大。四个选项中，选项 C 在期限设定上可能存在一定难度，如果考生对相关司法解释的有关规定记忆不深，可能作出错误的选择。回答此类题目，关键还是需要对法律和司法解释的规定掌握牢固，别无更好办法。

［选项分析］《行政诉讼法》第 53 条规定："公民、法人或者其他组织认为行政行为所依据的国务院部门和地方人民政府及其部门制定的规范性文件不合法，在对行政行为提起诉讼时，可以

一并请求对该规范性文件进行审查。前款规定的规范性文件不含规章。"根据该条规定，规范性文件进入司法审查程序的前提是执行该规范性文件的具体行政行为被诉至法院，也就是说，当事人认为规范性文件违法的，不能直接对其提起行政诉讼。据此，选项 A 表述错误。

《行诉法解释》第 147 条规定："人民法院在对规范性文件审查过程中，发现规范性文件可能不合法的，应当听取规范性文件制定机关的意见。制定机关申请出庭陈述意见的，人民法院应当准许。行政机关未陈述意见或者未提供相关证明材料的，不能阻止人民法院对规范性文件进行审查。"据此，选项 B 表述正确。

《行诉法解释》第 149 条规定："人民法院经审查认为行政行为所依据的规范性文件合法的，应当作为认定行政行为合法的依据；经审查认为规范性文件不合法的，不作为人民法院认定行政行为合法的依据，并在裁判理由中予以阐明。作出生效裁判的人民法院应当向规范性文件的制定机关提出处理建议，并可以抄送制定机关的同级人民政府、上一级行政机关、监察机关以及规范性文件的备案机关。规范性文件不合法的，人民法院可以在裁判生效之日起三个月内，向规范性文件制定机关提出修改或者废止该规范性文件的司法建议。规范性文件由多个部门联合制定的，人民法院可以向该规范性文件的主办机关或者共同上一级行政机关发送司法建议。接收司法建议的行政机关应当在收到司法建议之日起六十日内予以书面答复。情况紧急的，人民法院可以建议制定机关或者其上一级行政机关立即停止执行该规范性文件。"对照上述规定可知，选项 C 表述正确。

《行诉法解释》第 150 条规定："人民法院认为规范性文件不合法的，应当在裁判生效后报送上一级人民法院进行备案。涉及国务院部门、省级行政机关制定的规范性文件，司法建议还应当分别层报最高人民法院、高级人民法院备案。"据此可知，选项 D 表述正确。

3. ［答案］AB ［难度］中
［考点］行政诉讼附带民事诉讼
［命题和解题思路］《行政诉讼法》第 61 条规定："在涉及行政许可、登记、征收、征用和行政机关对民事争议所作的裁决的行政诉讼中，当事人

申请一并解决相关民事争议的，人民法院可以一并审理。在行政诉讼中，人民法院认为行政案件的审理需以民事诉讼的裁判为依据的，可以裁定中止行政诉讼。"据此，行政诉讼附带民事诉讼得到了立法确认。由于涉及两种不同性质的争议，该类案件在审理程序上具有一定的特殊性。为此，《行诉法解释》中作出了进一步细化。本题主要考查考生对上述司法解释规定内容的理解和掌握程度。

［选项分析］《行诉法解释》第 137 条规定："公民、法人或者其他组织请求一并审理行政诉讼法第六十一条规定的相关民事争议，应当在第一审开庭审理前提出；有正当理由的，也可以在法庭调查中提出。"第 139 条规定："有下列情形之一的，人民法院应当作出不予准许一并审理民事争议的决定，并告知当事人可以依法通过其他渠道主张权利：（一）法律规定应当由行政机关先行处理的；（二）违反民事诉讼法专属管辖规定或者协议管辖约定的；（三）约定仲裁或者已经提起民事诉讼的；（四）其他不宜一并审理民事争议的情形。对不予准许的决定可以申请复议一次。"据此，A、B 项表述正确。

《行诉法解释》第 140 条规定："人民法院在行政诉讼中一并审理相关民事争议的，民事争议应当单独立案，由同一审判组织审理。审理行政机关对民事争议所作裁决的案件，一并审理民事争议的，不另行立案。"据此，C 项、D 项表述错误。

> **难点解析**
>
> 由行政裁决引起的行政附带民事诉讼案件的审理程序与行政许可、登记、征收、征用等行政行为引起的行政附带民事诉讼案件有所不同。该类案件的特点是，==行政裁决行为的合法性审查与民事争议的解决事实上重合==。人民法院在审查行政裁决合法性的同时，也直接审理了相关民事纠纷。为此，此类案件的审理无须再将行政行为的合法性审查和民事争议的审理区分开来。《行诉法解释》也对此作出了明确规定，即民事争议的审理无须另行立案。

4. ［答案］BCD ［难度］易
［考点］行政诉讼与民事诉讼的关系
［命题和解题思路］命题人通过本题考查考生对行政诉讼法修订之后，人民法院审理行政案件

能够适用《民事诉讼法》具体规定的了解程度，试题难度不大，但对考生就修订后的《行政诉讼法》相关规定的细节内容掌握要求较高。回答本题，既可以依照《行政诉讼法》的规定直接作出判断，也可以根据对行政诉讼法学理论的掌握程序作出综合判断。比如 A 选项中的受案范围、管辖是体现行政诉讼制度特色的内容，《行政诉讼法》有专门规定，可以直接排除。

[选项分析]《行政诉讼法》第 101 条规定：

"人民法院审理行政案件，关于期间、送达、财产保全、开庭审理、调解、中止诉讼、终结诉讼、简易程序、执行等，以及人民检察院对行政案件受理、审理、裁判、执行的监督，本法没有规定的，适用《中华人民共和国民事诉讼法》的相关规定。"根据上述规定，人民法院审理行政案件，对于第 101 条所规定的程序事项，可以适用《民事诉讼法》的规定。对照本题各选项可知，BCD 正确，A 错误。

第十六章　行政案件的裁判与执行

试　题

1. 甲单位向省规划自然资源厅申请颁发甲级城乡规划编制单位资质证书，省规划自然资源厅受理后一直未作答复。甲单位向法院提起诉讼，请求判令省规划自然资源厅履行颁发资质证书的法定职责。案件审理期间，省规划自然资源厅向甲单位颁发了资质证书，甲单位坚持不撤诉。关于本案，下列说法正确的是：（2022 年回忆版）

A. 颁发城乡规划编制单位资质证书属于直接关系公共利益的特定行业的市场准入事项

B. 省规划自然资源厅有权依照行政法规的规定收取办理许可的费用

C. 甲单位提起行政诉讼的起诉期限是 6 个月

D. 法院应判决驳回原告的诉讼请求

2. 某市河务局认定某公司在河滩区存放工程弃土，决定处罚 10 万元。该公司未申请行政复议和提起行政诉讼，也未缴纳罚款。河务局遂向法院申请强制执行。关于本案，下列哪些说法是错误的？（2021 年回忆版）

A. 法院执行庭应对被执行行为的合法性进行审查

B. 河务局应当向该公司所在地的基层法院申请强制执行

C. 申请法院强制执行前，河务局应履行催告义务

D. 如法院经审查认为符合强制执行条件，应判决予以执行

3. 某区卫计局以董某擅自开展诊疗活动为由

作出没收其违法诊疗工具并处 5 万元罚款的处罚。董某向区政府申请复议，区政府维持了原处罚决定。董某向法院起诉。下列哪一说法是正确的？（2016-2-49）

A. 如董某只起诉区卫计局，法院应追加区政府为第三人

B. 本案应以区政府确定案件的级别管辖

C. 本案可由区卫计局所在地的法院管辖

D. 法院应对原处罚决定和复议决定进行合法性审查，但不对复议决定作出判决

4. 某镇政府以一公司所建钢架大棚未取得乡村建设规划许可证为由责令限期拆除。该公司逾期不拆除，镇政府现场向其送达强拆通知书，组织人员拆除了大棚。该公司向法院起诉要求撤销强拆行为。如一审法院审理认为强拆行为违反法定程序，可作出的判决有：（2015-2-99）

A. 撤销判决

B. 确认违法判决

C. 履行判决

D. 变更判决

5. 在行政诉讼中，针对下列哪些情形，法院应当判决驳回原告的诉讼请求？（2014-2-82）

A. 起诉被告不作为理由不能成立的

B. 受理案件后发现起诉不符合起诉条件的

C. 被诉具体行政行为合法，但因法律变化需要变更或者废止的

D. 被告在一审期间改变被诉具体行政行为，原告不撤诉的

详 解

1. [答案] BC   [难度] 中

[考点] 行政许可的分类、行政许可实施程序、起诉期限、判决方式

[命题和解题思路] 本题是一道综合题，重点考查考生对行政许可的类型、行政许可实施程序以及行政诉讼案件起诉期限、判决方式选择的理解和掌握程度。四个选项中，AB选项具有一定难度，考查的方式和知识点较为细致，考生如果复习不仔细，很容易作出错误判断；CD选项属于常规题型，难度一般。

[选项分析] 《行政许可法》第12条规定："下列事项可以设定行政许可：（一）直接涉及国家安全、公共安全、经济宏观调控、生态环境保护以及直接关系人身健康、生命财产安全等特定活动，需要按照法定条件予以批准的事项；（二）有限自然资源开发利用、公共资源配置以及直接关系公共利益的特定行业的市场准入等，需要赋予特定权利的事项；（三）提供公众服务并且直接关系公共利益的职业、行业，需要确定具备特殊信誉、特殊条件或者特殊技能等资格、资质的事项；（四）直接关系公共安全、人身健康、生命财产安全的重要设备、设施、产品、物品，需要按照技术标准、技术规范，通过检验、检测、检疫等方式进行审定的事项；（五）企业或者其他组织的设立等，需要确定主体资格的事项；（六）法律、行政法规可以设定行政许可的其他事项。"据此可知，资质证书发放属于上述第三类事项，即认可类事项，而非特许类事项，A选项表述错误。

《行政许可法》第58条第1款规定："行政机关实施行政许可和对行政许可事项进行监督检查，不得收取任何费用。但是，法律、行政法规另有规定的，依照其规定。"据此可知，B选项说法正确。

《行政诉讼法》第47条第1款规定："公民、法人或者其他组织申请行政机关履行保护其人身权、财产权等合法权益的法定职责，行政机关在接到申请之日起两个月内不履行的，公民、法人或者其他组织可以向人民法院提起诉讼。法律、法规对行政机关履行职责的期限另有规定的，从其规定。"《行诉法解释》第66条规定："公民、法人或者其他组织依照行政诉讼法第四十七条第

一款的规定，对行政机关不履行法定职责提起诉讼的，应当在行政机关履行法定职责期限届满之日起六个月内提出。"据此可知，涉及行政不作为的案件，起诉期限为6个月，C选项说法正确。

《行诉法解释》第81条第4款规定："原告起诉被告不作为，在诉讼中被告作出行政行为，原告不撤诉的，人民法院应当就不作为依法作出确认判决。"据此可知，省规划自然资源厅诉讼期间颁发资质证书，甲单位不撤诉的，人民法院应当对该厅不作为的行为作出确认违法判决，D选项说法错误。

2. [答案] ABD   [难度] 难

[考点] 非诉行政执行

[命题和解题思路] 本题考查考生对行政机关申请人民法院强制执行相关规定的掌握程度，即非诉执行相关制度内容。在相对人不履行行政机关作出的决定义务，且行政机关没有强制执行权的情况下，需要向人民法院申请强制执行。对此制度，《行政诉讼法》及其司法解释、《行政强制法》均有涉及，本题即考查相关规定内容。四个选项中，D选项相对简单，A、B、C选项考查规定内容较细，考生如果记忆模糊，极可能出现判断上的困难。回答此类题目，重点在于对相关制度内容的清晰掌握。

[选项分析] 《行诉法解释》第160条规定："人民法院受理行政机关申请执行其行政行为的案件后，应当在七日内由行政审判庭对行政行为的合法性进行审查，并作出是否准予执行的裁定。"据此可知，对行政机关提出的强制执行申请，是由人民法院行政审判庭进行合法性审查，且准予执行是以法院裁定形式作出，而非以判决形式作出。AD选项说法错误。

《行诉法解释》第157条规定："行政机关申请人民法院强制执行其行政行为的，由申请人所在地的基层人民法院受理；执行对象为不动产的，由不动产所在地的基层人民法院受理。"本题中，执行对象不涉及不动产，且弃土在河务局管辖范围之内，故受理河务局强制执行申请的应当是该局所在地的基层法院。B选项说法错误。

《行政强制法》第54条规定："行政机关申请人民法院强制执行前，应当催告当事人履行义务……"第55条规定："行政机关向人民法院申请

强制执行，应当提供下列材料：……（三）当事人的意见及行政机关催告情况；……"根据上述规定，河务局在申请法院强制执行之前，需要事先督促当事人履行相关义务，C 选项说法正确。

3. [答案] C   [难度] 中

[考点] 行政诉讼当事人；管辖；行政诉讼一审判决

[命题和解题思路] 本题考查复议维持情况下的诉讼程序和实体裁判问题。《行政诉讼法》修订之后，复议维持情况下的案件当事人确定、管辖制度、审理对象乃至裁判等都发生了变化，因而成为考查的重点。本题即是对上述内容的综合考查。命题人设计的四个选项覆盖了被告确定、级别管辖和地域管辖法院、案件审理和裁判等几个方面。其涉及的知识点重点集中在《行诉法解释》中的相关规定，需要考生对该司法解释的内容有充分的理解和掌握。

[选项分析] 选项 A 涉及复议维持情况下的行政诉讼当事人的确定问题。《行诉法解释》第134 条第 1 款规定："复议机关决定维持原行政行为的，作出原行政行为的行政机关和复议机关是共同被告。原告只起诉作出原行政行为的行政机关或者复议机关的，人民法院应当告知原告追加被告。原告不同意追加的，人民法院应当将另一机关列为共同被告。"据此，复议维持情况下，原行政行为作出机关和复议机关必须列为共同被告，无论原告是否起诉复议机关。A 表述错误。

选项 B 涉及复议维持情况下行政诉讼案件的级别管辖问题。《行诉法解释》第 134 条第 3 款规定："复议机关作共同被告的案件，以作出原行政行为的行政机关确定案件的级别管辖。"据此，B 表述错误。

选项 C 涉及复议维持情况下行政诉讼案件的地域管辖问题。《行政诉讼法》第 18 条第 1 款规定："行政案件由最初作出行政行为的行政机关所在地人民法院管辖。经复议的案件，也可以由复议机关所在地人民法院管辖。"据此，经过复议的案件，地域管辖法院既可以是原行政行为作出机关所在地的法院，也可以是复议机关所在地的人民法院。C 表述正确。

选项 D 涉及复议维持情况下的裁判问题。《行政诉讼法》第 79 条规定："复议机关与作出原

政行为的行政机关为共同被告的案件，人民法院应当对复议决定和原行政行为一并作出裁判。"《行诉法解释》第 136 条规定："人民法院对原行政行为作出判决的同时，应当对复议决定一并作出相应判决。人民法院依职权追加作出原行政行为的行政机关或者复议机关为共同被告的，对原行政行为或者复议决定可以作出相应判决。人民法院判决撤销原行政行为和复议决定的，可以判决作出原行政行为的行政机关重新作出行政行为。人民法院判决作出原行政行为的行政机关履行法定职责或者给付义务的，应当同时判决撤销复议决定。原行政行为合法、复议决定违法的，人民法院可以判决撤销复议决定或者确认复议决定违法，同时判决驳回原告针对原行政行为的诉讼请求。原行政行为被撤销、确认违法或者无效，给原告造成损失的，应当由作出原行政行为的行政机关承担赔偿责任；因复议决定加重损害的，由复议机关对加重部分承担赔偿责任。原行政行为不符合复议或者诉讼受案范围等受理条件，复议机关作出维持决定的，人民法院应当裁定一并驳回对原行政行为和复议决定的起诉。"综上，复议维持情况下的案件，人民法院不但要对原行政行为是否合法作出裁判，也要对行政复议决定是否合法作出裁判。D 的表述错误。

> **难点解析**
>
> 在复议机关与原行政行为作出机关作为共同被告的情况下，案件的级别管辖不以复议机关作为判断标准，仍以原行政机关确定案件的级别管辖法院。同时，人民法院的审理和裁判对象既包括原行政行为，也包括行政复议决定。依照《行政诉讼法》和《行诉法解释》的规定，人民法院应当对原行政行为和行政复议决定一并作出判决。

4. [答案] B   [难度] 易

[考点] 行政诉讼第一审判决（确认违法判决）

[命题和解题思路] 命题人通过本题考查了确认违法判决的适用条件的理解与适用。回答本题的关键是确定强制拆除行为的性质和特点。强制拆除行为属于即时实施完毕的行为，在性质上属于行政事实行为。该种行为不具有可以撤销的内容，人民法院只能进行合法性判断。如果认定为违法，即应作出确认违法判决。

[选项分析]《行政强制法》第 44 条规定："对违法的建筑物、构筑物、设施等需要强制拆除的，应当由行政机关予以公告，限期当事人自行拆除。当事人在法定期限内不申请行政复议或者提起行政诉讼，又不拆除的，行政机关可以依法强制拆除。"据此，镇政府在强制拆除违法建设的钢架大棚时，需要依法履行公告义务，同时还要等待申请复议和提起行政诉讼期限届满，但其并未遵循上述法定程序要求，强拆行为违法。某公司虽向法院起诉请求撤销该强拆行为，但因该事实行为已经实施完毕，不具有可撤销的内容，法院需要依照《行政诉讼法》的相关规定，判决确认该强拆行为违法。《行政诉讼法》第 74 条第 2 款第 1 项规定，行政行为违法，但不具有可撤销内容的，人民法院判决确认违法。据此，B 为应选项。

撤销判决针对的是当时依然具有效力的行政处理决定，本题所述情况不符合该判决适用情况，A 错误。

履行判决适用于行政机关拒绝或者拖延履行法定职责的行为，人民法院经审查认定上述不作为行为存在，且具有履行必要与可能的时候，依法作出履行判决。本题所述情况与该判决适用情况不同，C 错误。

变更判决是在能够适用撤销判决的情况下，《行政诉讼法》针对某些特殊情况专门作出规定的判决形式。本题所述情况既然不能适用撤销判决，当然也不适用变更判决。D 错误。

5. [答案] AC　　[难度] 易

[考点] 行政诉讼第一审判决（驳回原告诉讼请求判决）

[命题和解题思路] 修订后的《行政诉讼法》明确规定了驳回诉讼请求判决及其适用条件。命题人通过本题即在考查考生对该判决适用情形的理解适用。本题考查驳回诉讼请求判决的适用，需要考生能够很好地区别驳回原告诉讼请求与驳回起诉，以及驳回原告诉讼请求与其他判决方式在适用情形上的不同。

[选项分析] 关于驳回原告诉讼请求的适用情形，《行政诉讼法》第 69 条规定："行政行为证据确凿，适用法律、法规正确，符合法定程序的，或者原告申请被告履行法定职责或者给付义务理由不成立的，人民法院判决驳回原告的诉讼请求。"依照上述规定可知，A、C 正确。

《行诉法解释》第 69 条第 1 款规定："有下列情形之一，已经立案的，应当裁定驳回起诉：（一）不符合行政诉讼法第四十九条规定的；（二）超过法定起诉期限且无行政诉讼法第四十八条规定情形的；（三）错列被告且拒绝变更的；（四）未按照法律规定由法定代理人、指定代理人、代表人为诉讼行为的；（五）未按照法律、法规规定先向行政机关申请复议的；（六）重复起诉的；（七）撤回起诉后无正当理由再行起诉的；（八）行政行为对其合法权益明显不产生实际影响的；（九）诉讼标的已为生效裁判或者调解书所羁束的；（十）其他不符合法定起诉条件的情形。"根据上述规定，人民法院受理案件后，经审查发现起诉不符合起诉条件的，应当以裁定驳回原告起诉，而非驳回原告诉讼请求，故 B 错误。

依照《行政诉讼法》第 74 条第 2 款第 2 项规定，被告改变原违法行政行为，原告仍要求确认原行政行为违法的，人民法院判决确认被诉行政行为违法。据此，D 错误。

第十七章　国家赔偿

试　题

第一节　司法赔偿范围

1. 李某因涉嫌犯罪被立案侦查，后经县检察院批准逮捕，县法院一审认定李某甲罪，判处有期徒刑 1 年，缓刑 2 年；犯乙罪，判处有期徒刑 2 年，缓刑 2 年；合并执行 2 年，缓刑 2 年半。判决当日李某被释放。后李某上诉，市中级法院判决维持原判。李某申请省高院再审。省高院判决撤销甲罪，对乙罪判处有期徒刑 2 年，缓刑 2 年。关于本案，下列哪些说法是正确的？（2021 年回忆版）

A. 如果赔偿李某的话，赔偿义务机关是市中

级法院

  B. 李某所犯乙罪未被撤销，所以不予赔偿

  C. 李某雇请律师的费用不属于赔偿范围

  D. 李某所犯乙罪被判缓刑，国家应予赔偿

  2. 城管局接到群众举报，孙某在过街天桥上占道摆摊，遂组织工作人员徐某、孟某前往调查。在执法过程中，工作人员孟某对孙某实施殴打，后经鉴定构成 7 级伤残。孙某申请国家赔偿。下列属于国家赔偿范围的是：（2018 年回忆版）

  A. 医疗费

  B. 未成年子女生活费

  C. 残疾生活辅助具费

  D. 残疾赔偿金

  3. 某市公安局以朱某涉嫌盗窃罪于 2013 年 7 月 25 日将其刑事拘留，经市检察院批准逮捕。2015 年 9 月 11 日，市中级法院判决朱某无罪，朱某被释放。2016 年 3 月 15 日，朱某以无罪被羁押为由申请国家赔偿，要求支付侵犯人身自由的赔偿金，赔礼道歉，赔偿精神损害抚慰金 200 万元。下列哪一说法是正确的？（2017-2-50）

  A. 市检察院为赔偿义务机关

  B. 朱某不能以口头方式提出赔偿申请

  C. 限制人身自由的时间是计算精神抚慰金的唯一标准

  D. 侵犯朱某人身自由的每日赔偿金应按照 2014 年度职工日平均工资计算

  4. 关于民事、行政诉讼中的司法赔偿，下列哪些说法是正确的？（2017-2-85）

  A. 对同一妨害诉讼的行为重复采取罚款措施的，属于违法采取对妨害诉讼的强制措施

  B. 执行未生效法律文书的，属于对判决、裁定及其他生效法律文书执行错误

  C. 受害人对损害结果的发生或者扩大也有过错的，国家不承担赔偿责任

  D. 因正当防卫造成损害后果的，国家不承担赔偿责任

  5. 某法院以杜某逾期未履行偿债判决为由，先将其房屋查封，后裁定将房屋过户以抵债。杜某认为强制执行超过申请数额而申请国家赔偿，要求赔偿房屋过户损失 30 万元，查封造成屋内财产毁损和丢失 5000 元，误工损失 2000 元，以及精

神损失费 1 万元。下列哪一事项属于国家赔偿范围？（2013-2-49）

  A. 2000 元   B. 5000 元

  C. 1 万元   D. 30 万元

第二节 司法赔偿程序

  1. 黄某殴打张某，鉴定机关鉴定张某构成二级轻伤。2021 年 11 月 12 日，县公安局以黄某构成故意伤害罪为由决定立案侦查，11 月 30 日将黄某刑事拘留，后县检察院作出逮捕决定。2022 年 5 月 3 日，鉴定机关重新鉴定的结果是张某构成轻微伤，县公安局决定撤销案件，黄某同日被释放。黄某遂申请国家赔偿。对此，下列哪些说法是错误的？（2023 年回忆版）

  A. 赔偿义务机关是县检察院

  B. 赔偿期间是 2021 年 11 月 12 日到 2022 年 5 月 3 日

  C. 鉴定机关应该承担赔偿责任

  D. 赔偿义务机关如拒绝赔偿，黄某可直接向法院申请作出赔偿决定

  2. 某县公安局以涉嫌故意伤害罪为由对朱某刑事拘留，县检察院批准逮捕。县检察院对朱某提起公诉，后以证据不足为由撤诉。朱某被释放后申请国家赔偿。关于本案，下列哪些说法是正确的？（2021 年回忆版）

  A. 给予朱某的精神损害抚慰金不得低于侵犯人身自由赔偿金的两倍

  B. 赔偿义务机关不可就赔偿项目与朱某进行协商

  C. 朱某可以向赔偿义务机关的上一级机关申请复议

  D. 赔偿义务机关应为县检察院

  3. 某县公安局于 2012 年 5 月 25 日以方某涉嫌合同诈骗罪将其刑事拘留，同年 6 月 26 日取保候审，8 月 11 日检察院决定批准逮捕方某。2013 年 5 月 11 日，法院以指控依据不足为由判决方某无罪，方某被释放。2014 年 3 月 2 日方某申请国家赔偿。下列哪一说法是正确的？（2016-2-50）

  A. 县公安局为赔偿义务机关

  B. 赔偿义务机关可就赔偿方式和数额与方某协商，但不得就赔偿项目进行协商

  C. 方某 2012 年 6 月 26 日至 8 月 11 日取保候

审，不属于国家赔偿范围

　　D. 对方某的赔偿金标准应按照 2012 年度国家职工日平均工资计算

📶 **4.** 某县公安局以涉嫌诈骗为由将张某刑事拘留，并经县检察院批准逮捕，后县公安局以证据不足为由撤销案件，张某遂申请国家赔偿。下列说法正确的是：（2015-2-100）

　　A. 赔偿义务机关为县公安局和县检察院

　　B. 张某的赔偿请求不属国家赔偿范围

　　C. 张某当面递交赔偿申请书，赔偿义务机关应当场出具加盖本机关专用印章并注明收讫日期的书面凭证

　　D. 如赔偿义务机关拒绝赔偿，张某可向法院提起赔偿诉讼

📶 **5.** 甲市乙县法院强制执行生效民事判决时执行了案外人李某的财产且无法执行回转。李某向乙县法院申请国家赔偿，遭到拒绝后申请甲市中级法院赔偿委员会作出赔偿决定。赔偿委员会适用质证程序审理。下列哪一说法是正确的？（2014-2-50）

　　A. 乙县法院申请不公开质证，赔偿委员会应当予以准许

　　B. 李某对乙县法院主张的不利于自己的事实，既未表示承认也未否认的，即视为对该项事实的承认

　　C. 赔偿委员会根据李某的申请调取的证据，作为李某提供的证据进行质证

　　D. 赔偿委员会应当对质证活动进行全程同步录音录像

📶 **6.** 甲市某县公安局以李某涉嫌盗窃罪为由将其刑事拘留，经县检察院批准逮捕，县法院判处李某有期徒刑 6 年，李某上诉，甲市中级法院改判无罪。李某被释放后申请国家赔偿，赔偿义务机关拒绝赔偿，李某向甲市中级法院赔偿委员会申请作出赔偿决定。下列选项正确的是：（2013-2-99）

　　A. 赔偿义务机关拒绝赔偿的，应书面通知李某并说明不予赔偿的理由

　　B. 李某向甲市中级法院赔偿委员会申请作出赔偿决定前，应当先向甲市检察院申请复议

　　C. 对李某申请赔偿案件，甲市中级法院赔偿委员会可指定一名审判员审理和作出决定

　　D. 如甲市中级法院赔偿委员会作出赔偿决定，赔偿义务机关认为确有错误的，可以向该省高级法院赔偿委员会提出申诉

详　解

第一节　司法赔偿范围

1. [答案] ABC　　[难度] 难

[考点] 刑事司法赔偿义务机关；刑事司法赔偿范围

[命题和解题思路] 本题考查考生对刑事司法赔偿相关知识的掌握程度。内容涉及赔偿义务机关的确定和赔偿范围。从选项设计来看，BCD 选项属于同一性质的内容，即赔偿范围问题，A 属于赔偿义务机关的考查。本题稍微有些难度，主要是因为案情较为复杂——再审判决是部分改判，部分维持，考生会感到比较特殊，可能陷入判断的困难。正确回答本题，还是需要考生对《国家赔偿法》及其相关司法解释规定内容有全面深入的理解。

[选项分析]《国家赔偿法》第 21 条规定："行使侦查、检察、审判职权的机关以及看守所、监狱管理机关及其工作人员在行使职权时侵犯公民、法人和其他组织的合法权益造成损害的，该机关为赔偿义务机关。对公民采取拘留措施，依照本法的规定应当给予国家赔偿的，作出拘留决定的机关为赔偿义务机关。对公民采取逮捕措施后决定撤销案件、不起诉或者判决宣告无罪的，作出逮捕决定的机关为赔偿义务机关。再审改判无罪的，作出原生效判决的人民法院为赔偿义务机关。二审改判无罪，以及二审发回重审后作无罪处理的，作出一审有罪判决的人民法院为赔偿义务机关。"《最高人民法院关于人民法院执行〈中华人民共和国国家赔偿法〉几个问题的解释》第 5 条规定，根据《国家赔偿法》第 19 条（现第 21 条）第 4 款"再审改判无罪的，作出原生效判决的人民法院为赔偿义务机关"的规定，原一审人民法院作出判决后，被告人没有上诉，人民检察院没有抗诉，判决发生法律效力的，原一审人民法院为赔偿义务机关；被告人上诉或者人民检察院抗诉，原二审人民法院维持一审判决或者对一审人民法院判决予以改判的，原二审人民法院为赔偿义务机关。本题中，对于李某的甲罪，省

高院再审改判无罪，作出有罪判决的是作为二审法院的市中院，依前述规定应当由其作为赔偿义务机关。A 选项说法正确。

《最高人民法院关于人民法院执行〈中华人民共和国国家赔偿法〉几个问题的解释》第 4 条规定，人民法院判处管制、有期徒刑缓刑、剥夺政治权利等刑罚的人被依法改判无罪的，国家不承担赔偿责任，但是，赔偿请求人在判决生效前被羁押的，依法有权取得赔偿。本题中，虽然方某甲罪被撤销，但乙罪依然被维持，不符合前述规定，因此，B 选项说法正确。此外，方某虽然另一罪被判缓刑，但根据前述规定，只有在该罪被改判无罪的情况下，国家才对此前的羁押行为承担赔偿责任，因此，D 选项的表述错误。

《国家赔偿法》第 33 条规定："侵犯公民人身自由的，每日赔偿金按照国家上年度职工日平均工资计算。"本题中，李某的人身自由受到侵害的，依法领取相应赔偿金，律师费用不在赔偿范围之内。C 选项说法正确。

2. [答案] ACD　　[难度] 中

[考点] 国家赔偿范围

[命题和解题思路] 本题考查国家赔偿范围的相关规定。针对侵犯公民生命健康的国家赔偿范围，《国家赔偿法》区分造成伤害的不同程度与情况，分别作出了不同规定。上述规定较为琐碎，不好记忆，考生在做相应法考题时容易出现错误。本题的四个选项完全按照《国家赔偿法》的相关规定设计，考生如果对上述规定较为熟悉，回答起来并不困难。

[选项分析] 《国家赔偿法》第 34 条规定："侵犯公民生命健康权的，赔偿金按照下列规定计算：……造成部分或者全部丧失劳动能力的，应当支付医疗费、护理费、残疾生活辅助具费、康复费等因残疾而增加的必要支出和继续治疗所必需的费用，以及残疾赔偿金……造成全部丧失劳动能力的，对其扶养的无劳动能力的人，还应当支付生活费……被扶养的人是未成年人的，生活费给付至十八周岁止；其他无劳动能力的人，生活费给付至死亡时止。"本题中孙某损害为 7 级伤残，属于部分丧失劳动能力，非全部丧失劳动能力。依照本条规定，选项 A、C、D 属于国家赔偿范围。

3. [答案] A　　[难度] 易

[考点] 司法赔偿义务机关；赔偿程序；国家赔偿计算标准

[命题和解题思路] 刑事司法赔偿是国家赔偿制度的重要组成部分，也是每年的必考内容。本题中，命题人以一个刑事司法赔偿案例的设计，串联起所要考查的以下内容：司法赔偿义务机关的确定；司法赔偿程序；精神损害赔偿的计算标准；侵犯人身权赔偿金的计算时间点。上述四个考查内容之间没有直接关联，需要考生分别作出判断。不过，本题中的四个选项之中，赔偿义务机关的考查相对简单，鉴于本题为单选题，一旦考生确定该选项为正确选项，则其他三个选项的判断即显得没有必要。

[选项分析] 就本题设定案情而言，朱某先被刑事拘留，继而被批准逮捕，最终被法院宣判无罪。对于此种情况下，司法赔偿义务机关的确定问题，《国家赔偿法》第 21 条第 3 款规定，对公民采取逮捕措施后决定撤销案件、不起诉或者判决宣告无罪的，作出逮捕决定的机关为赔偿义务机关。据此，A 选项正确。

关于刑事司法赔偿申请人提出赔偿申请的方式问题，《最高人民法院关于人民法院赔偿委员会审理国家赔偿案件程序的规定》第 1 条规定："赔偿请求人向赔偿委员会申请作出赔偿决定，应当递交赔偿申请书一式四份。赔偿请求人书写申请书确有困难的，可以口头申请。口头提出申请的，人民法院应当填写《申请赔偿登记表》，由赔偿请求人签名或者盖章。"上述规定体现了便民原则。据此，B 选项表述错误。

《国家赔偿法》第 35 条确认了精神损害赔偿问题，该条规定："有本法第三条或者第十七条规定情形之一，致人精神损害的，应当在侵权行为影响的范围内，为受害人消除影响，恢复名誉，赔礼道歉；造成严重后果的，应当支付相应的精神损害抚慰金。"不过，基于现实情况的复杂性，该法并未就精神损害赔偿的具体计算标准作出统一规定。《最高人民法院关于审理国家赔偿案件确定精神损害赔偿责任适用法律若干问题的解释》第 9 条规定："精神损害抚慰金的具体数额，应当在兼顾社会发展整体水平的同时，参考下列因素合理确定：（一）精神受到损害以及造成严重后果的情况；（二）侵权行为的目的、手段、方式等具体情节；（三）侵权机关及其工作人员的违法、过错程度、原因力比例；（四）原错判罪名、刑罚轻重、羁押时间；（五）受害人的职业、影响范围；（六）纠错的事由以及过程；（七）其他应当考虑的因素。"本案中，限制人身自由的时间是一个重要标准，但难谓唯一标准，故 C 选项表述错误。

本题中，关于侵犯朱某人身自由的每日赔偿金应如何计算问题，《国家赔偿法》第 33 条规定："侵犯公民人身自由的，每日赔偿金按照国家上年度职工日平均工资计算。"据此，《最高人民法院关于人民法院执行〈中华人民共和国国家赔偿法〉几个问题的解释》第 6 条进一步规定，本条款中的"上年度"是指赔偿义务机关、复议机关或者人民法院赔偿委员会作出赔偿决定时的上年度。据此，本题中，朱某 2016 年 3 月 15 日申请国家赔偿，侵犯其人身自由的每日赔偿金至少应按照 2015 年度职工日平均工资计算，据此，D 选项错误。

4. ［答案］ABD　　［难度］易

［考点］司法赔偿范围（民事、行政司法赔偿范围）

［命题和解题思路］本题考查民事、行政司法赔偿的范围。《国家赔偿法》第 38 条规定："人民法院在民事诉讼、行政诉讼过程中，违法采取对妨害诉讼的强制措施、保全措施或者对判决、裁定及其他生效法律文书执行错误，造成损害的，赔偿请求人要求赔偿的程序，适用本法刑事赔偿程序的规定。"但是，该法并未明确法律适用的具体情形以及国家免责的具体情况。对此，最高法院《关于审理民事、行政诉讼中司法赔偿案件适用法律若干问题的解释》作出了细化。命题人的意图是考查考生对上述法律和司法解释的规定的理解程度。正确回答本题，需要考生熟悉并准确理解法律、司法解释的相关规定。

［选项分析］《最高人民法院关于审理民事、行政诉讼中司法赔偿案件适用法律若干问题的解释》第 2 条规定："违法采取对妨害诉讼的强制措施，包括以下情形：（一）对没有实施妨害诉讼行为的人采取罚款或者拘留措施的；（二）超过法律规定金额采取罚款措施的；（三）超过法律规定期限采取拘留措施的；（四）对同一妨害诉讼的行为重复采取罚款、拘留措施的；（五）其他违法情形。"第 5 条规定："对判决、裁定及其他生效法律文书执行错误，包括以下情形：（一）执行未生

效法律文书的；（二）超出生效法律文书确定的数额和范围执行的；（三）对已经发现的被执行人的财产，故意拖延执行或者不执行，导致被执行财产流失的；（四）应当恢复执行而不恢复，导致被执行财产流失的；（五）违法执行案外人财产的；（六）违法将案件执行款物执行给其他当事人或者案外人的；（七）违法对抵押物、质物或者留置物采取执行措施，致使抵押权人、质权人或者留置权人的优先受偿权无法实现的；（八）对执行中查封、扣押、冻结的财产不履行监管职责，造成财产毁损、灭失的；（九）对季节性商品或者鲜活、易腐烂变质以及其他不宜长期保存的物品采取执行措施，未及时处理或者违法处理，造成物品毁损或者严重贬值的；（十）对执行财产应当拍卖而未依法拍卖的，或者应当由资产评估机构评估而未依法评估，违法变卖或者以物抵债的；（十一）其他错误情形。"对照上述规定可知，AB 选项表述正确。

对于国家免责和减轻赔偿责任的情形，该司法解释也作出了规定。如第 9 条规定："受害人对损害结果的发生或者扩大也有过错的，应当根据其过错对损害结果的发生或者扩大所起的作用等因素，依法减轻国家赔偿责任。"在本题中，C 选项表述与该条不符，是错误选项。

此外，该司法解释第 7 条规定："具有下列情形之一的，国家不承担赔偿责任：（一）属于民事诉讼法第一百零五条、第一百零七条第二款和第二百三十三条规定情形的；（二）申请执行人提供执行标的物错误的，但人民法院明知该标的物错误仍予以执行的除外；（三）人民法院依法指定的保管人对查封、扣押、冻结的财产违法动用、隐匿、毁损、转移或者变卖的；（四）人民法院工作人员与行使职权无关的个人行为；（五）因不可抗力、正当防卫和紧急避险造成损害后果的；（六）依法不应由国家承担赔偿责任的其他情形。"本题中，D 选项表述符合该条第 5 项规定，是正确选项。

5. ［答案］B　　［难度］易

［考点］民事、行政诉讼中司法赔偿的范围（错误执行判决的赔偿）

［命题和解题思路］命题人在本题中考查了民事诉讼司法赔偿的范围问题。对该问题，《国家赔偿法》第 38 条仅对赔偿程序作出了原则规定，即

人民法院在民事诉讼、行政诉讼过程中，违法采取对妨害诉讼的强制措施、保全措施或者对判决、裁定及其他生效法律文书执行错误，造成损害的，赔偿请求人要求赔偿的程序，适用本法刑事赔偿程序的规定。但是，该条并未就如何判定赔偿范围和赔偿标准作出明确规定。此问题由《最高人民法院关于审理民事、行政诉讼中司法赔偿案件适用法律若干问题的解释》予以明确。回答本题的关键是对最高人民法院上述司法解释的相关内容有准确理解和把握。

[选项分析]《国家赔偿法》第 34 条规定："侵犯公民生命健康权的，赔偿金按照下列规定计算：造成身体伤害的，应当支付医疗费、护理费，以及赔偿因误工减少的收入……"据此，误工损失主张的前提是公民的生命健康权受违法侵害，杜某受到侵害的是财产权，其主张的误工损失不属于赔偿范围。A 错误。

《最高人民法院关于审理民事、行政诉讼中司法赔偿案件适用法律若干问题的解释》第 1 条规定："人民法院在民事、行政诉讼过程中，违法采取对妨害诉讼的强制措施、保全措施、先予执行措施，或者对判决、裁定及其他生效法律文书执行错误，侵犯公民、法人和其他组织合法权益并造成损害的，赔偿请求人可以依法向人民法院申请赔偿。"第 5 条规定："对判决、裁定及其他生效法律文书执行错误，包括以下情形：（一）执行未生效法律文书的；（二）超出生效法律文书确定的数额和范围执行的；（三）对已经发现的被执行人的财产，故意拖延执行或者不执行，导致被执行财产流失的；（四）应当恢复执行而不恢复，导致被执行财产流失的；（五）违法执行案外人财产的；（六）违法将案件执行款物执行给其他当事人或者案外人的；（七）违法对抵押物、质物或者留置物采取执行措施，致使抵押权人、质权人或者留置权人的优先受偿权无法实现的；（八）对执行中查封、扣押、冻结的财产不履行监管职责，造成财产毁损、灭失的；（九）对季节性商品或者鲜活、易腐烂变质以及其他不宜长期保存的物品采取执行措施，未及时处理或者违法处理，造成物品毁损或者严重贬值的；（十）对执行财产应当拍卖而未依法拍卖的，或者应当由资产评估机构评估而未依法评估，违法变卖或者以物抵债的；（十一）其他错误情形。"本案杜某主张的查

封造成的屋内财产损失和丢失损失符合该条第 8 项规定，应当予以赔偿。B 正确。

依照《国家赔偿法》第 35 条规定，有本法第三条或者第十七条规定情形之一，致人精神损害的，应当在侵权行为影响的范围内，为受害人消除影响，恢复名誉，赔礼道歉；造成严重后果的，应当支付相应的精神损害抚慰金。考查《国家赔偿法》第 3 条和第 17 条的规定可知，只有侵犯公民人身权造成的精神损害，才属于国家赔偿范围。本题杜某主张的是财产权损害，不符合精神损害赔偿的适用条件。C 错误。

杜某主张的 30 万元是房屋过户损失，该损失属于可以执行回转的损失，不属于《最高人民法院关于审理民事、行政诉讼中司法赔偿案件适用法律若干问题的解释》第 5 条规定的情形，不属于国家赔偿范围。D 错误。

第二节 司法赔偿程序

1. [答案] BCD　　[难度] 中

[考点] 刑事司法赔偿机关、刑事司法赔偿程序

[命题和解题思路] 本题主要考查考生对刑事司法赔偿制度的理解和掌握程度。具体考查内容涉及赔偿义务机关的确定、人身自由赔偿期限、赔偿责任主体以及刑事司法赔偿程序。四个选项中，A、D 选项具有直接关联，正确判断赔偿义务机关后，其后续程序即可以确定；B、C 选项相对简单，考生判断起来不具难度。正确回答本题，考生需要对刑事司法赔偿制度的整体内容有较好把握。

[选项分析]《国家赔偿法》第 17 条规定："行使侦查、检察、审判职权的机关以及看守所、监狱管理机关及其工作人员在行使职权时有下列侵犯人身权情形之一的，受害人有取得赔偿的权利：（一）违反刑事诉讼法的规定对公民采取拘留措施的，或者依照刑事诉讼法规定的条件和程序对公民采取拘留措施，但是拘留时间超过刑事诉讼法规定的时限，其后决定撤销案件、不起诉或者判决宣告无罪终止追究刑事责任的；（二）对公民采取逮捕措施后，决定撤销案件、不起诉或者判决宣告无罪终止追究刑事责任的；……"《最高人民法院、最高人民检察院关于办理刑事赔偿案件适用法律若干问题的解释》第 11 条规定，对公

民采取拘留措施后又采取逮捕措施，国家承担赔偿责任的，作出逮捕决定的机关为赔偿义务机关。A选项说法正确，不当选。根据上述规定可知，直接对黄某承担国家赔偿责任的应当是相应国家机关，而非鉴定机关。C选项说法错误，当选。

《国家赔偿法》第33条规定，侵犯公民人身自由的，每日赔偿金按照国家上年度职工日平均工资计算。据此可知，只有当事人人身自由确实受到侵害的，国家才承担赔偿责任。本题中，黄某丧失人身自由的时间是2021年11月30日，因此，其获得赔偿的期间应自该日起算。B选项说法错误，当选。

根据《国家赔偿法》第24条规定，赔偿义务机关作出不予赔偿决定的，赔偿请求人可以自赔偿义务机关作出赔偿或者不予赔偿决定之日起30日内，向赔偿义务机关的上一级机关申请复议。赔偿义务机关是人民法院的，赔偿请求人可以向其上一级人民法院赔偿委员会申请作出赔偿决定。本题中，赔偿义务机关是县检察院，黄某应当依法向上一级人民检察院申请复议。D选项说法错误，当选。

2. ［答案］CD　　［难度］中

［考点］司法赔偿义务机关；刑事司法赔偿程序；国家赔偿计算标准

［命题和解题思路］本题考查考生对刑事司法赔偿相关制度的掌握情况，整体而言难度不高，但由于考查到了最高人民法院发布的新司法解释内容，所以，考生如果没有及时关注新的司法解释规定，就不能对本题作出正确回答。

［选项分析］正确回答本题，首先需要确定赔偿义务机关。根据《国家赔偿法》第21条规定："行使侦查、检察、审判职权的机关以及看守所、监狱管理机关及其工作人员在行使职权时侵犯公民、法人和其他组织的合法权益造成损害的，该机关为赔偿义务机关。对公民采取拘留措施，依照本法的规定应当给予国家赔偿的，作出拘留决定的机关为赔偿义务机关。对公民采取逮捕措施后决定撤销案件、不起诉或者判决宣告无罪的，作出逮捕决定的机关为赔偿义务机关。再审改判无罪的，作出原生效判决的人民法院为赔偿义务机关。二审改判无罪，以及二审发回重审后作无罪处理的，作出一审有罪判决的人民法院为赔偿

义务机关。"就本题设定案情而言，朱某先被刑事拘留，后被批准逮捕，检察院提起了公诉，随后又撤诉。根据前述规定，作出逮捕决定的县检察院为赔偿义务机关，D选项说法正确。

《国家赔偿法》第23条第1款规定："赔偿义务机关应当自收到申请之日起两个月内，作出是否赔偿的决定。赔偿义务机关作出赔偿决定，应当充分听取赔偿请求人的意见，并可以与赔偿请求人就赔偿方式、赔偿项目和赔偿数额依照本法第四章的规定进行协商。"根据上述规定可知，B选项说法错误。

《国家赔偿法》第24条第1、2款规定："赔偿义务机关在规定期限内未作出是否赔偿的决定，赔偿请求人可以自期限届满之日起三十日内向赔偿义务机关的上一级机关申请复议。赔偿请求人对赔偿的方式、项目、数额有异议的，或者赔偿义务机关作出不予赔偿决定的，赔偿请求人可以自赔偿义务机关作出赔偿或者不予赔偿决定之日起三十日内，向赔偿义务机关的上一级机关申请复议。"据此可知，C选项说法正确。

《国家赔偿法》第35条规定："有本法第三条或者第十七条规定情形之一，致人精神损害的，应当在侵权行为影响的范围内，为受害人消除影响，恢复名誉，赔礼道歉；造成严重后果的，应当支付相应的精神损害抚慰金。"为了合理确定精神损害赔偿责任，2021年《最高人民法院关于审理国家赔偿案件确定精神损害赔偿责任适用法律若干问题的解释》第8条规定："致人精神损害，造成严重后果的，精神损害抚慰金一般应当在国家赔偿法第三十三条、第三十四条规定的人身自由赔偿金、生命健康赔偿金总额的百分之五十以下（包括本数）酌定；后果特别严重，或者虽然不具有本解释第七条第二款规定情形，但是确有证据证明前述标准不足以抚慰的，可以在百分之五十以上酌定。"据此可知，A选项说法错误。

3. ［答案］C　　［难度］中

［考点］司法赔偿义务机关；司法赔偿程序；刑事司法赔偿范围；人身权损害赔偿的计算标准

［命题和解题思路］命题人通过本题考查刑事司法赔偿的程序和实体问题，需要考生结合《国家赔偿法》及相关司法解释规定对相关选项作出

判断。从选项设计来看，各选项之间并无直接关系，每个选项都属于一个独立的知识点。其中，BCD 选项的判断相对简单，A 选项的判断较为困难，因为侵权的主体涵盖了公安机关、人民检察院甚至是人民法院，且在题目交代案情不全面的基础上，需要考生运用反向思维作出判断。

[选项分析] A 选项为重点干扰项。《国家赔偿法》第 21 条规定："行使侦查、检察、审判职权的机关以及看守所、监狱管理机关及其工作人员在行使职权时侵犯公民、法人和其他组织的合法权益造成损害的，该机关为赔偿义务机关。对公民采取拘留措施，依照本法的规定应当给予国家赔偿的，作出拘留决定的机关为赔偿义务机关。对公民采取逮捕措施后决定撤销案件、不起诉或者判决宣告无罪的，作出逮捕决定的机关为赔偿义务机关。再审改判无罪的，作出原生效判决的人民法院为赔偿义务机关。二审改判无罪，以及二审发回重审后作无罪处理的，作出一审有罪判决的人民法院为赔偿义务机关。"本题中，方某先被刑事拘留，进而被批准逮捕，后被法院判决无罪。至于是一审、二审还是再审判决无罪，题目并未交代，因此难以确定赔偿义务机关。不过，可以肯定的是，某县公安局并非赔偿义务机关。因此，A 错误。

《国家赔偿法》第 23 条第 1 款规定："赔偿义务机关应当自收到申请之日起两个月内，作出是否赔偿的决定。赔偿义务机关作出赔偿决定，应当充分听取赔偿请求人的意见，并可以与赔偿请求人就赔偿方式、赔偿项目和赔偿数额依照本法第四章的规定进行协商。"据此，B 表述错误。

《国家赔偿法》第 17 条规定，行使侦查、检察、审判职权的机关以及看守所、监狱管理机关及其工作人员在行使职权时有下列侵犯人身权情形之一的，受害人有取得赔偿的权利：违反刑事诉讼法的规定对公民采取拘留措施的，或者依照刑事诉讼法规定的条件和程序对公民采取拘留措施，但是拘留时间超过刑事诉讼法规定的时限，其后决定撤销案件、不起诉或者判决宣告无罪终止追究刑事责任的；对公民采取逮捕措施后，决定撤销案件、不起诉或者判决宣告无罪终止追究刑事责任的；依照审判监督程序再审改判无罪，原判刑罚已经执行的；刑讯逼供或者以殴打、虐待等行为或者唆使、放纵他人以殴打、虐待等行

为造成公民身体伤害或者死亡的；违法使用武器、警械造成公民身体伤害或者死亡的。根据上述规定，国家针对公民人身自由权和身体健康权受到侵害的情形承担赔偿责任。方某取保候审期间，其人身自由并未受到侵害，不属于国家赔偿范围。C 表述正确。

《最高人民法院、最高人民检察院关于办理刑事赔偿案件适用法律若干问题的解释》21 条第 1 款规定："国家赔偿法第三十三条、第三十四条规定的上年度，是指赔偿义务机关作出赔偿决定时的上一年度；复议机关或者人民法院赔偿委员会改变原赔偿决定，按照新作出决定时的上一年度国家职工平均工资标准计算人身自由赔偿金。"据此，虽然本题未交代赔偿义务机关作出赔偿决定的时间点，但肯定不适用 2012 年度的国家职工日平均工资标准。据此，D 错误。

> **难点解析**
>
> 在再审改判无罪的情形中，很可能是一连串的错误造成了侵权，如违法拘留、错误逮捕、错误判决。此时，立法并没有按照"谁侵权、谁负责"的原则，将拘留机关、逮捕机关和审判机关作为共同赔偿义务机关，而是从方便赔偿请求人申请刑事赔偿出发，采取赔偿义务机关后置确定方式，明确由最后一个作出终局司法决定的机关作为赔偿义务机关。如对公民采取拘留措施后又采取逮捕措施，国家承担赔偿责任的，作出逮捕决定的机关为赔偿义务机关；对公民采取拘留和逮捕措施后，法院一审判决有罪，二审发回重审后作无罪处理的，作出一审有罪判决的人民法院为赔偿义务机关。

4. [答案] C   [难度] 易

[考点] 刑事司法赔偿义务机关、赔偿范围、赔偿程序

[命题和解题思路] 命题人通过本题考查考生对刑事司法赔偿相关知识的掌握程度。从选项设计来看，BC 选项分属于两种不同的情况，B 选项考查刑事赔偿范围，C 选项考查刑事赔偿程序，难度较低，考生可以直接根据现有规定作出判断。AD 选项之间具有一定关联，对 A 项判断的正确与否直接决定了对 D 选项表述的判断。回答本题的关键是正确判定赔偿义务机关。

[选项分析]《国家赔偿法》第21条规定："行使侦查、检察、审判职权的机关以及看守所、监狱管理机关及其工作人员在行使职权时侵犯公民、法人和其他组织的合法权益造成损害的，该机关为赔偿义务机关。对公民采取拘留措施，依照本法的规定应当给予国家赔偿的，作出拘留决定的机关为赔偿义务机关。对公民采取逮捕措施后决定撤销案件、不起诉或者判决宣告无罪的，作出逮捕决定的机关为赔偿义务机关……"根据该条规定，本题所述案件的赔偿义务机关应为县检察院。A表述错误。

《国家赔偿法》第17条规定："行使侦查、检察、审判职权的机关以及看守所、监狱管理机关及其工作人员在行使职权时有下列侵犯人身权情形之一的，受害人有取得赔偿的权利：（一）违反刑事诉讼法的规定对公民采取拘留措施的，或者依照刑事诉讼法规定的条件和程序对公民采取拘留措施，但是拘留时间超过刑事诉讼法规定的时限，其后决定撤销案件、不起诉或者判决宣告无罪终止追究刑事责任的；（二）对公民采取逮捕措施后，决定撤销案件、不起诉或者判决宣告无罪终止追究刑事责任的；……"根据上述规定，张某有权针对县检察院侵犯其人身自由的行为申请国家赔偿。B表述错误。

《国家赔偿法》第12条规定："要求赔偿应当递交申请书，申请书应当载明下列事项：……赔偿请求人书写申请书确有困难的，可以委托他人代书；也可以口头申请，由赔偿义务机关记入笔录……赔偿请求人当面递交申请书的，赔偿义务机关应当当场出具加盖本行政机关专用印章并注明收讫日期的书面凭证。申请材料不齐全的，赔偿义务机关应当当场或者在五日内一次性告知赔偿请求人需要补正的全部内容。"根据上述规定，C表述正确。

依照《国家赔偿法》第24条和第25条的规定，赔偿义务机关作出不予赔偿决定的，赔偿请求人可以自赔偿义务机关作出赔偿或者不予赔偿决定之日起30日内，向赔偿义务机关的上一级机关申请复议。复议机关应当自收到申请之日起两个月内作出决定。赔偿请求人不服复议决定的，可以在收到复议决定之日起30日内向复议机关所在地的同级人民法院赔偿委员会申请作出赔偿决定；复议机关逾期不作决定的，赔偿请求人可以

自期限届满之日起30日内向复议机关所在地的同级人民法院赔偿委员会申请作出赔偿决定。据此，本题所述案件中，县检察院拒绝赔偿之后张某需要申请复议，对复议结果不服，向复议机关所在地的同级人民法院赔偿委员会申请作出赔偿决定，而非提起赔偿诉讼。D表述错误。

5.　[答案] C　　[难度] 易

[考点] 司法赔偿处理程序

[命题和解题思路] 本题考查考生对司法赔偿程序中有关质证的规定。《最高人民法院关于人民法院赔偿委员会适用质证程序审理国家赔偿案件的规定》（以下简称《质证程序规定》）于2014年公布施行，其中的规定即成为当年考查内容。本题中，命题人结合案例设计，对《质证程序规定》中的重点内容，诸如公开质证问题、质证的自认问题、调取证据的属性问题以及质证活动是否同步录音录像问题进行了考查。正确回答本题，需要考生熟练掌握《质证程序规定》的相关内容。

[选项分析]《质证程序规定》第3条规定："除涉及国家秘密、个人隐私或者法律另有规定的以外，质证应当公开进行。赔偿请求人或者赔偿义务机关申请不公开质证，对方同意的，赔偿委员会可以不公开质证。"据此，乙县法院作为赔偿义务机关，其申请不公开质证的，只有在赔偿请求人李某同意的情况下，赔偿委员会才能予以准许。A表述错误。

《质证程序规定》第19条第1款："赔偿请求人或者赔偿义务机关对对方主张的不利于自己的事实，在质证中明确表示承认的，对方无须举证；既未表示承认也未否认，经审判员询问并释明法律后果后，其仍不作明确表示的，视为对该项事实的承认。"据此，张某对乙县法院主张的于己不利的事实既未表示承认也未否认的，赔偿委员会的审判员应进行询问并释明法律后果，再依据其不作明确表示的事实，认定其承认该项事实。B表述错误。

《质证程序规定》第18条第1款规定："赔偿委员会根据赔偿请求人申请调取的证据，作为赔偿请求人提供的证据进行质证。"据此，C表述正确。

《质证程序规定》第23条规定："书记员应当将质证的全部活动记入笔录。质证笔录由赔偿请

求人、赔偿义务机关和其他质证参与人核对无误或者补正后签名或者盖章。拒绝签名或者盖章的，应当记明情况附卷，由审判员和书记员签名。具备条件的，赔偿委员会可以对质证活动进行全程同步录音录像。"据此，**当前要求所有刑事赔偿案件的审理全部全程同步录音录像，条件并不具备**。D 表述错误。

6. [答案] AD　　　[难度] 易

[考点] 刑事司法赔偿程序（处理程序、复议程序、决定程序）

[命题和解题思路] 本题中，李某因涉嫌盗窃罪，先被刑事拘留，后经县检察院批准逮捕，且经过法院一审被判处 6 年有期徒刑，后经二审改判无罪。因此，对于其申请国家赔偿的适用程序，应当适用《国家赔偿法》有关二审改判无罪申请国家赔偿的有关规定。**掌握和理解《国家赔偿法》对刑事司法赔偿程序的规定是正确回答本题的关键**。考生对各选项作出判断时，一定要认真分析本题预设的案情。

[选项分析] 李某针对一审作出的有期徒刑判决提起上诉后，甲市中级人民法院改判无罪。李某提出国家赔偿申请，需要根据《国家赔偿法》第 21 条第 4 款规定确定赔偿义务机关。该款规定，二审改判无罪的，作出一审有罪判决的人民法院为赔偿义务机关，据此，赔偿义务机关应为某县法院。《国家赔偿法》第 23 条第 3 款规定，赔偿义务机关决定不予赔偿的，应当自作出决定之日起 10 日内书面通知赔偿请求人，并说明不予赔偿的理由。据此，当作为赔偿义务机关的某县法院拒绝赔偿时，需要书面通知李某并说明不予赔偿的理由。综上，A 正确。

《国家赔偿法》第 24 条规定："赔偿义务机关在规定期限内未作出是否赔偿的决定，赔偿请求人可以自期限届满之日起三十日内向赔偿义务机关的上一级机关申请复议。赔偿请求人对赔偿的方式、项目、数额有异议的，或者赔偿义务机关作出不予赔偿决定的，赔偿请求人可以自赔偿义务机关作出赔偿或者不予赔偿决定之日起三十日内，向赔偿义务机关的上一级机关申请复议。赔偿义务机关是人民法院的，赔偿请求人可以依照本条规定向其上一级人民法院赔偿委员会申请作出赔偿决定。"对照上述规定，在李某不服县法院赔偿决定的情况下，可以直接向甲市中级法院申请作出赔偿决定。B 错误。

《最高人民法院关于人民法院赔偿委员会审理国家赔偿案件程序的规定》第 7 条规定："赔偿委员会审理赔偿案件，应当指定一名审判员负责具体承办。负责具体承办赔偿案件的审判员应当查清事实并写出审理报告，提请赔偿委员会讨论决定。赔偿委员会作赔偿决定，必须有三名以上审判员参加，按照少数服从多数的原则作出决定。"根据上述规定，赔偿委员会审理赔偿案件，虽应指定一名审判员负责具体承办，但最终的赔偿决定需要由赔偿委员会作出，且必须有 3 名以上审判员参加。C 错误。

依照《国家赔偿法》第 30 条第 1 款规定，赔偿请求人或者赔偿义务机关对赔偿委员会作出的决定，认为确有错误的，可以向上一级人民法院赔偿委员会提出申诉。据此，当作为赔偿义务机关的某县法院认为甲市中级法院赔偿委员会作出的赔偿决定确有错误的，依法有权向上一级人民法院即该省高级法院赔偿委员会提出申诉。D 正确。